Jürgen Gottschlich

Der Mann, der Günter Wallraff ist

Eine Biographie

Kiepenheuer & Witsch

1. Auflage 2007

© 2007 by Verlag Kiepenheuer & Witsch, Köln
Alle Rechte vorbehalten. Kein Teil des Werkes darf in irgendeiner Form
(durch Fotografie, Mikrofilm oder ein anderes Verfahren) ohne schriftliche
Genehmigung des Verlages reproduziert oder unter Verwendung
elektronischer Systeme verarbeitet, vervielfältigt oder verbreitet werden.
Umschlaggestaltung: Rudi Linn, Köln
Umschlagmotiv: © Vorderseite S. Kamgar, Rückseite Günter Zint/panfoto
und Thomas Rabsch
Autorenfoto: © Murat Türemis
Gesetzt aus der Minion und der Neuen Helvetica
Satz: grafik & sound, Köln
Druck und Bindearbeiten: GGP Media GmbH, Pößneck
ISBN: 978-3-462-03926-9

Inhalt

Vorwort

Es war im Herbst 1979, als ich Günter Wallraff das erste Mal traf. Zusammen mit Constantin von Kerssenbrock, einem Kollegen unserer wenige Monate zuvor gegründeten »tageszeitung« (taz), begleitete ich Günter Wallraff eine Woche lang auf einer Lesereise durch die süddeutsche Provinz. Damals war gerade »Zeugen der Anklage«, sein zweites Buch über die »Bild«-Zeitung erschienen, und Wallraff hatte jeden Abend in einer anderen Stadt eine Veranstaltung. Bei diesen Auftritten wurde zwar auch aus dem Buch gelesen, ansonsten hatten sie aber mit einer gewöhnlichen Lesereise eines Schriftstellers wenig zu tun. Seine Lesungen in Städten wie Ulm oder Passau waren, gemessen an den sonstigen Aktivitäten vor Ort, politische Großveranstaltungen, auf denen heftig darüber diskutiert wurde, was man gemeinsam zur politischen Hygiene gegen den »Bild«-Schmutz tun könne.

Obwohl wir Wallraff eine Woche lang praktisch Tag und Nacht auf der Spur blieben, schafften wir es nur mit äußerster Mühe, ihn einmal eine Stunde lang in einem Zimmer festzuhalten, damit er uns endlich ein paar Fragen beantwortete. Nicht weil er den Fragen ausweichen wollte oder bewusst einem Gespräch aus dem Weg ging – ganz im Gegenteil, wir verstanden uns glänzend –, sondern weil Wallraff in einer Weise unter Strom stand und von einer niemals endenden Schlange von Leuten belagert wurde, wie ich es vorher noch bei keinem anderen Menschen erlebt hatte.

Die Energie dieses Mannes schien unerschöpflich. Sicher, auch Wallraff war irgendwann um zwei Uhr nachts beim Kneipengespräch erledigt, doch um sieben Uhr konnte man ihn bereits wieder beim Lauftraining beobachten, und um acht Uhr saß er schon beim ersten Interview mit einer Lokalzeitung. Für uns, journalistische Autodidakten, die sich gerade anschickten, mit der »taz« eine publizistische Stimme zu etablieren, die als »Gegenöffentlichkeit« dienen und im Unterschied zu den »bürgerlichen

Medien« täglich die linke Sicht auf die Republik und den Globus insgesamt abbilden wollte, war Wallraff nichts weniger als die Speerspitze dieser Gegenöffentlichkeit. So musste man das machen.

Wir trafen uns dann einige Monate später wieder, als die »taz« die erste von unzähligen noch folgenden Existenzkrisen durchmachte und Günter Wallraff sich, ohne dass es dazu viel Überredungskunst bedurft hätte, bereit erklärte, als prominentester Werbeträger einer Kampagne zum Erhalt der Zeitung den notwendigen Schub zu geben. Die Kampagne war erfolgreich, leider scheiterte aber der Versuch, Wallraff als festen Autor für die »taz« zu gewinnen. Dazu, das war uns eigentlich auch damals schon klar, war er doch mit seinen eigenen Projekten zu beschäftigt.

Wallraff erschien mir damals einerseits als eine vertraute Person, andererseits natürlich als Mitglied einer Liga, in der niemand sonst aus meinem persönlichen und politischen Umfeld spielte. Das Gefühl der Vertrautheit hatte sich schon eingestellt, bevor ich ihn überhaupt das erste Mal persönlich getroffen hatte. Das hing mit der Rezeption seiner »Industriereportagen« durch meine Kommilitonen an der Universität zusammen. Für fast alle Freunde im Soziologieseminar waren die Betriebsreportagen von Günter Wallraff Einblicke in eine exotische Welt, die sie aus ihrem eigenen Erleben überhaupt nicht kannten. Als Kind des Ruhrgebiets, dessen Vater selbst jeden Morgen um halb sechs mit dem Fahrrad zur Fabrik gefahren war, beschrieb er dagegen für mich bekanntes Terrain. Gerade deshalb fand ich es besonders gut, dass diese Welt auch einmal Gegenstand des Interesses aller anderen wurde.

Das wiederholte sich, als 1985 das Buch »Ganz unten« erschien. Meine damalige Lebensgefährtin war viele Jahre zuvor selbst als so genannte »Gastarbeiterin« aus der Türkei für einen Fabrikjob in Deutschland angeworben worden und kannte das Leben, das Günter Wallraff in dem Buch beschreibt, teilweise aus eigener Erfahrung. Erneut schien mir Günter Wallraff bei gelegentlichen Treffen vertraut und zugleich, als gefeierter Autor, auch weit entfernt.

Zum dritten Mal dann traf ich auf den Mann, der wie kein anderer die Schattenseiten des bundesdeutschen Wirtschaftswunders aufgedeckt hatte, nachdem ich als Korrespondent nach Istanbul

8

gewechselt war. Nicht persönlich, aber in der Erinnerung etlicher Menschen, die sonst mit deutscher Literatur wenig zu tun hatten. Günter Wallraff ist auch heute noch für viele Menschen in der Türkei ein Begriff – als derjenige, der den Deutschen klargemacht hat, dass in den 60er und 70er Jahren eben nicht nur Arbeitskräfte, sondern Menschen mit allen ihren Wünschen und Problemen nach Deutschland eingewandert waren.

Als ich Günter Wallraff, nach Jahren, in denen wir uns nicht gesehen hatten, anrief, um mit ihm über die Idee einer Biographie zu sprechen, war ich mir ganz und gar nicht sicher, wie er darauf reagieren würde. Denn auch wenn Wallraff in diesem Buch vor allem als Journalist, Schriftsteller und politischer Aktivist porträtiert wird, ist doch die Arbeit an einer Biographie auch immer ein Einbruch in die Privatsphäre, der nicht frei von Zumutungen ist.

Sucht man eine Antwort auf die Frage, wer dieser Mann ist, der in so vielen verschiedenen Rollen verschiedene Wirklichkeiten in Deutschland erforscht hat, gerät man leicht in Gefahr, in einer Weise indiskret zu werden, die für den Befragten sehr unangenehm ist.

Dennoch hat Günter Wallraff keinen Moment gezögert, mich nach Köln einzuladen, um über die Idee zu reden. An seinem legendären Küchentisch, dem Ort, an dem so viele Projekte diskutiert, ausgedacht und schließlich reflektiert worden waren, entstand dann auch ein wichtiger Teil dieses Buches. Das größte Hindernis dabei war wiederum, wie schon 30 Jahren zuvor, nicht Zurückhaltung und mangelnde Auskunftsbereitschaft, sondern ein ständig klingelndes Telefon – im Unterschied zu früher jetzt auch noch ein zusätzliches Handy –, andauernder unangemeldeter Besuch und eine überaus kompliziert zu bedienende Kaffeemaschine, die uns viel Zeit kostete.

Als wir uns das erste Mal für das vorliegende Buch zusammensetzten, stand das abschließende Urteil des Hamburger Oberlandesgerichtes, bei dem Wallraff gegen Springers »Welt« auf Unterlassung der Behauptung klagte, er sei Inoffizieller Mitarbeiter der Stasi gewesen, noch aus. Lange Jahre hatte diese Auseinandersetzung die Kräfte Günter Wallraffs gebunden und ihn daran gehindert, sich intensiv mit aktuellen gesellschaftlichen Entwicklungen zu befassen, bis ihm endlich im Januar 2006 die Gerichte in vollem Umfang recht gaben.

Die Auseinandersetzung mit der deutsch-deutschen Vergangenheit und eine schwere Rückenkrankheit hatten dazu geführt, dass Günter Wallraff über Jahre publizistisch kaum noch in Erscheinung getreten war. Trotzdem war er keineswegs vergessen. »Was macht eigentlich Günter Wallraff?« war eine bis zum Frühjahr 2007 immer wieder gestellte Frage, und bei den Recherchen zum Buch wurde erst recht schnell klar, dass Wallraff längst zum festen Bestandteil der politischen, journalistischen und literarischen Geschichte Deutschlands geworden ist. Der Mann, der bei »Bild« Hans Esser war und sich anschließend in jahrelanger Auseinandersetzung mit dem mächtigsten Medienkonzern der Republik in einer geradezu klassischen David-gegen-Goliath-Rolle ins Langzeitgedächtnis der Menschen eingebrannt hat, um anschließend noch einmal mit seiner Rolle als »Ali« eine Schock- und Schamwelle durch die Bundesrepublik zu schicken, dieser Mann hat, wie ihm heute auch seine früheren Gegner zubilligen, mit seinen Büchern das Land verändert.

Um mich dem Mann, der Günter Wallraff ist, anzunähern, habe ich außer mit ihm selbst noch mit Dutzenden weiteren Menschen gesprochen – angefangen von seiner engeren Umgebung, über ehemalige Mitstreiter, die ihn auf bestimmten Etappen seines Weges begleitet haben, bis zu Gegnern, die früher mal seine Freunde waren, und ehemaligen Gegnern, die ihn im Rückblick ganz anders beurteilen. Ich habe mir etliche Plätze seines früheren Wirkens heute noch einmal angeschaut und dabei fast zwangsläufig auch den dramatischen Umbau von der Industrie- zur Dienstleistungsgesellschaft drastisch vor Augen geführt bekommen.

Dabei ist ein Porträt über einen Menschen und seine Zeit entstanden, in dem nicht die Wahrheit über Günter Wallraff steht, sondern das als Ergebnis einer journalistischen Recherche aufzeigt, was er wann, wo, wie bewirkt hat und was sich davon im kollektiven Bewusstsein der Gesellschaft festgesetzt hat.

Dabei hat Günter Wallraff mir, kurz bevor das Buch fertig werden musste, selbst in seiner ganz besonderen Art noch einmal geholfen, indem er wieder als investigativer Rechercheur und

Rollenspieler aktiv wurde. Zu einem Lebenszeitpunkt, an dem andere sich zur Ruhe setzen, kurz vor seinem 65. Geburtstag, ist Günter Wallraff erneut in einer seiner vielfältigen Masken aktiv geworden, um »die schöne neue Arbeitswelt« des 21. Jahrhunderts zu erkunden. »Mein Ziel«, schreibt er in der ersten Reportage in seiner neuen Rolle als Mitarbeiter zweier Kölner Call-Center, »ist die neue deutsche Arbeitswelt, in der nichts mehr qualmt und rußt wie einst in Fabriken und Zechen, sondern die staubfrei hinter Glas und Stahl versteckt ist.«

Die Reaktionen auf diese, wie er sagt, »doch eher kleine Reportage« des neuen Wallraff zeigen, dass er in Deutschland noch immer eine Institution ist. Allein die Ankündigung, Wallraff sei in einer neuen Rolle unterwegs, ließ die Telefondrähte in seiner Wohnung heiß laufen. Kaum war die Reportage erschienen, war Wallraff vom Frühstücksfernsehen bis zu den Talkshows auf fast allen Sendern präsent und diskutierte über die Arbeitsmethoden der Call-Center. Scheinbar spielend schafft es Günter Wallraff, die Arbeitsbedingungen in der »schönen neuen Arbeitswelt« auf die Tagesordnung zu setzen.

Die Aufmerksamkeit für Wallraff ist allerdings nicht nur mit der Erinnerung an seine großen Aktionen in den 70er und 80er Jahren zu erklären. Sie zeigt vielmehr an, dass der Zeitgeist in Deutschland sich zu drehen beginnt und Günter Wallraff, der im neoliberalen Diskurs der 90er Jahre und auch noch in der ersten Hälfte des ersten Jahrzehnts im 21. Jahrhundert als Mann von gestern galt, plötzlich wieder hochaktuell ist. Eine linke Geschichte, wie Günter Wallraff sie repräsentiert, ist in Deutschland 2007 nicht mehr nur eine wichtige Erinnerung, sondern gleichzeitig Anregung für die Zukunft.

Istanbul, Juni 2007   Jürgen Gottschlich

Der Mann mit den Masken
Die Rollen seines Lebens

Der Mann schaut dem Betrachter aus dunklen, müden Augen mit einem starren Blick direkt ins Gesicht. Seine Wangen sind zerfurcht und mit Ruß verschmiert, doch die gesamte Haltung drückt eher Standfestigkeit als Resignation aus. Der tiefschwarze, dichte Schnäuzer und die schwarzen Haare, die unter dem Arbeitshelm hervorlugen, lassen keine Zweifel aufkommen: Das ist Ali, der Türke, der im Deutschland der ersten Hälfte der 80er Jahre des vergangenen Jahrhunderts »Ganz unten« war. Die gesamte Erscheinung wirkt völlig authentisch. Wer es nicht weiß, würde niemals vermuten, dass sich unter dem Helm niemand anders als der deutsche Schriftsteller Günter Wallraff verbirgt. Wie war das möglich, wie konnte ein deutscher Intellektueller fast drei Jahre lang als Türke leben und arbeiten? Im Vorwort seines Weltbestsellers »Ganz unten« gibt Günter Wallraff darauf eine verblüffend einfache Antwort:

> »Viel war nicht nötig, um mich ins Abseits zu begeben, um zu einer ausgestoßenen Minderheit zu gehören, um *ganz unten* zu sein. Von einem Spezialisten ließ ich mir zwei dünne, sehr dunkel gefärbte Kontaktlinsen anfertigen, die ich Tag und Nacht tragen konnte. ›Jetzt haben Sie einen stechenden Blick, wie ein Südländer‹, wunderte sich der Optiker. [...] Ein schwarzes Haarteil verknotete ich mit meinen eigenen, inzwischen spärlich gewordenen Haaren. Ich wirkte dadurch um etliche Jahre jünger. So ging ich als Sechsundzwanzig- bis Dreißigjähriger durch. Ich bekam Arbeiten und Jobs, an die ich nicht herangekommen wäre, wenn ich mein wirkliches Alter [Wallraff war damals 43, J.G.] genannt hätte. So wirkte ich in meiner Rolle zwar jugendlicher, unverbraucht, aber sie machte mich gleichzeitig zu einem Außenseiter, zum *letzten Dreck*.
>
> Das ›Ausländerdeutsch‹, das ich für die Zeit meiner Verwandlung benutzte, war so ungehobelt und unbeholfen, dass jeder,

der sich die Mühe macht, einem hier lebenden Griechen oder Türken einmal wirklich zuzuhören, eigentlich hätte merken müssen, dass mit mir etwas nicht stimmte. Ich ließ lediglich ein paar Endsilben weg, stellte den Satzbau um oder sprach oft ganz einfach ein leicht gebrochenes ›Kölsch‹. Umso verblüffender die Wirkung: Niemand wurde misstrauisch.

Diese paar Kleinigkeiten genügten. Meine Verstellung bewirkte, dass man mir direkt und ehrlich zu verstehen gab, was man von mir hielt. Meine gespielte Torheit machte mich schlauer, eröffnete mir Einblicke in die Borniertheit und Eiseskälte einer Gesellschaft, die sich für so gescheit, souverän, endgültig und gerecht hält. Ich war der Narr, dem man die Wahrheit unverstellt sagt.«

Die Maskerade als »Türke Ali«, die Günter Wallraff fast drei Jahre an den unterschiedlichsten Schauplätzen der Republik durchhielt, war die Rolle seines Lebens. Es war nicht nur das erfolgreichste Buch des Schriftstellers, es war auch der bisherige Höhepunkt seiner Laufbahn als investigativer Journalist und dokumentarischer Schriftsteller.

Für Wallraff war die Rolle des Türken Ali ideal. Er konnte sich mit seiner neuen Identität innerlich identifizieren – Ali entsprach Wallraffs Hang zum Außenseiter. Er war objektiv Opfer der Verhältnisse, doch gleichzeitig konnte er agieren, konnte sich und andere in Szene setzen, konnte Reaktionen provozieren, die seinem Hang, dem Gegenüber den Narrenspiegel vorzuhalten, entsprechen. Es war körperlich anstrengend, es war gefährlich, aber es war gleichzeitig befreiend, die Wahrheit hervorlocken zu können.

Jörg Gfrörer, der damals den Film zum Buch produzierte, beschreibt das so: »Günter war kein Opfer, er ist ein Spieler, der die Rollen gesteuert hat, der die meisten Situationen selbst herstellte und provozierte. Wie er sich verkleidete und dann agierte, das war eine echte Nummer.«

Für Günter Wallraff persönlich war es aber noch mehr: Es war die Vollendung seiner Identität. Es ist eine Sache, sich zu verkleiden und seiner Umwelt zeitweilig etwas vorzugaukeln. Das mag, je mehr jemand zum Schauspielern begabt ist, eine Zeit lang überzeugen. Doch fast drei Jahre lang, mit wenigen Unterbrechungen, ein anderer zu sein, erfordert mehr. Günter Wallraff war Ali, er hat ihn nicht nur gespielt. Er hat sich mit dieser Figur so weit identifiziert, dass er zeitweilig zu einem anderen Menschen wurde. Die eigentliche Frage ist deshalb: Wie ist so etwas möglich?

Die Spurensuche beginnt in seiner Jugend. Als 17-Jähriger veröffentlichte Günter Wallraff unter Pseudonym ein existenzialistisches Gedicht in der Lyrikzeitung »Flugschrift«, in dem er seine Identitätssuche beschreibt und eine Lösung andeutet, die, im Rückblick betrachtet, geradezu prophetisch war:

Die fesselnde Wirklichkeit des Traumes ersetzt mir die
schleppende Unwirklichkeit des täglichen Lebens.
Meine Ängste, Hoffnungen, Freude und Trauer
werden lebendig in meinen Träumen.
Das andere Leben geht spurlos an mir vorüber.

Wüsste ich ein wahres Wort,
ich schrieb mir nicht das Herz aus dem Leib.
Ich bewege mich unter Menschen wie unter Steinen.
Besonders eigenartig geformte möchte ich um alles
in der Welt besitzen.
Ich setzte mein Leben dafür aufs Spiel.
[...]

Ich bin mein heimlicher Maskenbildner.
Locke meinem Wesen ständig neue Masken hervor.
Ich warte darauf, die Maske zu finden,
die sich mit meinem ursprünglichen Gesicht deckt.
Ich glaube, sie längst schon unbemerkt getragen zu haben
oder sie niemals zu finden,
da sich mein Gesicht der jeweiligen Maske anpasst.

Weiter werde ich mir unermüdlich Masken aufsetzen,
mich suchen und in einem vor mir verbergen.
Wenn ich mich gefunden habe,
werde ich mich verlassen [...]

Vor allem die Passagen über den heimlichen Maskenbildner, der seinem Wesen ständig neue Masken hervorlockt, war für den jugendlichen Günter Wallraff so wichtig, dass er die Verse leicht modifiziert noch einmal in sein Tagebuch schrieb: »Ich bin mein eigener heimlicher Maskenbildner, setze mir ständig neue Masken auf, um mich zu suchen und in einem vor mir zu verbergen.« Günter Wallraff war auf der Suche nach seinem Ich.

Jahre später hat er die Eintragung in seinem Tagebuch wiedergefunden und sich fast erschrocken über diese Worte eines 17-Jährigen, die seine spätere Arbeitsweise schon so genau vorwegnahmen. Wallraff weiß, dass das kein Zufall war, sondern seiner inneren Disposition entsprang. Viele Male hat er versucht zu beschreiben, was ihn bei seinen Rollenreportagen angetrieben hat. 1975 erklärte er in einem im »Literaturmagazin« veröffentlichten Interview mit Heinz Ludwig: »Der Grund für die überzeugenden Rollenwechsel ist eine Identitätsschwäche, die ich überwinde, indem ich mich einer Sache ganz aussetze. Manchmal habe ich den Eindruck, mich gibt es gar nicht. Durch die Reibungsflächen, die ich immer wieder suche, immer wieder herstelle, komme ich überhaupt erst zu einer Identität, zu einem Selbstbewusstsein.«

Innerer und äußerer Aufruhr

Wir verdanken es einer Indiskretion des Schriftstellerkollegen Peter-Paul Zahl, dass wir noch heute einen tiefen Einblick in die Zerrissenheit des jungen Günter Wallraff nehmen können. Im Aufbruch der 60er Jahre, mitten in der Studentenrevolte, veröffentlichte Zahl einen Text von Wallraff, den dieser, ohne an eine Veröffentlichung zu denken, bereits Jahre zuvor verfasst hatte. Dass »Meskalin. Ein Selbstversuch« schließlich doch erschien, ist nur durch die Atmosphäre der damaligen Zeit und anhand der Person Peter-Paul Zahl zu erklären.

Der heute 63 Jahre alte »PPZ«, wie er von seinen Freunden und Fans genannt wird, lebt seit Jahren auf Jamaika. Er schreibt dort Krimis, in denen die Gesellschaft der Insel treffend und liebevoll beschrieben wird, und träumt, wie schon in den 60er Jahren, von der Revolution. Zahl begann seine Karriere als Drucker. Ausgebildet wurde er in der väterlichen Druckerei in Düsseldorf, doch schon 1964 zog es ihn nach Westberlin. Die Frontstadt des »freien Westens« war damals noch eine konservative Hochburg, geprägt vom Geist des Antikommunismus. Wem etwas nicht passte, sah sich gleich mit dem Spruch »Geh doch nach drüben« konfrontiert, Kritik galt als Landesverrat.

Die Freie Universität (FU), wenige Jahre später ein Zentrum der studentischen Rebellion, war gerade im Begriff, erste Voraussetzungen für die spätere Rolle als linke Kaderschmiede zu schaffen. Ein Jahr bevor Zahl in die Stadt kam, im Februar 1963, wurde der damalige ASTA-Vorsitzende Eberhard Diepgen, konservativer Burschenschaftler und Mitglied einer schlagenden Verbindung, von einer Koalition linker und liberaler Studenten überraschend gestürzt.

Mit der Abwahl dieser rechtslastigen und militant antikommunistischen Studentenvertretung begann die Veränderung der FU. Wesentlichen Anteil daran hatten die Massen kritischer junger Leute, die aus der langweiligen westdeutschen Provinz ins aufregende Berlin strömten und über die Wiederaufrüstung in der BRD und den schmutzigen Krieg der amerikanischen Schutztruppe in Vietnam diskutieren wollten. Diese Studenten, die bald die Mehrheit an der FU ausmachten, stießen mit der Berliner Normalbevölkerung zusammen, die die Russen und die DDR hasste und die Amerikaner liebte, die schließlich die Rosinenbomber geschickt hatten, als die Sowjetunion die Blockade über Westberlin verhängte. Dieser Gegensatz entlud sich erstmals in schweren Straßenschlachten, als Studenten Anfang 1966 bei einer Demonstration gegen den Vietnamkrieg das Amerikahaus mit Eiern bewarfen und das Sternenbanner auf Halbmast setzten.

Als dann am 2. Juni 1967 während der Demonstrationen gegen den Schah von Persien, der zusammen mit Kaiserin Farah Dibah die Stadt besuchte, der Student Benno Ohnesorg von einem Polizisten erschossen wurde, kam es in Berlin zu Tumulten. Wallraff, der damals als Autor für das Satiremagazin »Pardon« arbeitete, fuhr nach Berlin, um darüber zu berichten. Während die Studenten wütend gegen die Ermordung ihres Kommilitonen demonstrierten, entlud sich die aggressive Stimmung der von

Springers Boulevard-zeitung »BZ« aufge-hetzten Bevölkerung in wüsten Beschimp-fungen und Handgreif-lichkeiten gegen alle, die als Studenten iden-tifiziert wurden. Wall-raff hängte sich ein Schild um und mar-schierte als »Sandwich-Mann« über den Kur-fürstendamm. Auf dem Schild stand: »Student, wegen Teilnahme an Demonstrationen ge-kündigt, sucht Zim-

»Geh doch nach drüben!«:
Als Student in den Tagen nach der
Ermordung Benno Ohnesorgs in Berlin

mer + Arbeit jeglicher Art.« Schon bald sammelte sich eine rund hundertköpfige Menge um ihn. Wallraff schallten Rufe entgegen wie: »Der soll doch rübergehen, Arbeitslager braucht der, totschla-gen, ausrotten sollte man die!«

Als die Lage bedrohlich wurde, erschienen zwei Polizisten, die sich jedoch voller Genugtuung zurückhielten. Über Sprechfunk ver-ständigten sie die Zentrale: »Hier sucht ein Student Arbeit. Größerer Menschenauflauf. Wir machen nichts, er kriegt schon ordentlich Zunder!«

Mitten in diesen Aufbruch hinein, der bald schon nicht mehr auf die Universität beschränkt blieb, geriet auch Zahl. Er gründete mit Freunden eine kleine Druckerei, wo die Pamphlete der Bewegung gedruckt und eigene Texte verlegt wurden. In Anspielung auf eine Rede des berüchtigten Bundespräsidenten Heinrich Lübke (»Meine sehr verehrten Damen und Herren, liebe Neger« – bei einem Staatsbesuch in Kamerun), der sich in der bildungspolitischen Debatte für die Zwergschule stark machte, nannte Zahl eine von ihm publizierte Reihe »Zwergschul-Ergänzungshefte«. In dieser Reihe, in der immer ein Klassiker mit einem jungen deutschen

Autor wechselte (u. a. Mao Tse-tung, Günter Wallraff, Georg Büchner, Peter O. Chotjewitz), erschien ein Stück von Wallraff über einen vorbestraften jungen Arbeitslosen.

Bei einem Besuch von Zahl in Köln zum Jahreswechsel 67/68 entdeckte der Drucker-Verleger aus Berlin ein unveröffentlichtes Manuskript aus dem Jahr 1964, in dem Wallraff seine Erfahrungen im Meskalinrausch geschildert hatte. Zahl war begeistert! In Amerika machte der Drogenprophet Timothy Leary Furore, und hier hielt er plötzlich einen Text in Händen, in dem genau so ein Selbstversuch mit so genannten bewusstseinserweiternden Drogen beschrieben wurde. Ohne seinen Freund Günter zu fragen – die Zeiten waren so –, »entlieh« er das Manuskript, beauftragte einen Graphiker mit Illustrationen und bereitete den Druck vor. Als er Wallraff dann endlich Bescheid gab, hatte er schon so viel Arbeit und Geld in das Projekt investiert, dass Wallraff es ihm trotz großer Bedenken nicht mehr abschlagen konnte. Einzige Bedingung Wallraffs war ein Vorwort: »Warnung: die damals eingenommene Überdosis Meskalin hatte neben einem momentanen, schizophrenieähnlichen Bewusstseinszustand noch monatelange Nachwirkungen zur Folge, wie: Ideenflucht, Unfähigkeit zur Konzentration, Depersonalisationserscheinungen. Die Aufzeichnungen vor drei Jahren entstanden unter dem direkten Einfluss der Droge, ihr Wert besteht weniger in literarischer als dokumentarischer Hinsicht.«

Zu dem Drogenexperiment war Wallraff über die Literatur gekommen. »Sehr beeindruckt hatte mich ›Magische Gifte‹ von Victor Reko, eine wissenschaftliche Abhandlung über Halluzinogene bei Naturvölkern. Ich war fasziniert von Henri Michaux, der in seinem Buch ›Turbulenz im Unendlichen‹ über Meskalin schrieb, und von Charles Baudelaires Schriften über Drogen.« Günter Wallraff beschloss, in Erfahrung zu bringen, welche Welt sich im Drogenrausch aufschließt. Er wusste, dass in der Psychiatrieforschung reines Meskalin benutzt wurde, um bei gesunden Probanden Modellpsychosen herzustellen. Über einen Bekannten, der Auslieferungsfahrer für den Pharmakonzern Merck war, besorgte er sich eine Ampulle reines Meskalin. »Ich hatte damals keine Ahnung, ab welcher Dosis es gefährlich wird, und bin dann nur knapp an einer Überdosis vorbeigeschrammt.« Wallraff nahm die ganze Ampulle. Was dann mit ihm passierte, beschreibt er in seinem Meskalin-Report:

»Meskalin 0,5–0,6 g, Dosis auf einmal genommen, ca. 16.45 Uhr, 25.2.1965. Ein Glas Wein und zwei Glas Weinbrand getrunken. Etwa 18.00 Uhr vier bis fünf Tassen Kaffee getrunken, als Gegengift, wie ich dachte. Das Gegenteil trat ein. Auflösung, Panik. – Etwa 20.45 Uhr aus der Severinskneipe abrupt gegangen, um noch zu retten, was noch zu retten war. Kaum noch Orientierungssinn. Die Straßen flossen durch mich durch. Zuerst falsche Richtung eingeschlagen. Plötzlich in der Gegenrichtung gelaufen. Keine Initiative, in einen Bus zu steigen. Ab Ebertplatz dann Taxi. So gegen 22.00 Uhr zu Hause.«

Wallraff erinnert sich, dass an diesem Tag in Köln Weiberfastnacht gefeiert wurde. Die Straßen und Kneipen waren überfüllt, die Stimmung ausgelassen. Mitten im Trubel der Stadt geriet er dann auf einen Horrortrip.

»Zu Hause angekommen dann das Folgende unter einem eigentümlichen Zwang niedergeschrieben. Zuvor mit ungeheurer Anstrengung versucht, an ein Blatt Papier heranzukommen, alle möglichen Schubladen durchwühlt. Dann versucht, auf Tonband zu sprechen, aber gegen den Apparat war einfach nicht anzukommen. Ich sprach ins Mikrofon, ohne den Kontakt hergestellt zu haben. Dann bis ca. 2.00 Uhr nachts ununterbrochen durchgeschrieben. [...]
Ich möchte ehrlich sein, alles drängt sich immer wieder auf, konstant – so boshaft konstant. Es ist viel zu langsam. Der Gedanke klebt am Wort. Keine Kontrollmöglichkeit. Meskalin geht durch und durch. Ein Kampf bis aufs Blut. [...]
Jetzt wissen, dass alles so ist und doch getan werden muss. Ans Papier gefesselt. Ich werde geschrieben durch mich durch. Die ganze Interessantmacherei hört auf, interessant zu sein, und schlägt um ins furchtbare Gegenteil. Mit einem Schlag alle Masken heruntergerissen. Mit einer letzten unerschütterlichen

Gewissheit plötzlich wissen, dass alles umsonst war – diese Worte erscheinen plötzlich, übrigens nur Worte – von einer gewissen Wichtigkeit, möchte sagen inneren Wahrhaftigkeit. [...]

Vielleicht einsehen, dass alles umsonst war, aber um nichts in der Welt das zugeben. Irgendwo in sich selbst etwas suchen, was noch mir gehört, noch ich selbst bin, spezifisch ich bin, aber alles ist durch mich durch und nicht ich, nie ich, vielleicht ich. Fortgeschwemmt von der ewigen Ichbesessenheit und für immer ganz alleingelassen. Und damit nie fertig werden können und das genau wissen, warum eigentlich alles wissen (wollen)? [...]

Es kann nie etwas ausgedrückt werden auch nur annähernd, wie es ist. Immer wieder IST. IST gegen NICHTS. Aus SEIEN wird NICHTSEN.

Sich so erkennen, wie man immer schon war, jetzt aber plötzlich ganz klar sehen, alle Filter gefallen, dann bleibt nur noch der Selbstmord. – Jede Kugel, die irgendwie, irgendwoher aus der weitesten Ferne erreichbar gewesen wäre, durch mich hindurchgeschossen. – Jetzt wissen, dass der Tod immer schon lauerte, an einer ganz bestimmten Stelle stand und auf dich wartete, und ihm die Hand geben, sich ihm ganz in die Hand geben. – Plötzlich das Dichanspringen von allen Masken, und aus jeder Maske kriecht wieder eine andere Maske hervor, und die neue Maske bist wieder nur du. Der Tod. – Der Tod deine eigene, dir auf den Leib zugeschnittene Maske. [...]«

Der insgesamt 16 Druckseiten lange Text wurde von Zahl in einer limitierten Auflage von 200 Exemplaren gedruckt. Er ist im Buchhandel schon längst nicht mehr zu haben und wird bei Ebay zu Liebhaberpreisen versteigert. Verschiedene Wallraff-Interpreten haben ihn bereits als Steinbruch benutzt, um entweder über den »Todestrieb« des jungen Mannes zu räsonieren oder die damalige Isolation Wallraffs zu beschreiben. Christian Linder, der den Band »In Sachen Wallraff« herausgegeben hat, macht sich in einem einleitenden Wallraff-Porträt die wohl treffendsten Gedanken über die Umbruchsituation, in der der 23-Jährige damals steckte. Der Mensch, der diesen Text schrieb, schreibt Linder, beklage vor allem

»ein falsches Selbst«. Es sei ein Mensch, »der auf der Suche ist nach einem Zusammenhang zwischen Bewusstsein und Gefühl und Vitalität, also nach diesem Zustrom, der einen wissen lässt, dass die Welt schmeckt und da ist und man selbst in ihr ist.« Dieser frühe Text, so versteht ihn Linder, habe Wallraff gezeigt, »dass er so nicht weiterkam, sondern dieses Schreiben ihn sogar hinderte, sich selbst zu realisieren«. Wallraff, glaubt Linder, habe sich geheilt, indem er von sich weggegangen sei. »Dann ist später etwas dazugekommen, die Zielsetzung seiner Arbeit: Politik, Information, Aufklärung.« »Wallraff war ein Leidender, der nicht leben konnte – das steht ja in dem Meskalin-Bericht –, und der sich jetzt sagte, quasi als Gesundungsschritt: Es liegt ja nicht nur an mir, es liegt ja auch an den Zuständen der Welt, die Welt ist ja so fürchterlich, die macht die Menschen erst zu dem, was ich darüber weiß, und nachdem ich das durchschaut habe, kläre ich das mal auf.«

Das hat Wallraff dann getan. Er hat sich, wie Linder es nennt, »der Welt noch einmal ausgesetzt, allerdings diesmal nicht, wie in seinen Anfängen, ganz nackt, sondern gerüstet durch seine Tarnkappe«.

Identität im Anders-Sein

In einem langen Gespräch mit der Journalistin Barbara Emde, kurz nach der Veröffentlichung seines zweiten »Bild«-Buches »Zeugen der Anklage« im Jahr 1979, hat Wallraff seine Entwicklung sehr plastisch selbst beschrieben:

»Den Wallraff, den gab es vorher nicht. Den gibt es jetzt. Am Anfang stand ein Identitätsmangel, eine Schwäche. Erst waren das mehr zufällige Erlebnisse, die ich zusammentrug. Das war sehr impressionistisch, wenn man es mit der Malerei vergleichen will. Aber ich habe mich von einer mehr passiven zu einer mehr agierenden bis provozierenden Haltung hin entwickelt. Inzwischen gehe ich viel stärker an Sachen heran, stelle den Gegner, bringe ihn zu Verhaltensweisen, zu Reaktionen, die er sonst nicht so offen von sich geben würde. Inzwischen weiß ich, dass es mich gibt. Ich bemerke es vor allem, wenn sich meine Gegner zu Unbeherrschtheiten verleiten lassen und blindlings zurückschlagen.

Was ich mache, ist eigentlich ein Happening in der Realität, zu dem man nicht eingeladen wird und wo die Gäste auch vorher nicht bekannt sind. Es gab da einen dieser Happening-Leute, der sich selbst ›Beweger‹ nannte. Der hat sich aber nur um sich selbst bewegt, aber nichts in der Realität. Ich würde mir diesen Titel schon zulegen wollen, aber ›Beweger‹ in der Wirklichkeit, nicht im Sakral- und Schonbereich einer falsch verstandenen Kunst.«

Dabei ist Günter Wallraff nach seiner erzwungenen Bundeswehrzeit, die zu einem Wendepunkt in seinem Leben wurde, durchaus nicht mit der Vorstellung an seine Zukunft gegangen, er werde ab nun getarnt in anderen Identitäten die Welt erobern. Tatsächlich wollte er sich die Welt nach seiner langen Betrachtung seiner selbst erst einmal anschauen, die wirkliche Welt erleben. Statt wieder in seinem gelernten Beruf als Buchhändler zu arbeiten, ging Wallraff, wie schon zuvor sein Vater, auf Wanderschaft. Ein halbes Jahr trampte und wanderte er durch Skandinavien, hauptsächlich durch Dänemark, Schweden und Norwegen. »Kopenhagen war für mich damals neben Amsterdam die tollste Stadt in Europa. Eine viel freiere Atmosphäre als in Deutschland«, schwärmt Wallraff noch heute.

Seine Tage in Kopenhagen verbrachte er im »Himmel-Expressen«, einer Reihe von ausrangierten Güterwaggons, in denen sich die Obdachlosen, Penner und Alkoholiker der dänischen Hauptstadt trafen. Weil Alkohol in Skandinavien so teuer ist, behalfen sich die Außenseiter der Gesellschaft mit Ersatzstoffen, die verheerende Wirkungen hatten. »Die tranken da reinen Brennspiritus, es war furchtbar.«

In einem Brief an seine damalige Freundin und spätere Frau, Birgit Böll, beschrieb er die Geschichte eines dort gestrandeten, morphiumsüchtigen Norwegers, der den noch unerfahrenen Günter Wallraff mehrfach mit vorgespielten Krankheiten bluffte, damit dieser ihn ins Krankenhaus brachte und dafür sorgte, dass er schmerzstillende Mittel gespritzt bekam. Aber auch für die »nor-

»Es war furchtbar«: Im Alkoholiker-Asyl »Himmel-Expressen« in Kopenhagen

malen Alkoholiker« war die Situation, wie Wallraff schrieb, alles andere als rosig. »In den Nächten wurde es bis zu zehn Grad minus kalt, und der Wind war schneidend. Manche hatten tagelang nichts zu essen, sondern ernährten sich nur von Brennspiritus.« Immerhin: »Wenn es etwas gab, wurde auch geteilt.«

Wallraff erinnert sich, dass Schweden sich schon damals, auch seinen Obdachlosen gegenüber, generöser, wohlfahrtsstaatlicher verhielt als andere europäische Länder. Sie mussten nicht unter der Brücke schlafen, sondern wurden in einer Herberge auf einer der Halbinseln der Stadt untergebracht. »Es gab sogar Bettwäsche und morgens ein Esspaket, damit man nicht betteln gehen musste.« Auch die Alkoholiker waren wählerischer als in Kopenhagen. »Die haben ihren Brennspiritus durch einen Brotleib gefiltert und dann mit Orangensaft gemischt. Das war erträglicher.« Als Wallraff aufbrach, war er ein Romantiker. Er träumte vom freien Leben unter Menschen, die nicht Teil der durchorganisierten bürgerlichen Gesellschaft sein wollten. Aussteiger, über die die amerikanischen Beatniks Jack Kerouac und Allen Ginsberg geschrieben hatten. Was er vorfand, waren aber vor allem gescheiterte Existenzen.

Nach einem halben Jahr kam er nach Köln zurück, aber sein Hunger nach Wirklichkeit war keineswegs gestillt, sondern richtete sich jetzt von der Peripherie hin zu den inneren Bereichen der Gesellschaft. »Ich war immer ein Suchender, immer ein besserer Fragensteller als Antwortgeber, nie im Besitz der Wahrheit.«

Als Wallraff sich deshalb nach seinem Abstecher zu den Außenseitern des Nordens den Werkshallen in Deutschland zuwandte, tat er dies zunächst ganz offen. Seine einzige Tarnung bestand darin, dass er die Erfahrungen, die er dort machte, unter Pseudonym, als »Wallmann«, veröffentlichte. Obwohl er sich später als genialer Maskenträger entpuppte, plante er zunächst keine Karriere als Rollenspieler. Auch politisch war er anfangs eher naiv. »Ich bin nie theoretisch an eine Sache herangegangen, nie mit dem Kopf, sondern immer mit dem Bauch«, beschreibt Wallraff seine Ausgangsposition. »Meine theoretischen Defizite wurden dann ja gerade meine Stärke, weil ich die Erfahrung der Wirklichkeit suchte.«

Der erwähnten Journalistin gegenüber beschrieb er seine Arbeitsweise so: »Während ich in der Rolle drinstecke, gehe ich darin auf. Ich lerne dazu, während ich mich einlasse. Ich habe nie über abstrakte Lerninhalte was begriffen, sondern nur über sinnliche Erfahrung. Die brauche ich, um betroffen zu sein, mich zu engagieren, mich aufregen zu können. Meine Gastspiele sind immer eine Zwitterexistenz. Aber ich kann mir zumindest einiges von dem aneignen, was mir vorher versperrt gewesen ist.«

Mit falscher Identität Arbeit zu suchen begann Wallraff erst, als nach seinen ersten Veröffentlichungen in Unternehmerkreisen ein Steckbrief von ihm kursierte, weil man so eine Anstellung Wallraffs verhindern wollte. Erst da begann Günter Wallraff seine Technik des investigativen, verdeckten Journalismus zu entwickeln.

wallraffen

»Wallraffa«, auf Deutsch »wallraffen«, ist im schwedischen und norwegischen Duden als Verb aufgenommen worden, um eine Methode zu beschreiben, die komplexer ist, als nur unter »falscher Flagge« in einen geschlossenen gesellschaftlichen Bereich einzudringen, um dann davon zu berichten. Es hat im Schwedischen die Bedeutung einer gesellschaftlichen Durchleuchtung, so wie im Deutschen »röntgen« (nach dem Physiker Wilhelm Conrad Röntgen) für die körperliche Durchleuchtung steht. Sicher hat Wallraff zunächst einmal nur unter Pseudonym gearbeitet, vor allem in seinen frühen Stücken, als er in verschiedenen Industriebetrieben anheuerte und dann darüber reportierte. Doch schon im nächsten Schritt hat er sich nicht mehr mit der Beschreibung der Wirklichkeit begnügt, sondern beispielsweise in der Rolle als Ministerialdirektor Kröver dem Werkschutz mehrerer Großbetriebe Informationen über die geplante Aufstellung bewaffneter Anti-Streik-Truppen entlockt, die er als offen recherchierender Reporter nie bekommen hätte. Noch entlarvender war seine Rolle als vom Gewissen gepeinigter Kapitalist, der katholische Moraltheologen fragt, ob es zu Zeiten des Vietnamkrieges nicht unmoralisch sei, an die Amerikaner chemische Substanzen zu liefern, die für die Produktion von Napalm genutzt werden sollten – Napalm, das auf unschuldige Zivilisten abgeworfen werde. Bis auf eine Ausnahme konnten alle hochangesehenen Theologen, wenn sie sich denn unerkannt, im privaten Gespräch wähnten, nichts Verwerfliches daran finden, die Chemikalien zu verkaufen. Schließlich, so einer der konsultierten Moraltheologen, könnten die Wein kelternden Klöster ja auch nichts dafür, wenn ihr Wein später womöglich in fragwürdigen Nachtklubs getrunken werde.

Die ganze Bandbreite der Wallraff'schen Methode entfaltete sich erstmals in seiner Reportage über den Kölner Versicherungskonzern Gerling, die in dem Buch »Ihr da oben – wir da unten« im Jahr 1973 erschien. Bevor Wallraff sich um eine Stelle bei Gerling bewarb, hatte er interne Informationen aus dem Betrieb erhalten, die ihn überhaupt dazu veranlassten, sich den Konzern auszusuchen. Dann bewarb er sich, getarnt mit falschen Papieren. Er war dabei so maskiert, dass er auch für Bekannte von ihm kaum erkennbar war. Einmal im Betrieb, begnügte er sich nicht damit, zu beobachten, was hinter den Kulissen ablief, sondern provozierte selbst Reaktionen. So erdreistete er sich, als Pförtner im Direktorenkasino Platz zu nehmen, um dort auch mal so opulent zu speisen, wie es den Direktoren im Konzern vorbehalten war.

Bei Gerling nutzte Wallraff erstmals auch elektronische Medien, indem er an einem arbeitsfreien Sonntag ein Kamerateam einschleuste und sich auf dem Schreibtisch des Firmenchefs dabei filmen ließ, wie er mit einem Globus spielt. Diese Szene erschütterte die Aura und Autorität des Patriarchen so nachhaltig, dass er sich in einem Interview dazu hinreißen ließ zu sagen, Wallraff gehöre doch verbrannt – wie die Ketzer während der Zeit der Inquisition.

Nachdem er bei Gerling im Anschluss an seinen Auftritt im Direktorenkasino gefeuert wurde, machte er seine Rolle öffentlich. In den Sartory-Sälen, dem damals größten Veranstaltungsort in Köln, organisierte er zusammen mit der Gewerkschaft HBV eine Veranstaltung, zu der sich fast die gesamte Gerling-Belegschaft mit über tausend Leuten einfand. Durch die öffentliche Veranstaltung – später, während der Arbeit gegen »Bild« wurden es dann immer ganze Veranstaltungsreihen – wurden staatliche Stellen gezwungen, gegen die Missstände bei Gerling vorzugehen, noch bevor überhaupt das Buch erschien.

Mit dem Buch kam dann die Breitenwirkung über den Betrieb hinaus und die für Wallraffs Arbeiten so obligatorischen Prozesse, die rechtliche Aufarbeitung der Rolle. Wie später auch Springer, Thyssen oder der Menschenhändler Vogel, der »Ali« in seine miesen Jobs vermittelte, klagte Gerling wegen Eindringens in seinen Betrieb unter falschem Namen. Diese oft langwierigen Prozesse gehörten bald zum festen Bestandteil des Wallraff'schen Gesamtkunstwerkes und brachten es mit sich, dass seine Rollenreportagen auch Jahre danach nicht in Vergessenheit gerieten.

Barbara Emde erzählt er, dass ihm gerade die Gerling-Rolle besonderen Spaß gemacht habe. »Die Botenrolle im Gerling-Konzern, das war eine Rolle mit einem sehr komödiantischen Zug, eine Rolle, in der ich mich ein bisschen ausleben konnte, wo ich stellvertretend für viele Kollegen Respektlosigkeit erzeugen konnte.«

Ganz anders erging es ihm später in seiner Rolle als »Bild«-Journalist Hans Esser. Diese Aneignung einer ihm eigentlich verhassten Rolle drohte ihn psychisch zu deformieren. »Man kann«, erzählte er später, »seine Rolle nicht wie einen Mantel am Abend ablegen.« Um Esser spielen zu können, musste Wallraff zeitweilig auch zu Esser werden. Obwohl er die Arbeitsweise der

»Bild«-Zeitung denunzieren wollte, registrierte er plötzlich, wie es ihn aufbaute, wenn der Chef der Hannover-Redaktion ihn für einen Artikel lobte. »Da ging ich dann mit erhobenem Haupt aus dem Laden«, erinnert Wallraff sich deutlich. »Wäre ich länger dort geblieben, hätte mich das nachhaltig verändert.«

Eine ähnliche Erfahrung machte auch die amerikanische Journalistin Norah Vincent, die sich 18 Monate lang als Mann verkleidete, um so die Welt mit den Augen des anderen Geschlechts kennenzulernen. Ihr Erfahrungsbericht »Self-Made Man. One Woman's Journey into Manhood and Back Again« wurde zwar ein großer Erfolg, brachte sie aber fast um den Verstand. »Die Erfahrung«, berichtete sie noch Jahre später, »hat mich in einen psychischen Zusammenbruch geführt. Man spielt nicht ungestraft mit seiner Identität. Jedenfalls nicht anderthalb Jahre lang«, erzählte sie dem New Yorker »Tagesspiegel«-Korrespondenten Christoph von Marschall.

Dieses Risiko, dieser Einsatz, das für Wallraff charakteristische Gesamtkunstwerk ist es, was Manfred Bissinger, einen der bekanntesten Journalisten der Bundesrepublik (u. a. »Konkret«, »Stern«, »Woche«), im Rückblick zu der Bewertung veranlasst, Wallraff sei, neben allem anderem, auch »ein begnadeter Marketing-Mann«, der immer ein sicheres Gefühl dafür habe, wie er die Öffentlichkeit für seine Themen interessieren und wie er seine Themen nach vorne bringen könnte.

Wallraff wusste schon damals, dass durch seine Aktionen die kapitalistischen Verhältnisse nicht grundsätzlich in Frage gestellt werden: »Das waren Retuschen, Korrekturen an der Oberfläche, aber das ist sehr wichtig, weil die Betroffenen merkten: Wir sind gar nicht so ohnmächtig, man kann etwas ändern«, sagte er 1975 in einem Interview in der DKP-Zeitung »UZ«.

Vorbilder

Obwohl Wallraff im Gespräch immer das eher Zufällige, Ungeplante seiner Karriere betont, hatte er natürlich Vorbilder, mit denen er sich intensiv auseinandergesetzt hat. In einer wissenschaftlichen

Studie hat der Amerikaner Erik Eriksson untersucht, in welchem historischen Kontext sich die Arbeit Wallraffs bewegt. Vorbilder gibt es vor allem im revolutionären Russland und in der Publizistik der Weimarer Republik. Ein Name aus Russland, den Wallraff auch selbst nennt, ist Sergej Tretjakow. Der Schriftsteller wollte mit seinem Werk die Revolution unterstützen, allerdings nach eigenen Vorstellungen und nicht im Auftrag der Parteibürokratie. Zusammen mit anderen Journalisten und Autoren gründete er 1923 die »Linke Front der Kunst«. Die Gruppe trat mit einem Manifest an die Öffentlichkeit, das sie »Literatura Fakta« nannte und das als Begründung der Dokumentarliteratur gilt. Gegenstand der Auseinandersetzung sollte das Alltagsleben der arbeitenden Menschen, die revolutionäre Politik und der Bereich der Produktion sein.

Das bekannteste Buch Tretjakows heißt »Feld-Herren« und beschreibt seine Erfahrungen auf einer Kolchose, bei der er sich zwei Jahre anstellen ließ, um den Aufbau und den Alltag in den neu eingerichteten Landwirtschaftlichen Produktionsgemeinschaften, wie sie später in der DDR hießen, zu beschreiben. Mit seinen Büchern wollte er, wie Wallraff später auch, »Wirkung in der Wirklichkeit« erzielen. Schriftsteller, forderte er, sollten dem »Faktischen« folgen und auf den Leser die Fakten wirken lassen.

Tretjakow interessierte sich aber nicht nur für die interne Entwicklung in Russland, sondern war erfüllt vom Gedanken der weltweiten Revolution. Er reiste in den 20er Jahren mehrfach nach China, schrieb ein Theaterstück mit dem Titel »Brülle, China« und eine Biographie über einen chinesischen Revolutionär lange vor Mao, besuchte Deutschland und pflegte Kontakte zu Bertolt Brecht und Walter Benjamin. Tretjakow wurde 1939, wie die meisten anderen russischen Revolutionäre zuvor schon, auf Anweisung Stalins ermordet.

Als ein anderer Vorläufer Wallraffs wird immer wieder Egon Erwin Kisch genannt. In einem Interview mit Alfred Eichhorn im Jahr 1976 sagte Wallraff: »Es war natürlich Egon Erwin Kisch, auf den ich immer wieder stieß, mit dem ich manchmal aber auch zu Unrecht verglichen werde. Er ist ein großer Meister der kleinen Form, dabei, meine ich, mehr Stilist. Ihm genügt es zum Beispiel, einen Tag in ein Asyl zu gehen, um eine brillante Reportage vorzulegen. Ich könnte das nicht, sondern muss mich diesen Situationen länger aussetzen. Ich sammle mehr, härteres Material. Die Form ist dagegen für mich nicht so ausschlaggebend.« Kisch, der 1925 Mitglied der KPD geworden war, gehört zu den berühmtesten Vertretern der neuen realistischen Reportagen. Sein Buch »Der rasende Reporter« wurde zum Vorbild ganzer Journalistengenerationen.

Kisch war einer der Ersten, der in Asylen, Gefängnissen und Fabriken recherchierte. Er beging »Hausfriedensbruch«, um in ein Zuchthaus einzudringen, und er reiste unter falschem Namen durch Amerika. Als er in Australien wegen Visaproblemen daran gehindert wurde, das Schiff zu verlassen, sprang er illegal über die Reling – alles Aktionen, die Wallraffs Arbeitsweise in vielem vorwegnahmen. Wallraff besteht allerdings darauf, dass es doch einen wichtigen Unterschied gibt: In einem Artikel »Kisch und Ich« für die »Zeit« schreibt er: »Kisch blieb immer Agierender. Bei mir ist das nicht so. Ich beginne eine Aktion, um später darüber zu schreiben. In den meisten Fällen tritt aber ein Moment ein, wo mehr mit mir geschieht, als dass ich etwas geschehen lasse. Erst später, beim Schreiben, verwandle ich mich zurück in die Rolle des Berichterstatters und Anklägers.«

So wie Wallraffs Arbeit Wurzeln in der Vergangenheit hat, stellt sich natürlich die Frage, ob es »wallraffen« auch ohne und nach Wallraff gibt oder geben wird. Schon 1970 hat Günter Wallraffs »väterlicher Freund« Heinrich Böll in einem Text, den er für die schwedische Ausgabe der »13 unerwünschten Reportagen« schrieb, gefordert: »Schafft fünf, sechs, schafft ein Dutzend Wallraffs!« Böll hatte das damals damit begründet, dass die Arbeitsweise von Günter Wallraff dazu führen würde, dass er sie nicht lange anwenden können werde, weil er einfach zu bekannt geworden sei. Doch abgesehen davon, dass diese Befürchtung Bölls zu pessimistisch war und, wie wir heute wissen, Wallraff noch jahrelang weitermachen konnte, erwies es sich als schwierig, fünf, sechs oder gar ein Dutzend neuer Wallraffs zu schaffen.

Sicher haben sich auch andere mit der Methode Wallraffs versucht. So hat sich der »Stern«-Reporter Gerd Kromschröder in den 70er Jahren für kurze Zeit als türkischer Gastarbeiter ausgegeben und über seine Erfahrungen im »Stern« geschrieben. Auch in Ungarn, mitten im realen Sozialismus, fand sich ein Schriftsteller, Miklós Haraszti, der, angeregt von Wallraff, unter falscher Flagge in der Traktorenfabrik »Roter Stern« anheuerte, um danach eine realistische Beschreibung der sozialistischen Arbeitswelt abzuliefern. Sein Buch »Stücklohn« fand allerdings keinen Gefallen bei der Partei, sodass Haraszti sich gezwungen sah, sein Werk 1975 im Westen zu veröffentlichen. Auch der Autor selbst musste bald das Land verlassen. Nachdem sich in den Umbruchjahren nach 1989 zunächst niemand mehr für die soziale Situation im real existierenden Kapitalismus interessierte, haben sich in den letzten Jahren weltweit doch wieder Autoren gefunden, die mehr oder weniger bewusst von Wallraff inspiriert arbeiten. So bezeichnet der chinesische Publizist Lu Yuegang Wallraff als sein Vorbild. Er hat mehrere Enthüllungsbücher geschrieben, die sich teilweise schon vom Titel – »Die da Oben« und »Die da Unten« – an Wallraff anlehnen und sich mit dem neuen Kapitalismus in China auseinandersetzen.

In Deutschland bekannter sind die Recherchen von Barbara Ehrenreich, die sich Anfang des Jahrtausends unter Amerikas Arme mischte und dort als Putzfrau, Wal-Mart-Kassiererin und Verkäuferin in mehreren Jobs gleichzeitig anheuerte, um einmal sinnlich zu erfahren, wie es ist, wenn man nur so viel Geld verdient, dass man gerade überleben kann. Ihr Buch »Nickel and Dimed. On (Not) Getting by in America« machte 2001 Furore. Ein anderer Nachfolger ist der italienische Journalist Fabrizio Gatti, der erzählt, er habe schon als Abiturient Wallraff gelesen und seitdem immer davon geträumt, selbst mit falscher Identität Missstände aufzudecken. Vor allem zwei Undercover-Reportagen haben ihn in Italien bekannt gemacht. Im Jahr 2000 ließ er sich in ein Mailänder Heim einweisen, in dem illegal in Italien lebende Ausländer untergebracht waren, und berichtete anschließend über die Situation dort. Der Skandal war so groß, dass das Heim geschlossen werden musste. Gatti machte ähnliche Erfahrungen mit der Justiz wie Wallraff: Weil er sich als illegaler Ausländer getarnt hatte, wurde er von einem Gericht zu zwanzig Tagen Haft verurteilt.

Spektakulärer noch war seine letzte Aktion: 2005 sprang er von einem Felsen an der Südspitze der Insel Lampedusa ins Meer, nur mit ein paar zerrissenen Kleidungsstücken und einer arabisch beschrifteten Schwimmweste am Leib. Wie Hunderte anderer vermeintlicher Flüchtlinge, die damals von der libyschen Küste aus die italienische Insel zu erreichen versuchten, wurde er von der Küstenwache aufgegriffen und als Iraker in das zentrale Sammellager auf der Insel gesteckt. Völlig authentisch konnte Gatti später über die zwei Wochen im Flüchtlingslager aus Sicht der Betroffenen berichten: über Aufseher, die gegenüber den Internierten Mussolini oder Hitler nachahmten, über Wächter, die islamische Flüchtlinge nötigten, sich Pornobilder anzusehen, oder über die katastrophalen hygienischen Verhältnisse in dem überbelegten Lager. Zwar konnte er die Lebensbedingungen der Flüchtlinge nicht grundlegend verbessern, doch die schlimmsten Missstände wurden beseitigt.

Der hierzulande bekannteste Wallraff-Nachfolger ist Markus Breitscheidel, der 2004 und 2005 mit falschen Papieren insgesamt 18 Monate in verschiedenen Alten- und Pflegeheimen in ganz Deutschland arbeitete und dann darüber ein Buch mit dem Titel »Abgezockt und totgepflegt« schrieb, das wochenlang auf der Bestsellerliste stand. Ähnlich wie Wallraff zwanzig Jahre zuvor mit »Ganz unten«, zeigte Breitscheidel, dass es einen Unterschied ausmacht, wenn man die Missstände, über die man schreibt, am eigenen Leib erfahren hat. Seine Beschreibungen wurden von Betreibern und Lobbyisten der Pflegeheime als verzerrter Ausschnitt der Wirklichkeit kritisiert – schließlich ist die Betreuung alter Menschen ein Milliardengeschäft. Wie bei Wallraff wurden erst einmal die Motive des Anklägers bezweifelt, bevor man sich den Missständen widmete.

Breitscheidel ist von Haus aus kein Journalist oder Schriftsteller, sondern war vor seinem Einsatz Manager eines mittelständischen Unternehmens, das Diamantbohrer verkauft. Als wegen schlechter Geschäfte die halbe Belegschaft entlassen werden musste, nahm auch Breitscheidel seinen Hut. Er lernte Wallraff kennen, man tauschte sich aus, und Breitscheidel tauchte ab in den Pflegeuntergrund. Wieder aufgetaucht, fand sich erst kein Verlag, welcher sich des unappetitlichen Themas annehmen wollte. Als das Buch ein Erfolg wurde, hieß es, er sei nur auf kommerziellen Erfolg aus gewesen.

Selbst in der gesellschaftlichen Problemen gegenüber sehr aufge-schlossenen »Badischen Zeitung« aus Freiburg wurde Breitschei-dels Eigennützigkeit gerügt und anschließend gefragt, ob er mit seiner Rolle eher das Abenteuer gesucht habe, den Wohltäter spielen wollte oder sich doch am liebsten als Märtyrer sehen würde – alles Vorwürfe, die sich auch Wallraff immer wieder hatte anhören müssen.

Der Langstreckenläufer
Kindheit in Köln

Meine Lungen keuchen, und die Knie werden langsam weich. Trotz der klammen Kälte und des gelegentlichen Nieselregens fließt der Schweiß in Strömen. Dafür ist die Luft gut. Fernab städtischer Abgase geht es durchs Bergische Land, meistens bergauf. Der schmale Pfad windet sich romantisch oberhalb eines Wildbaches und führt von einer historischen Mühle zur nächsten, nur haben die meisten Mühlenrestaurants im Winter leider geschlossen. Wandern mit Günter Wallraff ist keine Gourmettour, sondern körperliche Ertüchtigung.

Auch mit 65 Jahren ist der Marathonmann, der als »Türke Ali« seine Gesundheit bereits einmal fast ruiniert hatte, ein Energiebündel, das seinesgleichen sucht. Mit eisernem Training hat er sich nach einer schwierigen Wirbelsäulenoperation seine körperliche Fitness zurückerobert. Heute läuft er wieder fast jeden Tag mindestens zehn Kilometer. Und auch nach der schweißtreibenden Wanderung, die am Ende doch noch zu einem geöffneten Gasthaus führt, will Günter Wallraff sein Lauftraining nicht missen. Im Restlicht des dämmerigen Wintertages joggt er allein die gesamte Strecke zurück, um das Auto zu holen.

Dass man auf dem Weg kaum noch etwas erkennen kann, stört ihn wenig. Er kennt sich hier aus. In der Nähe liegt das Dorf Blecher, wo er die ersten Jahre seiner Kindheit verbracht hat. Jeder Lebenslauf Wallraffs beginnt mit dem Satz: geboren am 1. Oktober 1942 in Burscheid. Gelebt hat er in der kleinen Stadt bei Köln allerdings nie, dort steht lediglich das Krankenhaus, in dem ihn seine Mutter zur Welt brachte. Im Oktober 1942 war der Siegeszug der Wehrmacht bereits ins Stocken geraten, Städte wie Köln lagen schon im Einzugsbereich alliierter Bomber. Das Krankenhaus in Burscheid arbeitete bereits unter Kriegsbedingungen. Das medizinische Gerät war nicht mehr steril, und die gerade mit einem Kind Niedergekommene zog sich ein lebensgefährliches Wundfieber zu.

Fast ein halbes Jahr musste Johanna Wallraff in der Klinik bleiben, während ihr Sohn von ihrer Schwiegermutter in Blecher versorgt wurde.

Blecher liegt auf einer Anhöhe, von der aus man einen schönen Blick ins Tal hat. In den 40er Jahren bestand das ganze Dorf aus alten Fachwerkhäusern, von denen auch heute noch einige existieren. Auch das Haus, in dem Wallraffs damals lebten, steht noch. Etwas heruntergekommen zwar, aber hier haben sowieso nie reiche Leute gewohnt. Als sie endlich aus dem Krankenhaus entlassen werden konnte, zog Johanna Wallraff ebenfalls nach Blecher, statt mit ihrem Sohn ins bombengefährdete Köln zurück-zukehren.

Der Vater blieb zunächst in der Stadt. Er arbeitete bei dem amerikanischen Autohersteller Ford, dessen Eigentümer und Chef, der legendäre Henry Ford, mit den Nazis sympathisierte. Weil Ford auch in den USA ein wichtiger Lieferant für die Armee war, wurden die Fabriken in Köln und Berlin nicht bombardiert und blieben bis Ende 1944 nahezu unversehrt. Ein Glück für Vater Wallraff, dessen Job als kriegswichtig eingestuft wurde.

Die ersten Lebensjahre verbrachte Günter Wallraff fast aus-schließlich bei seiner Mutter und seiner Großmutter in Blecher. Gelebt wurde von dem spärlichen Lohn des Vaters und dem Andenkenladen der Großmutter.

Von Blecher führt eine Straße in steilen Kurven ein paar Kilo-meter ins Tal nach Altenberg, das mit seinem Dom und dem berühmten Kloster noch heute ein regionaler Wallfahrtsort ist. Dort verkauften Großmutter und Mutter gemeinsam Souvenirs. Morgens schleppten sie ihre Waren den Berg nach Altenberg hinunter und am Abend wieder hinauf. Keine leichte Arbeit für die beiden Frauen, denn immerhin war Wallraffs Großmutter bereits weit über 60, seine Mutter über 40 Jahre alt.

Wie Günter Wallraff erst viel später erfuhr, hatte seine Groß-mutter damals nicht nur mit der schwierigen materiellen Situation zu kämpfen. Sie war nach den Rassetheorien der Nazis eine Halb-jüdin, was nach der Machtergreifung Hitlers bereits für eine Verschleppung in ein Konzentrationslager gereicht hätte. Doch sie hatte Glück, ein Parteifunktionär im Dorf deckte sie.

Schon vor dem Krieg hatte sie kein leichtes Leben. Sie wuchs unter ärmlichen Verhältnissen in einem Dorf in der Voreifel auf. Mit 18 Jahren verliebte sie sich in einen vorbeiziehenden Wanderartisten und wurde von ihm schwanger, heiratete aber später einen Expedienten, der den Sohn seiner Frau adoptierte und ihm seinen Namen gab: Seinen biologischen Vater hat Josef Wallraff nie kennengelernt.

Allerdings scheint er von diesem die Wanderlust geerbt zu haben, denn es hielt ihn nicht lange im Elternhaus. Josef Wallraff, der Adoptivsohn, hatte eine jüngere, eheliche Schwester, die der Liebling der Familie war. Ungewöhnlich für die Zeit, wurde die Tochter auf die höhere Schule geschickt, während der Sohn eine Lehre als Installateur absolvieren musste. Wohl auch aus Protest gegen seine Familie meldete sich Josef Wallraff zu Beginn des Ersten Weltkrieges freiwillig zu den Pionieren. Als Nichtschwimmer kam der Eintritt in diese Sturmtruppe einem Selbstmordkommando gleich, doch er überlebte den Krieg in den Schützengräben Frankreichs. Als er zurückkam, war seine Halbschwester an Tuberkulose gestorben.

Es hielt ihn nicht lange in Köln. Josef Wallraff zog es in die Fremde; mit seinem Freund Fritz ging er nach Spanien, wo er in der Nähe von Barcelona eine Stelle bei Siemens antrat. Fritz hingegen wollte mehr von der Welt sehen. In einem erhalten gebliebenen Brief erzählt er Josef von seinem weiteren Weg, der ihn zunächst nach Montevideo führte: »Endlose Viehherden hier, so groß, dass sie ausreichen würden, die deutschen Reparationskosten an Frankreich zu zahlen. Man kann dort nur als Schlachter Arbeit bekommen.« Schlachter aber wollte er nicht werden, weshalb er sich als blinder Passagier auf ein Schiff nach Brasilien schlich, um dort im Hafen von Santos Kaffeesäcke zu verladen. »Meine Kollegen waren alles Nigger, aber, Jupp [Fritz nennt ihn so, J. G.], alle Ehre vor dieser Rasse. Jungs von 20–30 Jahren, aber Kräfte, ich habe gestaunt über die Staturen.« Schon bald hatte Fritz aber auch vom Kaffeesäcke-Schleppen die Nase voll und schiffte sich wiederum als blinder Passagier ein und fand schließlich eine Stadt, in der er von Holländern als Monteur angestellt wurde. Doch auch dieser Job sagte ihm nicht zu, wiewohl er nach langem wieder so viel Geld verdiente, dass er seine zerschlissene Kleidung auswechseln und den Rest in Bordellen verjubeln konnte. »Endlich mal Wein, Weiber und Gesang«, wie Fritz sich seinen Südamerikaaufenthalt eigentlich von Beginn an vorgestellt hatte. Dann lernte er zwei Mexikaner aus Veracruz kennen, die ihn auf ihrem Schiff mitnahmen und ihm in ihrer Heimatstadt Arbeit in einer Autowerkstatt besorgten.

Von dort nahm Fritz wieder Kontakt mit seiner Familie auf, und als er endlich etwas »solide wurde und sich einige Peseten ansparte«, bekam er Post, die seiner Weltreise ein jähes Ende setzte. Seine Mutter war gestorben, und er sollte zurückkommen und sich um den Nachlass kümmern. Also fuhr er zurück nach Deutschland. Doch, ach, »was ist aus diesem traurigen, dem Wahn verfallenen Land« geworden? Das Ruhrgebiet und ein Teil des Rheinlandes sind von Frankreich besetzt, Fritz erkennt seine Heimat nicht wieder. Es kommt zu Zusammenstößen, und die Stimmung ist so, dass Fritz fürchtet, die Auseinandersetzungen um die Ruhr könnten »bald das nächste große Menschenschlachten« auslösen. Prophetische Worte, geschrieben im Juli 1929 von einem Mann, der wie Josef Wallraff die Entwicklung in Deutschland von außen betrachtete und sich wenig Hoffnung auf Besserung machte. Günter Wallraff hat seinen früh verstorbenen Vater als Internationalisten, als Kosmopoliten in Erinnerung. »Kein Sozialist, überhaupt nicht politisch organisiert, aber offen für alles und jedem nationalen Dünkel abhold.«

Als Josef Wallraff den Brief aus Deutschland erhält, hat er sich in der Nähe von Barcelona eingerichtet und dort einen kleinen Installateurbetrieb aufgemacht. Er mag Spanien, hat eine Spanierin geheiratet, ist in der Sprache und Kultur seiner Wahlheimat zu Hause.

Josef Wallraff, den alle José nennen, wäre wohl in Spanien geblieben, wenn ihn der Bürgerkrieg, der im Sommer 1936 durch den Putsch von General Franco gegen die linke Volksfrontregierung begann, nicht wieder nach Deutschland zurückgetrieben hätte. In Köln wird er gleich von einem schweren Schicksalsschlag getroffen: Seine Frau stirbt an einer Lungenentzündung.

Statt sich, wie zuletzt in Spanien, erneut selbstständig zu machen, heuert »José« Wallraff in der Produktion bei Ford an. Er arbeitet in der so genannten Lackhölle, ein Job, der seine Gesundheit ruiniert.

Kurz vor seinem 40. Geburtstag lernt der Witwer seine zukünftige zweite Frau kennen. Johanna Panier kommt aus einer bürgerlichen Familie in Köln-Ehrenfeld, wo ihr Vater eine kleine Manufaktur besitzt, in der er Klaviere baut und repariert. Die Paniers stammen aus einer französischen Hugenottenfamilie, die während der Verfolgung der Protestanten nach Deutschland geflüchtet war und zunächst in Dresden lebte. Später zog ein Teil der Familie nach Köln, obwohl sie als Protestanten dort erneut in die Diaspora gerieten. Die Werkstatt befand sich im Hinterhaus der Straße, in der Günter Wallraff heute lebt. Das Ladenlokal zur Straße hinaus diente als Ausstellungsraum, die im Hinterhof verlegten Schienen, über die die Klaviere in den Verkaufsraum nach vorne transportiert wurden, liegen heute noch im Garten. Johanna hatte einen Bruder und eine Schwester. Alle drei Kinder waren musikalisch; Johannas Schwester ging sogar zum Konservatorium, um sich zur Pianistin ausbilden zu lassen.

Zu dem Zeitpunkt, als sie Josef Wallraff kennenlernte, war Johanna allerdings im Verwandtenkreis nicht mehr wohlgelitten. Sie hatte sich von ihrem ersten Mann, einem Gastwirt, scheiden lassen, weil er gewalttätig war und trank. Das Ehepaar hatte ein Kind, ein Mädchen namens Hilde.»Unsere Tochter musste weinend mit ansehen, wie er mich schlug«, erzählte Johanna Wallraff später ihrem Sohn. Als er dann einmal völlig betrunken sogar zu seiner Pistole griff und auf seine Frau schoss, wobei er fast das Kind traf, reichte es ihr endgültig: Sie ließ sich scheiden. Wenig später unternahm ihr Exmann einen Selbstmordversuch. Er schoss sich in den Kopf, überlebte aber trotz der schweren Verletzung noch ein paar Jahre.

Johanna lebte nach der Scheidung wieder im Haus ihrer Eltern, als plötzlich ihre Tochter Hilde im Alter von acht Jahren an Diphtherie starb. Ein traumatisches Erlebnis, über das sie nie hinwegkommen sollte. Wahrscheinlich war sie heilfroh, als sie nach diesen Familiendramen durch die erneute Heirat im August 1938 das Elternhaus wieder verlassen konnte und in eine eigene Wohnung in Köln-Mauenheim zog. Dem glücklich verheirateten

Paar blieb gerade noch ein unbeschwertes Jahr, bevor mit dem Überfall Polens durch den Einmarsch deutscher Truppen der Zweite Weltkrieg begann.

In den ersten Kriegsjahren starben Johannas Eltern, und ihr Bruder Woldemar übernahm das Klaviergeschäft. Auch Josef Wallraffs Stiefvater lebte nicht mehr. Wegen bronchialen Beschwerden war er mit seiner Frau zurück ins Bergische Land gezogen und kurz darauf gestorben. Dorthin, zu seiner Mutter, brachte dann Josef Wallraff seine Frau, als diese Anfang 1942 schwanger wurde.

Die Kriegsumstände, die schwere Geburt und anschließende monatelange Krankheit, während der das Kind von der Großmutter versorgt wurde, führten dazu, dass Johanna zu ihrem Sohn kein ganz einfaches Verhältnis hatte. In ihrer Erinnerung verklärte sie das Bild der Tochter Hilde zu dem eines Engels, während der Sohn ihr manchmal wie »ein Nagel zu ihrem Sarg« erschien. Bis Kriegsende blieben Günter und seine Mutter bei der Großmutter in Blecher. Obwohl die Dörfer im Bergischen Land relativ sicher waren, rückte der Krieg in der Schlussphase auch in Blecher ein. Zuerst kamen die Tiefflieger, dann die amerikanischen Panzer.

Als die ersten GIs auftauchten, stand der kleine blonde Günter staunend an der Straße und bekam, als wäre es eine Szene aus Hollywood, von einem schwarzen GI das erste Stück Schokolade seines Lebens geschenkt.

Kindheit in Köln

Nach dem Kriegsende siedelte die Kleinfamilie Wallraff zurück nach Köln. Das Haus, in dem sich ihre Mietwohnung befand, hatte einen Bombentreffer abbekommen und war stark beschädigt. Statt in einer eigenen, abgeschlossenen Wohnung lebten die Wallraffs nun in einem Zimmer, dichtgedrängt mit anderen Bewohnern in den noch intakten Räumen des Hauses.

Heute ist Köln-Mauenheim ein Viertel, das sich sauber und adrett präsentiert und das, anders als die Kölner Innenstadt, eine weitgehend homogene deutsche Bevölkerung aufweist. Es sind bescheidene Mehrfamilienhäuser, typische Siedlungshäuser, die sich kaum voneinander unterscheiden. Lediglich am Rande der Siedlung gibt es noch eine Brache, Überrest einer ehemals wilden Wiesen- und Gestrüpplandschaft, die nichts mit den heutigen gepflegten Parks zu tun hatte. Hier konnten die Kinder toben und Cowboy und Indianer spielen.

Diese ersten Nachkriegsjahre sind für viele Deutsche schlimmer als die Kriegszeit. Es gibt kaum etwas zu essen, alles ist rationiert, und der Schwarzmarkt boomt. Wie alle anderen kleinen Leute auch, machen Wallraffs Eltern Hamsterfahrten aufs Land und versuchen, Lebensmittel zu organisieren. In den Wäldern rund um Blecher, wohin die Familie fast jedes Wochenende fährt, um der Großmutter in ihrem Geschäft zu helfen, werden Bucheckern gesammelt, aus denen Öl gepresst wird, das für Festessen wie Reibekuchen verwendet werden kann. Für den Winter muss Holz gesammelt und Kohle organisiert werden. Dass man sich dabei auch auf abgestellten oder langsam vorbeifahrenden Zügen bedient, entschuldigt sogar der damalige Kölner Kardinal Frings, weswegen diese Form der Brennstoffbeschaffung im Volksmund auch »Fringsen« genannt wird.

Obwohl der Vater weiterhin bei Ford beschäftigt ist, fehlt selbst das Notwendigste. So bittet Josef Wallraff über ein Jahr vergeblich um einen Bezugsschein für ein paar neue Schuhe. Zuletzt wendet er sich an seinen Arbeitgeber, dem er per eidesstattlicher Versicherung erklärt, dass er sich ein Jahr vergeblich um Ersatz für seine völlig zerschlissenen Schuhe bemüht habe. Doch auch Ford muss passen. Die Personalabteilung teilt ihm am 17. Juni 1946 mit, dass auch Ford in absehbarer Zeit keine Schuhe beschaffen könne, »weil wir kein Kontingent haben«. Diese Erfahrungen der Knappheit in den ersten Lebensjahren hat Günter Wallraff wie Millionen anderer Nachkriegsdeutscher geprägt. Armut ist für ihn kein literarisches Phänomen. »Ich kann Lebensmittel einfach nicht wegwerfen, bis heute nicht. Auch wenn ich längst satt bin, ich muss alles aufessen.«

Stärker noch als der Hunger prägte Wallraff jedoch eine andere Erfahrung, die er in diesen Jahren machen musste. Bei einer der »Hamsterfahrten« verletzte sich Josef Wallraff schwer am Rücken und musste für Monate ins Krankenhaus, wo in einem Streckbett seine Wirbelsäulenverletzung ausheilen sollte. Wallraffs Mutter war völlig auf sich selbst gestellt, sie musste arbeiten, um das Nötigste zum Leben heranschaffen zu können, und dabei war es ihr nicht mehr möglich, auch das Kind noch zu versorgen. Johanna Wallraff wollte aber nicht schon wieder die Schwiegermutter, die selbst schwer zu kämpfen hatte, mit ihrem Sohn belasten und brachte ihn deshalb vorübergehend in ein Waisenheim: »Sie lieferte mich dort ab, ging mit mir einmal um das Haus herum und verschwand dann.« Noch 60 Jahre danach klingt bei Günter Wallraff das Entsetzen der damaligen Situation nach. Wallraff fand sich von einem Tag auf den anderen in der Obhut von Nonnen wieder, eine für ihn völlig unbekannte Welt, da in der Familie Religion kaum eine Rolle spielte und er bis dahin keine Kirche von innen gesehen hatte.

Im Heim mussten die Kinder ihre Kleidung abgeben und bekamen dafür alle die gleichen Kittel. »Das«, sagt Wallraff noch heute, »war wie eine Entpersönlichung. Man verlor seinen eigenen Geruch, ja seine ganze Identität.« Wallraff hat später seine Lust am Rollenspiel, seinen Drang, sich als eine andere Person darzustellen, auch mit der Suche nach seiner Identität erklärt, die in diesem Heim ihren Ausgang genommen haben könnte. »Es war für mich ein traumatisches Erlebnis.« Für ihn brach seine Welt zusammen, er fühlte sich verlassen. Natürlich konnte er damals die Gründe seiner Mutter, ihn plötzlich in dieses Heim abzuschieben, nicht verstehen. Für ihn hatte sie ihn einfach im Stich gelassen. Wenn sie kam, um ihn zu besuchen, wandte er ihr den Rücken zu und wollte nicht mehr mit ihr sprechen. »Bis heute habe ich mit Verlustängsten zu kämpfen.«

Auch im Heim gab es nie genug zu essen – mit einer Ausnahme: Es gab Marzipan im Überfluss, weil ein amerikanischer Marzipanproduzent eine Patenschaft für das Waisenheim übernommen hatte. »Ich kann bis heute kein Marzipan mehr sehen, so viel haben wir damals davon zu essen bekommen«, erinnert sich Günter Wallraff schaudernd. Dieses Heim wurde für ihn so etwas wie der mythische Ort seiner Kindheit. Er ist davon überzeugt, dass eine besonders mütterliche Nonne und die Tochter des Hausmeisters, mit der die Heimkinder nicht spielen durften, zu prägenden Figuren für seine Frauenbeziehungen wurden.

»Eine glückliche Zeit«: Zu Hause mit dem Lieblingsspielzeug

Erst als Erwachsener, als er das Heim schon viele Jahre verlassen hatte, entdeckte er es auf Umwegen wieder. Auf einer Fahrt in die Umgebung fand Wallraff in der Nähe von Köln in Niederhorbach ein kleines Köhlerhaus im Wald, das er zu seinem Rückzugsort machte, als er durch seine Arbeit bekannt geworden war. »Mir kam die Landschaft dort so vertraut vor. Ich habe dann meine Mutter endlich einmal gefragt, wo dieses Kinderheim eigentlich war. Es lag genau zwei Kilometer von dem Köhlerhaus in Niederhorbach entfernt, in Neunkirchen-Seelscheid.«

Als der Vater das Krankenhaus wieder verlassen konnte, wurde Günter aus dem Kinderheim zurückgeholt. In dieser Zeit normalisierte sich auch die Wohnsituation in Mauenheim. Die Familie bekam ihre eigene Wohnung, der Vater wechselte aus Gesundheitsgründen aus der Produktion in die Materialverwaltung und hatte damit auch eine geregeltere Arbeitszeit. Es kam, trotz weiterhin großer materieller Mängel, eine glücklichere Zeit. Mit dem Wenigen, was sie hatten, richteten die Wallraffs sich ein. Es wurde nicht nur für das nächste Möbelstück gespart, sondern im Rahmen des Möglichen auch gelebt und genossen. Nach ein paar Tagen Schmalkost, wie Kartoffeln mit Salz oder in Wasser aufgequollenes Brot mit Zucker, kam dann auch immer mal etwas Besonderes auf den Tisch.

Besonders José Wallraff war ein Genießer und liebte gutes Essen. Die Atmosphäre zu Hause war entspannt und herzlich. Die Eltern liebten einander und zeigten dies manchmal auch öffentlich, was dem Sohn immer sehr peinlich war.»Wenn sie auf der Straße miteinander herumalberten, tat ich am liebsten so, als wenn ich nicht dazugehörte.« Günter Wallraff war ein Kind, das nicht auffallen wollte und es nicht leiden konnte, wenn die Erwachsenen aus der Rolle fielen. Noch immer erinnert sich Günter Wallraff mit Schaudern daran, wie er mit seiner Großmutter in Blecher ein Wanderkino besuchte und sie die Helden auf der Leinwand lauthals anfeuerte oder verfluchte – sie konnte Film und Realität nicht auseinanderhalten, was den Jungen dazu veranlasste, sich tief in seinen Kinosessel zu drücken und zu hoffen, dass ihn niemand mit der »verrückten Oma« in Verbindung brachte.

Da Günter keine Geschwister hatte, suchte er sich seine Freunde auf den Straßen im Viertel. Die Wiese im Hinterhof war für Kinder tabu, angeblich weil dort Wäsche getrocknet werden musste. Sie wurde von einem Hausmeister bewacht, der sich auch Jahre nach dem Krieg noch als Blockwart aufspielte und für Ordnung sorgen wollte. Dafür entdeckten die Kinder die Trümmergrundstücke in der Umgebung. Das waren die Abenteuerspielplätze der damaligen Zeit, auf denen es sich herrlich herumtoben ließ. Günter Wallraff erinnert sich, wie er eines Tages in den Trümmern eines Hauses einen silbernen Dolch fand, auf dem SS-Runen eingraviert waren. Aufgeregt lief er damit nach Hause, wo ihm sein Vater das kostbare Stück gleich abnahm. Nicht, weil er sich für Nazi-Devotionalien begeisterte, sondern um seine Tabaksucht zu stillen. Er wollte den Dolch gegen Zigaretten auf dem Schwarzmarkt eintauschen, wurde jedoch von einer US-Streife erwischt und als potenzieller Nazi gleich mitgenommen. In letzter Minute gelang es ihm, vom fahrenden Lkw zu springen, den Dolch musste er jedoch dabei zurücklassen.

Die Grundschule besuchte Günter Wallraff in Köln-Mauenheim. Das Gebäude liegt im alten, dörflichen Ortskern und wird

Erste Möglichkeiten zum Verkleiden: Als Indianer (rechts) im Karneval

auch heute noch als Grundschule genutzt. Er hatte das Glück, in einer so genannten Pädagogischen Versuchsschule zu landen, wo die Kinder mit modernen Methoden unterrichtet wurden. »Der wichtigste Unterschied zu anderen Volksschulen der Umgebung war, dass Kinder nicht mehr geschlagen werden durften.« Günter Wallraff erinnert sich allerdings heute noch an einen Lehrer in der Grundschule, der vom Prügeln nicht lassen konnte.

Die Familie hatte in dieser Zeit, außer zur Großmutter in Blecher, kaum Kontakt zur Verwandtschaft. »Als Kind ist mir das nicht so aufgefallen«, erinnert sich Günter Wallraff, »aber von der Familie meiner Mutter wurden wir regelrecht geschnitten. Wir waren irgendwie Außenseiter, vielleicht habe ich mich auch deshalb später immer zu Außenseitern hingezogen gefühlt.«

Die gesellschaftliche Isolierung hing wohl auch damit zusammen, dass die Eltern eine religiöse Mischehe führten. Da der Vater vom Taufschein her katholisch, die Mutter aber, aus einer hugenottischen Familie stammend, protestantisch war, hatten die Wallraffs mit der Kirche nichts zu tun.

Günter Wallraff erinnert sich an eine makabre Szene, die seine Ablehnung der Amtskirche bis heute mit begründet. Als sein Vater schwer erkrankte und an einer Blutvergiftung zu sterben drohte, nutzte die katholische Kirche diese Situation aus, um den verlorenen Sohn zurückzuholen. Die Nonnen im Krankenhaus bearbeiteten ihn so lange, bis er hinnahm, dass sein Seelenheil nur gerettet werden könnte, wenn er als guter Katholik starb. Günter und seine Mutter wurden ans Sterbebett gerufen, die Ehe noch einmal nach katholischem Ritus geschlossen und der Sohn katholisch umgetauft.

»Einige Szenen dieses Mummenschanzes sind mir wie ein Film ins Gedächtnis gebrannt«, erzählt Wallraff. »Das Zimmer war dunkel, es brannten nur ein paar Kerzen. Ein Trappistenmönch hat mir dann eine Kerze in die Hand gedrückt, und ich bekam ein Taufkleid umgehängt, das mir viel zu klein war, weil man in dem Alter ja eigentlich nicht mehr getauft wird – es war mir so peinlich. Dann wurde ich gefragt, ob ich Johannes heißen möchte, doch ich bestand darauf, dass ich Günter heiße.«

Wenig später erholte sich Josef Wallraff überraschend wieder. Obwohl die Nonnen von einem Wunder sprachen, hatte die Genesung doch ganz weltliche Gründe: Er gehörte zu den ersten Patienten in Deutschland, denen man Penizillin verabreichte.

»Diese Farce«, so Wallraff heute, »hat mich früh genug davor bewahrt, in der Amtskirche etwas Positives zu sehen.« Trotzdem ist Wallraff tief christlich geprägt und bekennt sich auch dazu. »Jesus war für mich immer ein großes Vorbild und die Bergpredigt eine zentrale Erfahrung.« Martin Stankowski, ein Freund aus frühen Jugendtagen und damals selbst in der linkskatholischen Jugend engagiert, sieht in Wallraffs Werk ein »starkes urchristliches Moment. Seine Leidenschaft, sich für andere zu opfern, ist ein typischer christologischer Einsatz.« »Aufrichtige, kompromisslose Christen«, so hat Stankowski beobachtet, »haben Wallraff immer fasziniert. Ich würde ihn als protestantischen Franziskaner beschreiben.«

Obwohl Günter Wallraff bis auf die allerersten Jahre fast immer in Köln gewohnt hat, ist die Rolle, die die Stadt für ihn spielt, anders als bei seinem väterlichen Freund Heinrich Böll, weitgehend unklar. Wallraff selbst kann mit der Frage kaum etwas anfangen. Obwohl er als »Arbeiterschriftsteller« mit seinen Industriereportagen bekannt wurde, die unter anderem bei Ford in Köln spielen, hat die Stadt ihn nie inspiriert. »Köln«, erzählt Martin Stankowski, der heute als Autor und Historiker in der linksliberalen Szene Kölns eine wichtige Rolle spielt, »war für Günter Wallraff deshalb wichtig, weil er sich hier auf viele Leute stützen konnte, die seine Arbeit schätzten und bei Bedarf auch schnell einmal hilfreich waren. Wallraff konnte Leute anrufen und sie bitten, schnell mal irgendwo hinzukommen, vielleicht mal ihren Pass zur Verfügung zu stellen oder in einem seiner Rollenspiele kurzfristig einen Part zu übernehmen. Wallraff war für die anderen Linken in Köln immer etwas geheimnisvoll, aber wir waren von seinen Aktionen begeistert.« Auf der anderen Seite, so Stankowski, sei auch Wallraff immer bereit gewesen, eine Aktion zu unterstützen, seinen Namen zur Verfügung zu stellen oder Geld zu geben.

Doch so sehr Günter Wallraff an seinem Haus und seiner Umgebung in Ehrenfeld hängt, so sehr fremdelt er nach wie vor mit Köln. »In Köln kommt immer erst der Kardinal und dann der jeweilige Karnevalsprinz«, meint Martin Stankowski. Mit beiden kann Günter Wallraff nichts anfangen. Als Einzelgänger, der weder am Karneval noch an Vereinen jedweder Couleur gefallen findet, wurde Günter Wallraff nie zu einem Mitglied des Kölner Klüngels, auch nicht des linksalternativen. In der Galerie Kölner Kulturberühmtheiten spielt Günter Wallraff keine Rolle. So wenig wie er sich selbst, begreifen ihn auch die Kölner nicht als Kölner Schriftsteller.

Die ersten Schritte hinaus

Obwohl die Mutter von ihrer Verwandtschaft abgelehnt wurde, orientierte sie sich an den Werten, die das aufsteigende Kleinbürgertum der westdeutschen Nachkriegsgesellschaft prägten. Ihr Mann, fand sie, sollte sich mehr um seine Karriere bei Ford bemühen, mehr aus sich machen. Doch der Vater, der sich aus seiner gesamten Lebenserfahrung heraus als Arbeiter verstand und nicht

Sonntagsspaziergang im Stadtwald
mit dem Vater

In den Ferien im Nordseebad Büsum
mit der Mutter

danach strebte, unbedingt aufzusteigen, gab dem Drängen der Mutter nicht nach. Günter Wallraff erinnert sich an einen heftigen Streit, als die Mutter über nachbarschaftliche Kontakte ein Treffen mit einem Abteilungsleiter von Ford einfädeln wollte, damit ihr Mann einen besseren Posten bekam, und der Vater es ablehnte, sich solcher Kontakte zu bedienen.

Nur in einem Punkt unterstützte der Vater das Aufstiegsstreben der Mutter: Der Sohn sollte aufs Gymnasium. Doch der Wunsch seines Vaters ist dem Sohn nicht gut bekommen. In der noch stark klassengeprägten Gesellschaft blieb der Sohn eines Arbeiters im Gymnasium in Köln-Nippes, einem Ehrfurcht einflößenden wilhelminischen Trutzbau, ein Außenseiter. Die Welt seiner Mitschüler war ihm fremd, materiell konnte er nicht mithalten. Da er anders als alle seine Klassenkameraden mit kleinen Jobs zum Unterhalt der Familie beitragen musste, blieb er auch in seinen schulischen Leistungen zurück. Erschwerend kam hinzu, dass seine

Wie was die Zeit auf dem Gymnasium? Als Arbeiterkind

Eltern ihn kaum unterstützen konnten. Gerade in den naturwissenschaftlichen Fächern, in denen er Probleme hatte, konnte ihm auch sein Vater nicht helfen.

So wurde er zu einem introvertierten Kind, das sich früh seine Welt in Büchern suchte. »Es gab ja damals zum Glück noch kaum Fernseher, deshalb habe ich unheimlich viel gelesen.« Das zahlte sich auch in der Schule aus. In Deutsch war Günter Wallraff sehr gut. Ihm half, dass er auf einen Deutschlehrer traf, der für die Gegenwartsliteratur aufgeschlossen war und seine Schüler zu einer Zeit mit Autoren wie Tucholsky, Brecht, Borchert und dem frühen Böll bekannt machte, als andere Pädagogen noch ausschließlich auf die Klassiker setzten. Dieser Lehrer, Heinz Protzer, wurde für den jungen Günter Wallraff zur Vertrauensperson, die ihm in der Schule Halt gab und die ihm auch später noch weiterhalf. Von den von seinem Lehrer vorgeschlagenen Autoren war vor allem Wolfgang Borchert für den 13- und 14-jährigen Günter Wallraff eine Offenbarung.

»Ich habe damals ganze Passagen von Borchert auswendig gelernt. Ich konnte einige Stücke aus dem Kopf niederschreiben und habe auch versucht, selbst im Stil von Borchert zu schreiben.« Wallraff war begeistert vom Pazifismus des im November 1947 im Alter von 27 Jahren an den Folgen von Kriegsverletzungen gestorbenen Borchert, von der Radikalität, mit der der Autor die Normen der Kriegsgeneration in Frage stellte. Der Mann, der schon kurz nach Kriegsende mit seinem Drama »Draußen vor der Tür« das Elend der Kriegsgeneration zu einer Zeit, in der die meisten Deutschen die Nazi-Vergangenheit einfach verdrängten, schonungslos darstellte, war für Wallraff ein Idol wie für andere Jugendliche populäre Sänger oder Fußballstars. »Ich habe mich mit Borchert identifiziert, sogar überidentifiziert.« Günter beließ es nicht bei einigen Stilübungen. Der pubertierende Junge, dessen Aufstand gegen seine Umgebung zunächst nur in seinem eigenen Kopf stattfand, wählte als Ausdrucksform die Lyrik. Mit 14 Jahren begann Günter Wallraff Gedichte zu schreiben. Er entdeckte expressionistische Lyriker wie Trakl, Heym und Alfred Lichtenstein und versank in einer eigenen Welt. Er schrieb Tagebuch und immer wieder Gedichte. Besonders beeindruckt hat ihn damals ein

Gedicht von Jakob van Hoddis aus dem Jahr 1911, das er auch heute noch aus der Erinnerung als hochaktuell zitiert:

Weltende

Dem Bürger fliegt vom spitzen Kopf der Hut,
In allen Lüften hallt es wie Geschrei.
Dachdecker stürzen ab und geh'n entzwei
Und an den Küsten – liest man – steigt die Flut.

Der Sturm ist da, die wilden Meere hupfen
An Land, um dicke Dämme zu zerdrücken.
Die meisten Menschen haben einen Schnupfen.
Die Eisenbahnen fallen von den Brücken.

In dieser Zeit als introvertierter Lyriker fand der junge Günter Wallraff wenig gleichgesinnte Schulfreunde, die ihn verstanden und bereit waren, sich auf seine Welt einzulassen. Nur ein anderer Junge, Michael Kammler, der heute bezeichnenderweise Geistlicher ist und einen hohen Rang im deutschen Dominikaner-Orden innehat, war mit Günter auf einer Wellenlänge. Der Mönch und Lyriker ist einer der wenigen Schulkameraden, mit denen Günter Wallraff auch als Erwachsener noch Kontakt hat.

Die Einsamkeit Günter Wallraffs, der ja keine Geschwister hat, dessen Eltern weder enge Kontakte zu Freunden noch zu Verwandten unterhielten, hatte aber auch noch einen ganz praktischen Grund: Er hatte kaum Zeit, Freundschaften zu pflegen. Vor der Schule musste er Zeitungen austragen, dann den weiten Weg von Mauenheim nach Nippes zum Gymnasium laufen (»Das hat mich frühzeitig für den Langlauf trainiert«) und am Nachmittag Regale in einem Lebensmittelladen einräumen oder Bücher aus einem Lager zu Buchhandlungen fahren. Dazu kam, dass Günter anfing, aktiv Sport zu treiben, und sich im Kölner Leichtathletikverein ASV engagierte. Schon damals zeigte er seine Qualitäten als späterer Marathon-Mann. Im Langlauf brachte er es bis zum nationalen Bundeswettbewerb nach Berlin. Im 1000-Meter-Lauf wurde er

mit 2:34 Minuten Dritter in der deutschen Jugendmannschaftsmeisterschaft.

Doch so gut er im Sport war, so schlecht wurden, abgesehen von Deutsch und den musischen Fächern, seine schulischen Leistungen. Wallraff erinnert sich, wie er aus Angst vor bevorstehenden Klassenarbeiten Alpträume bekam, nachts aufwachte und nicht mehr schlafen konnte. Die Schule wurde ihm zur Qual.

Beendet wurde sie durch einen Schicksalsschlag: Plötzlich starb sein Vater. Zwar war Josef Wallraff seit Jahren nicht

Deutsche Jugendmannschaftsmeisterschaft in Berlin: Wallraff (Mitte) wird Dritter über 1000 Meter (2:34 Minuten)

mehr körperlich fit, denn die Arbeit in der Autolackiererei hatte seine Gesundheit ruiniert. Günter Wallraff erinnert sich an seinen Vater als einen Mann, der ständig kränkelte und bisweilen ernste Krisen hatte. Kurz vor seinem Tod aber gab es keine dieser ernsten Krisen. Er war lediglich zu einer Routineuntersuchung im Krankenhaus, als von dort der Anruf kam, die Mutter solle doch bitte vorbeikommen. »Nichts ahnend geht meine Mutter mit mir zum Krankenhaus und findet dort sein Bett leer vor. Ja, er sei gestorben, teilte man ihr dann ganz lapidar mit. Todesursache ist laut Totenschein eine Prostata-Hypertonie, medizinisch eine kaum haltbare Diagnose. ›Aber keine Angst, er hat seine Sakramente noch rechtzeitig erhalten.‹«

Die Mutter war völlig geschockt. Mit 57 Jahren stand sie erneut allein da. Dazu kam noch eine Nachricht, die der Trauer auch noch handfeste Existenzängste hinzufügte: Da ihr Mann aufgrund seiner Wanderjahre nicht regulär rentenversichert gewesen war, bekam sie nur eine winzige Betriebsrente. Angesichts dieser Umstände kam eine Fortsetzung des Gymnasiums für Günter nicht in Frage.

»Wenn wir, wie die anderen Familien, deren Kinder mit mir aufs Gymnasium gingen, genug Geld gehabt hätten, hätte ich es vielleicht geschafft, mich mit Nachhilfe und ausreichend Zeit auf die Schule zu konzentrieren. Aber so ging es nicht mehr.« Im Nachhinein ist Günter Wallraff aber ganz froh, dass er damals nicht auf dem Gymnasium bleiben konnte. »Theoretisches Denken hat mich nie wirklich fasziniert und war auch nie meine Stärke. Ich hatte ja auch später immer Theoriedefizite – was aber dann letztendlich zu meiner Stärke wurde, weil ich einfach die Wirklichkeit, das wirkliche Leben gesucht habe und nicht mit theoretischen Modellen zufrieden war.«

Günter Wallraff soll eine Lehre machen, um wenigstens ein bisschen eigenes Geld in den Haushalt einzubringen. Doch er träumt von einem Leben in Freiheit. In einem Aufsatz beschreibt er während seines letzten Schuljahres seine Berufswünsche. Darin erklärt er, warum er die so genannten helfenden Berufe nicht attraktiv findet: »Der Beruf, der anfänglich im Humanismus beginnt, kann schließlich im Nihilismus enden.« Wallraff wollte kein Zyniker werden, sondern »das große Spiel des Lebens« beginnen. »Die Flucht aus der feindlichen Zeit in eine eigene, selbst errichtete Welt.«

Diese Welt wird für Günter Wallraff die Welt der Dichtung und der Kunst. In den Jahren bis zu seinem erzwungenen Eintritt in die Bundeswehr experimentiert er mit Farben und Worten. Seine bevorzugte Farbe sind alle Schattierungen von Schwarz, er versucht sich mit Leinwandverätzungen und Brandbildern, bei deren Herstellung er einmal fast den ganzen Küchentisch in Flammen aufgehen lässt. Der Welt bekannt macht er sich über die Publikation »Flugschrift«, im Untertitel »Für Lyrik, Lyrische Prosa und Malerei«. Diese Zeitschrift, in der auch Rolf Dieter Brinkmann erstmals veröffentlichte, erscheint vierteljährlich und besteht aus zusammengehefteten, hektographierten Schreibmaschinenseiten mit einem gedruckten Titelbild. Zweimal zieren düstere Bilder des jungen Wallraff den Titel. Die Produktion der von Manfred Mays herausgegebenen Zeitschrift ist für alle Beteiligten ein Akt reinen Idealismus. Schon im Impressum steht: »Es werden weder Honorare gezahlt noch kostenlose Belegexemplare vergeben.«

Wallraff veröffentlicht dort Gedichte wie:

jeder zu ende gedachte gedanke ist lüge ...
reden bedeutet um die dinge herumreden ...
gebärden sind gleich hilflos und unberaten wie worte ...
eine gute tat ist eine schlechte tat ...
keine tat ist noch die beste tat ...
das sind die nicht zu ende gebrachten worte ...
besser ist schweigen.

Oder:

Künstlersein sollte mit Lebensgefahr verbunden sein
die Galerien stünden leer
der Büchermarkt schmölze auf ein Minimum zusammen
die Orchester spielten Pausenzeichen
die Kunst wäre gerettet
es lebe die Kunst.

Was er von der Welt der Erwachsenen hält, beschreibt er in dem Gedicht

Trick, Weisheit zu erlangen

Mach es wie die Schlange
Mit dem Schwein
würg's rein
lieg in der Sonne,
und verdau's
dann kriech wieder rum
und scheiß's aus

Während sich ein Leser in einem Brief verärgert von der Flugschrift mit den Worten abwendet: »Ich glaube nicht, dass Sie der jungen Lyrik mit Ihrer Publikation einen Dienst erweisen, sondern vielmehr spleenigen Hintertreppenexistenzialisten eine Möglichkeit verschaffen, ihr Geltungsbedürfnis zu befriedigen«, ist ein anderer Leser begeistert: »Schon die gut gestaltete Titelseite [von Wallraff, J. G.] ließ mich Gutes ahnen. Das Heft ist sehr gut ausgefallen.

Lassen Sie sich nur nicht irre machen und führen Sie die Flugschrift auf dem bisherigen Weg weiter. Das Experiment muss sein. In der Flugschrift ist es zu finden, und das ist gut so. Man kann dem Leser auch Interessantes bieten, ohne auf Kunstdruckpapier zu drucken.« Doch der junge Wallraff war trotz seiner Gedichte Realist genug zu wissen, dass er mit seiner Lyrik und seinen Bildern, von denen er sogar ein gutes Dutzend verkaufen konnte, seinen Lebensunterhalt nicht bestreiten konnte. Als Kompromiss zwischen den Ansprüchen der Mutter und seinem Freiheitsdrang sucht er nach einem künstlerischen Lehrberuf. Er stellte sich vor, sich als Restaurateur zumindest ein wenig verwirklichen zu können. Doch Kirchen und Gemälde zu restaurieren, bleibt ihm verwehrt. Statt Lehrgeld zu bekommen, hätte er welches zahlen müssen:»Stell dir vor, um jahrelang da auf den Gerüsten herumzuturnen, musste man auch noch Lehrgeld zahlen!« Damit war diese Idee gestorben.

Wenn schon nicht Gemälde restaurieren, wollte Günter wenigstens Schaufenster dekorieren und bewarb sich deshalb bei dem Kölner Bekleidungshaus Brügelmann. Heute ist er froh, dass auch aus dieser Idee nichts wurde.»Wir wurden zu einer Aufnahmeprüfung eingeladen und sollten dann einen Aufsatz schreiben über den Blick durchs Fenster. Ich hab dann ein ziemlich düsteres, surreales Stück geschrieben, von dem sie natürlich entsetzt waren.«

Sein Deutschlehrer rät ihm zu einer Buchhändlerlehre. Durch seine Aushilfsarbeiten kannte Wallraff die Buchhandlung Gonski und bekam dort auch tatsächlich eine Lehrstelle. Von den romantischen Vorstellungen, die Wallraff sich anfangs über den Beruf des Buchhändlers macht, bleibt jedoch schon bald nichts mehr übrig. Statt Bücher zu lesen und Kunden zu beraten, heißt es Bücherkisten schleppen und Regale einräumen. Auch literarisch ist die Buchhandlung durchaus nicht auf der Linie, die Günter Wallraff durch seinen Lehrer kennengelernt hat.»Gonski war ein Deutschnationaler. Immer wenn ich das Fenster dekoriert hatte, nahm er die Titel anschließend wieder raus und legte sein reaktionäres Zeug rein. ›Die Blechtrommel‹ von Grass durfte zum Beispiel nicht ins Fenster gelegt werden, sie galt als pornographisch.«

Vermeintliche Pornographie kostete Wallraff auch fast seine Lehrstelle. Er trampte damals ab und zu nach Amsterdam, dem

Mekka aller Aussteiger und Unangepassten in ganz Europa. Dort wurden Henry Millers berühmte Werke »Wendekreis des Krebses« und »Wendekreis des Steinbocks« als Raubdrucke verkauft. »Ich habe davon jeweils einige Exemplare für Freunde und Bekannte mitgenommen, weil die Bücher in Deutschland noch unter das Pornographieverbot fielen und auf dem Index standen. Irgendwie ist die Polizei den Raubdruckern auf die Spur gekommen und hat dabei auch meinen Namen gefunden. Man fragte nach mir und den Büchern in der Buchhandlung.«

Sein Lehrherr Gonski wollte ihn sofort entlassen. »Er spielte sich ungeheuer auf. Er wolle niemanden in seinem Laden, der pornographische Literatur liest.« Schließlich verhinderte seine Mutter den Rauswurf, indem sie sich direkt an seinen Chef wandte und ihn bat, auch angesichts der schwierigen sozialen Lage der Familie, doch noch einmal Gnade vor Recht ergehen zu lassen. Der Haushalt war auf die 75 Mark, die Wallraff im zweiten Lehrjahr erhielt, angewiesen.

Wallraff rächte sich für diese Demütigungen, wie es Jugendliche in seinem Alter tun: Als er wochenlang im Lager arbeiten musste, zerlegte er Buchstaben für Buchstaben den Großen Brockhaus und schmuggelte die mit einer Rasierklinge herausgeschnittenen Seiten unter dem Pullover nach Hause. »Aus diesem Grund«, erzählt er lachend, »habe ich heute eine klassische Halbbildung. Bis ›N‹ kannst du mich alles fragen, danach wurde ich aus dem Lager in eine andere Abteilung versetzt.« Mit zusammengebissenen Zähnen und der Mutter zuliebe machte Wallraff seine Lehre zu Ende.

Das eigentliche Interesse des jungen Wallraff galt aber ganz anderen Dingen. Er war auf der Suche nach dem kontemplativen Ort, an dem man sich ganz in sich selbst versenken konnte. Nach Lyrik und Ausflügen in die Malerei beschäftigte er sich mit kontemplativer Literatur. »Hätte es damals im Westen schon Zen-Klöster gegeben, ich wäre dort hingegangen«. Stattdessen überlegte er dann, sich zur Meditation in ein Trappistenkloster zurückzuziehen. »Mir hat imponiert, dass sich dort alle an ein Schweigegelübde halten mussten und in ihren eigenen Särgen schliefen. Ich war absolut ungläubig, aber ich suchte einen kontemplativen Ort. Wie heute immer noch war ich schon damals suchender Agnostiker.«

Die Wende

Die Wende für den ganz auf Innerlichkeit eingestellten jungen Mann kam mit einem Schreiben vom Kölner Kreiswehrersatzamt. Günter Wallraff wurde daran erinnert, dass nach der Buchhändlerlehre die Bundeswehr auf ihn wartet. Das war 1962, zu einer Zeit, als die jungen Männer in Deutschland die Einberufung zur Bundeswehr in der Regel fluchend hinnahmen. Dass es auch die Möglichkeit gab, den Dienst mit der Waffe zu verweigern und stattdessen Ersatzdienst im sozialen Bereich der Gesellschaft zu leisten, war den meisten kaum bekannt. Ersatzdienst war eine Sache der Zeugen Jehovas. Normale junge Männer gingen zum Bund.

Wallraff wollte zwar nicht zum Bund, schob den Antrag auf Kriegsdienstverweigerung aber vor sich her. Heute erklärt er das damit, dass er notorisch immer alles zu spät mache und zu Verabredungen meist zu spät komme. Tatsächlich war es wohl vor allem die Unsicherheit, alleine dazustehen, ohne Unterstützung einer Organisation oder auch einer Familie, die ihm den Rücken stärken würde. So stellte er seinen Antrag auf Kriegsdienstverweigerung erst, nachdem er seinen Einberufungsbefehl schon auf dem Tisch liegen hatte. Obwohl er laut Gesetz nun schnellstmöglichst auf sein Gewissen hätte geprüft werden müssen, musste er zum Grundwehrdienst antreten, als hätte er gar keinen Antrag auf Verweigerung gestellt.

Die dann folgenden zehn Monate wurden für den 21-jährigen Günter Wallraff zu einer Leidenszeit, die ihn für sein Leben prägte. »Ich war auf die Auseinandersetzungen, die bei der Bundeswehr auf mich zukamen, ja nicht vorbereitet.« Niemand hatte ihm vorher erklärt, wie er sich verhalten sollte, seine Aktionen waren die eines literarischen Einzelkämpfers. »Ich bin ein lebender Beweis dafür, dass Literatur ganz praktisch etwas bewirkt«, sagt Wallraff heute dazu. Dass er Kriege, Waffengewalt und Kadavergehorsam ablehnte, war das Ergebnis seiner Lektüre und der Kriegserzählungen seines Vaters.

Doch der Vater war tot und konnte ihm nicht mehr helfen. Deshalb war für Wallraff klar: »Ohne die Literatur hätte ich wahrscheinlich dem Druck nicht so lange standhalten können – ich hatte ja sonst nichts im Rücken.« Wallraff weigerte sich hartnäckig, sich wie ein normaler Rekrut zu verhalten. Er betrieb eine aktive Kriegsdienstverweigerung innerhalb der Bundeswehr und geriet dadurch in eine Rolle, von der er später sagte: »Hätte ich diese unfreiwillige Rolle nicht durchlitten, wäre ich wahrscheinlich nicht zu meiner besonderen Form der Arbeit gekommen.«

Es begann damit, dass Wallraff sich weigerte, die Dienstbezeichnung »Schütze« zu akzeptieren. Er wird angebrüllt, er solle sich richtig melden. »Das heißt: ›Schütze Wallraff meldet sich zur Stelle‹, verstanden?« »Ja, schon, aber wieso Schütze? Ich nehme doch kein Gewehr in die Hand und werde niemals schießen, auch nicht so zum Spaß.« »Sind Sie blöde? Ihre Dienstgradbezeichnung ist Schütze, und so werden Sie sich zukünftig melden, sonst werde ich Sie melden, und Sie kommen wegen Befehlsverweigerung in den Bau.« »Ach so. Ein Schütze, der nicht schießt – aber wenn Sie Wert darauf legen: Die Dienstgradbezeichnung Schütze Wallraff meldet sich zur Stelle!« So beschreibt Günter Wallraff in seinem Bundeswehrtagebuch seinen Einstand als Soldat wider Willen. Er weigerte sich konsequent, eine Waffe in die Hand zu nehmen. »Am nächsten, dem insgesamt vierten Tag erscheine ich nicht zur Gewehrausteilung. Der Hauptmann sagt mir später vor Unteroffizieren und Mannschaft, ich sei nicht würdig und vertrauenerweckend genug, überhaupt eine Waffe zu tragen. Später bekomme ich von meinem Gruppenführer einen Stock mit Tragekordel. Ich schmücke ihn jeden Tag mit einer frischen Feldblume und stelle ihn jeden Abend in den Gewehrständer neben die blitzenden Flinten meiner Stubenkameraden. Damit sie sich neben mir nicht zu schämen brauchen, pflanze ich ihren Gewehrmündungen ebenfalls Blumen auf. Man verbot mir den Blumenzauber. Meinen Stecken durfte ich auch nicht mehr öffentlich tragen, weil er großes Aufsehen erregte und schon in anderen Standorten der Umgebung bekannt geworden war. So stehe ich mit leeren Händen daneben, wenn die anderen schießen.«

Um ihn als Drückeberger zu denunzieren, der nur die körperliche Anstrengung in der Bundeswehr scheut, schickte man ihn auf Gewaltmärsche – doch der Langstreckenläufer war gut trainiert und hatte, im Gegensatz zu anderen Rekruten, keine Probleme. Als das nicht half, führte man ihn zum Garnisonspfarrer, der ihn zu belehren versuchte, dass die Kirche ausdrücklich der Meinung sei, dass jeder die Pflicht habe, sein Leben zu erhalten und zu verteidigen. »Das andere ist Selbstmord und Sünde.« Der Geistliche wirft ihm vor: »Sie sind nur nicht bereit zu dienen.« Zuletzt bietet er Wallraff einen Handel an: Wenn er bereit sei, seinen Antrag auf Kriegsdienstverweigerung zurückzuziehen, werde er sich dafür einsetzen, dass Wallraff zu den Sanitätern versetzt werde. Da könne er dann Dienst ohne Waffe tun und außerdem noch seinen Führerschein auf Bundeswehrkosten machen.

Der Hauptmann der Kompanie ist entsetzt, weil Wallraff nicht nur nicht klein beigibt, sondern sich im Gegenteil noch fünf weitere Soldaten entschließen, seinem Beispiel zu folgen, und ebenfalls einen Antrag auf Kriegsdienstverweigerung einreichen. Hauptmann Staller lässt Wallraff zu sich kommen und wirft ihm vor: »Sie haben Ihre Kameraden aufgehetzt. Das ist Wehrkraftzersetzung. Wir können Sie jederzeit vor Gericht stellen.«

Nach zehnmonatelanger Zermürbung kam dann endlich die Verhandlung vor der Prüfungskammer in Köln. Wallraff vermutete, dass man ihn so lange hatte schmoren lassen, weil die zuständigen Leute der Prüfkammer davon ausgegangen waren, dass er nach der Grundausbildung, wenn der unangenehmste Teil des Wehrdienstes vorbei war, seinen Antrag von allein zurückziehen würde. Doch Wallraff dachte gar nicht daran. Er wollte als Kriegsdienstverweigerer anerkannt werden, gerade nach den üblen Erfahrungen, die er während der Monate zuvor hatte machen müssen. Vier Stunden dauerte dann das Kreuzverhör vor der Gewissenskommission. Pazifismus sei Feigheit, Lauheit und Laxheit, wurde ihm vorgehalten. Als er einmal von der DDR sprach, ohne »so genannte« zu sagen, vermutete man in ihm einen verkappten Kommunisten. Er hatte von Anfang an keine Chance, sein Antrag wurde abgelehnt.

Während eines Wochenendurlaubs zieht er sich bei einem Sturz eine Gehirnerschütterung und eine Platzwunde am Kopf zu, die genäht werden muss: Für die Bundeswehr die Gelegenheit, den Mann, der sich durch Drill und Drohungen nicht einschüchtern lässt, in die Kranken- und Irren-Ecke abzuschieben. Als die Fäden seiner verheilten Wunde gezogen werden, wird er statt in die Kaserne zu einem Psychiater geschickt, der nach einem kurzen Gespräch ein Gutachten erstellt, in dem ihm bescheinigt wird, einen ungeleiteten, vaterlosen Eindruck zu machen. Der Truppenarzt schickt ihn daraufhin zur Beobachtung in die geschlossene psychiatrische Abteilung des Bundeswehrlazaretts. Ein Mann, der sich monatelang weigert, Soldat zu sein, muss krank im Kopf sein, so die Logik der Bundeswehrärzte.

Wallraff rettete sich, indem er sich wieder in sich selbst zurückzog und begann, seine Erlebnisse zu Papier zu bringen. In seiner Not wandte er sich brieflich an einen Mann, den er als Schriftsteller bereits im Schulunterricht kennengelernt hatte und zu dem er einen indirekten Kontakt hatte: Aus der Buchhändlerklasse der Berufsschule kannte er Gilbert Böll, einen Neffen von Heinrich Böll. Gilbert leitete seinen Brief weiter, und tatsächlich antwortete Böll dem verzweifelten Nicht-Soldaten und machte ihm Mut. Unter anderem diese Korrespondenz führte dann zu der vorzeitigen Entlassung des Schützen Wallraff. Bei einer Durchsuchung seines Spinds wurden Teile seines Bundeswehrtagebuches und der Korrespondenz zwischen ihm und Böll gefunden. Man fragte ihn, ob er daran denke, seine Erfahrungen bei der Bundeswehr zu veröffentlichen. Wallraff bekam plötzlich das Gefühl, er sei der Bundeswehr nicht mehr hilflos ausgeliefert. Auf die Reaktion der Vorgesetzten hin wurde ihm schlagartig klar, dass er die Möglichkeit hatte, sich zu wehren. Als man ihm auch noch anbot, er könne vorzeitig entlassen werden, wenn er schriftlich zusichere, über das Erlebte Stillschweigen zu bewahren, lehnte er das ab. Man solle ihn ruhig dabehalten, umso mehr interessante Erfahrungen könnte er dann ja noch machen.

Es dauerte dann nur noch wenige Tage, bis er mit seinem Köfferchen in der Hand vor der Kaserne stand. In seinem vorläufigen Entlassungsbericht steht: Er sei »eine abnorme Persönlichkeit, auf Dauer verwendungsunfähig für Frieden und Krieg«.

Wallraff wiederum fasste seine Erschütterung durch die Bundeswehr nach der Entlassung in seinem Tagebuch in folgende Verse:

»Ich träumte
das Leben sei ein Traum
und wachte auf davon
und da war das Leben
gar kein Traum
und da schlief ich
nie wieder ein.«

Wo ist der Arbeiter in der Literatur?
Die Welt hinter den Werkstoren

Die Wegbeschreibung führt zu einem kleinen Reihenhaus am Rande der Frankfurter Innenstadt. Unauffällig, unscheinbar fast. Nach dem Läuten öffnet eine junge Frau. Noch bevor wir das Wohnzimmer erreichen, kommt mir ein rüstiger alter Herr entgegen, um mich in Empfang zu nehmen: Jakob Moneta, 90 Jahre alt. Er lebt allein in seinem Häuschen, die junge Frau, eine befreundete Ärztin, kommt nur gelegentlich vorbei, um nach ihm zu sehen. Das Leben spielt sich heute für ihn weitgehend in diesem freundlichen, mit Büchern vollgestopften Haus ab, doch er ist deshalb durchaus nicht von der Welt abgeschnitten. Regelmäßig sitzt er an der Schreibmaschine, erscheinen Artikel von ihm in verschiedenen Publikationen, leidenschaftlich verfolgt Jakob Moneta alle innen- und außenpolitischen Debatten der Republik.

Jakob Moneta ist eine der Schlüsselfiguren in Günter Wallraffs Werdegang, ihre Bekanntschaft einer dieser Zufälle, durch die Wallraff zu dem wurde, was er ist. Jakob Moneta war 16 Jahre lang Chefredakteur der IG-Metall-Mitgliederzeitung »Metall«, jahrzehntelang die einflussreichste Gewerkschaftspublikation des Landes. Und Jakob Moneta ist Trotzkist, bis heute.

Moneta ist aber nicht nur Gewerkschafter und Trotzkist, er ist, wiewohl kein gläubiger Mensch, Jude. Noch bevor die Mordmaschinerie der Nazis richtig in Gang gekommen war, ging er 1933 nach Palästina.

Damals hatte Jakob Moneta einen Traum, den viele andere linke Juden mit ihm zusammen träumten. Sie wollten in Palästina einen arabisch-jüdischen sozialistischen Staat errichten, ein Modell für das gemeinsame, gleichberechtigte Zusammenleben. Voller Begeisterung gründete er mit Gleichgesinnten einen Kibbuz und stürzte sich in die Arbeit. Wie viele andere Juden, die damals zunächst hauptsächlich aus Osteuropa und dann aus Deutschland nach Israel kamen, verfochten sie in ihrem Kibbuz hohe Gemeinschaftsideale, gepaart mit der Bereitschaft, für sich persönlich fast auf jeglichen Besitz zu verzichten. Trotzdem wurde aus Israel kein sozialistischer und schon gar kein gemeinsamer jüdisch-arabischer Staat. »Die meisten jüdischen Einwanderer«, beklagt Jakob Moneta noch heute, »wollten keinen gemeinsamen Staat mit den Arabern.«

Als 1948 die Teilung Palästinas beschlossen wurde, verließ der Trotzkist das Land aus Enttäuschung wieder und versuchte, nach Deutschland zurückzukehren. 1953 wurde er Sozialreferent an der deutschen Botschaft in Paris. Dort blieb er, bis ihn der damalige IG-Metall-Chef Otto Brenner 1961 nach Frankfurt holte. Otto Brenner gehört zu den legendären Gestalten der deutschen Gewerkschaftsbewegung: Während der Nazi-Zeit arbeitete er im Widerstand und war Mitglied der linken SPD-Abspaltung Sozialistische Arbeiterpartei Deutschlands (SAPD), der auch Willy Brandt angehörte. Otto Brenner blieb bis zu seinem Tod 1972 ein überzeugter Linker und hielt als IGM-Chef immer seine Hand über Jakob Moneta, der als Chefredakteur von »Metall« vor keiner innergewerkschaftlichen Kritik zurückscheute und dafür etliche Konflikte mit Funktionären und Bezirksfürsten in Kauf nahm.

Einige der in »Metall« veröffentlichten Betriebsreportagen, die vielen Funktionären besonders bitter aufstießen, waren unterzeichnet von einem Autor namens Günter Wallmann. Dahinter verbarg sich niemand anderes als Günter Wallraff, und Jakob Moneta erzählt noch heute mit großem Vergnügen, wie es dazu kam. Nachdem er die Chefredaktion übernommen hatte, suchte er nach realistischen Reportagen direkt aus den Betrieben. Doch was ihm von Betriebsräten angeliefert wurde, hätte zumeist direkt aus den Werbebroschüren der Firmen stammen können. »Wir wollten authentische, kritische Artikel über die Lage vor Ort, doch wir bekamen nur beschönigende Aufsätze«, beschreibt Moneta seine damalige Misere. »Auch als wir dann IG-Metall-Mitarbeiter von außerhalb in einen Betrieb schickten, bekamen die die wirklichen Verhältnisse kaum mit.«

In seiner Not besann Moneta sich auf einen Bekannten, der ihm vielleicht helfen könnte. Der Mann hieß Hans-Herrmann Köper. Moneta kannte ihn als trotzkistischen Genossen und Verleger.

Köper hatte 1959 mit dem Geld, das er mit der legendären »Bäcker-blume«, der Zeitung der deutschen Bäckerinnung, verdient hatte, die Jugendzeitschrift »Twen« gegründet. Bevor es so weit war, war Köper allerdings schon in den ersten Nachkriegsjahren an verschiedenen anderen Stellen rührig. Sein Geld verdiente der im Krieg schwer verletzte Köper zunächst als Cellist im Rundfunkorchester des NWDR. Dort hatte er eine Kollegin, Margarete Nogge, die sich später, als Günter Wallraff als Soldat vergeblich versuchte, den Kriegsdienst zu verweigern, an ihn erinnerte. Köper hatte nämlich in seiner Freizeit gemeinsam mit anderen, die der Krieg zu Pazifisten gemacht hatte, den Verband der Kriegsdienstverweigerer (VK) gegründet. Margarete Nogge wohnte in den ersten Kriegsjahren als Untermieterin in derselben Wohnung in Köln-Mauenheim wie die Familie Wallraff. Als Günter Wallraff mit dem Militär kämpfte, empfahl sie seiner Mutter, er solle sich mit Köper in Verbindung setzen, der habe einen Verein für Kriegsdienstverweigerer gegründet. Um Wallraff noch bei seinem Kampf für die Anerkennung als Kriegsdienstverweigerer zu helfen, kam der Tipp zwar zu spät, doch Köper half Günter Wallraff auf andere Weise weiter. Er veröffentlichte Wallraffs Bundeswehrtagebuch in zwei Folgen in »Twen«. Mit diesem Abdruck betrat Günter Wallraff erstmals die publizistische Bühne. »Twen«, eine Art frühes Lifestyle-Magazin, gehörte in den 60er Jahren zu den Vorreitern der sexuellen Aufklärung und wurde zu einem Sprachrohr der rebellischen Jugend. Als Covergirl gewann Uschi Obermeier, die spätere weibliche Ikone der Kommune I, erste Berühmtheit. Von den Autoren her gab es Überschneidungen mit »Pardon« und »Konkret«, beides Zeitschriften, in denen auch Wallraff später regelmäßig schrieb. Doch schon sein Bundeswehrtagebuch erregte erste Aufmerksamkeit und brachte ihm viele positive Kritiken ein.

Als Jakob Moneta bei Hans-Herrmann Köper anrief und ihn fragte, ob er nicht einen jungen Mann kenne, der für ihn unerkannt in einigen Betrieben recherchieren könnte, fiel Köper sofort Günter Wallraff ein. Moneta erinnert sich noch gut an die erste Begegnung: »Als Wallraff vor mir stand, hab ich gedacht: ›Auweia. Der sieht ja aus wie ein typischer intellektueller Eierkopf mit zwei linken Händen.‹« Wallraff hatte sich aber schon etwas überlegt und sagte dann zu Moneta: »Ich will versuchen, bei Ford in Köln unterzukommen, da war mein Vater schon.« Obwohl Moneta zunächst nicht viel Hoffnungen in diesen jungen Mann setzte, den Köper ihm da geschickt hatte, willigte er doch ein, dass Wallraff versuchen sollte, über seine Erfahrungen bei Ford einen Bericht für »Metall« zu verfassen. »Wallraff war dann für uns ein Volltreffer. Er hat eine ganz ausgezeichnete Arbeit gemacht. Es gab auch sofort Ärger mit den Betriebsräten, weil die das Gefühl hatten, wir würden ihnen in ihre Arbeit hineinpfuschen.«

An der Werkbank Deutschland

Wallraff meldete sich bei Ford, um die Wirklichkeit hinter den Werkstoren kennenzulernen und später darüber für »Metall« zu schreiben. Das war anfangs gar nicht so einfach, weil man ihn im Personalbüro in die Verwaltung und nicht ans Fließband schicken wollte. Als er darauf bestand, einen Job am Band zu bekommen, erregte er das erste Mal die Aufmerksamkeit höherer Angestellter, allerdings ohne irgendeinen Argwohn zu erzeugen. »Zu der Zeit«, so erzählt Wallraff heute, »gab es in den Betrieben praktisch noch keinen Widerstand, es war eine Zeit, in der alles noch gleichgeschaltet war. Es gab damals noch nichts, rein gar keine kritischen Fragen an diese Fabrikjobs. Die Fabriken waren Machtzentren der Gesellschaft, an denen niemand gerührt hat. Als ich ihnen erzählte, ich wollte denselben Job machen wie mein Vater zuvor, quasi aus Familientradition, wie bei den Kruppianern, akzeptierten sie das als hinreichende Erklärung. Es gab ja auch so eine Firmenideologie bei Ford. Sie hatten ja versucht, sich das Image als Wohltäter der Arbeiter zu verpassen.«

Bei Ford machte Wallraff vor allem die physisch und psychisch auszehrende Arbeit am Band zum Thema: der permanente, nie nachlassende Druck, die eintönigen, nervtötenden Wiederholungen, die Vereinzelung des Bandarbeiters, das Ohnmachtsgefühl als kleines Rädchen in einem unüberschaubaren Produktionsprozess. Was in den 70er Jahren zum Standardrepertoire in Soziologieseminaren wurde, war bis dahin öffentlich kaum ein Thema gewesen. Niemand, am wenigsten die Intellektuellen des Landes, interessierten sich für die Erfahrungen der Arbeiter am Fließband. Innerhalb von drei Jahren, von 1963 bis 1966, arbeitete Günter Wallraff jeweils für einige Monate in fünf großen Industriebetrieben, verteilt über die ganze Republik. Nach Ford ging er zur Großwerft Blohm + Voss nach Hamburg, von dort nach München zu Siemens, dann in die Provinz nach Paderborn ins Stahl-

Die Welt hinter den Werkstoren kennenlernen: Wallraff bei Thyssen in Duisburg

rohrwerk Benteler und zuletzt zur Stahlschmelze von Thyssen in Duisburg-Hamborn.

Die Arbeit bei Blohm + Voss war körperlich schwer, der Akkord bei Siemens nervtötend, in der Provinz wurde Wallraff mit den Allüren eines Firmenpatriarchen konfrontiert, der keine Gewerkschaften in seinem Betrieb dulden wollte, und als Reiniger in der Sinteranlage des Thyssen Stahlwerkes erlebte er den Menschen als Teil einer gigantischen Maschinerie, die ihn zu verschlingen drohte.

Werksreportagen wie diese hatte vor Wallraff im Nachkriegsdeutschland noch niemand geschrieben. Im Deutschland der frühen 60er Jahre lief das Wirtschaftswunder auf vollen Touren, Arbeitslosigkeit gab es praktisch nicht, weshalb vor allem in Südeuropa, einschließlich der Türkei, nach Nachschub für den Arbeitsmarkt gesucht wurde. Die damaligen Wachstumsraten von über sieben Prozent klingen in der heutigen ökonomischen

Wirklichkeit der Bundesrepublik wie ein Märchen aus ganz fernen Zeiten.

In dieses Wirtschaftswunderland platzte Wallraff mit seinen Industriereportagen. Begeistert druckte Moneta in »Metall« die Betriebsreportage über Ford in mehreren Folgen ab, während Wallraff sich bereits nach einem neuen Job umsah. »Metall« erschien in sechs Sprachen, damit auch ausländische Arbeiter das Blatt lesen konnten, und hatte insgesamt eine Auflage von zwei Millionen. Das war keine ganz geringe Medienmacht und provozierte auch schnell empörte Reaktionen. Während Wallraff und Moneta mit Protesten aus dem Arbeitgeberlager wohl gerechnet hatten, kam die Kritik zunächst aber aus den eigenen Reihen.

Als die Reportage über den Arbeitsalltag auf der Hamburger Werft Blohm + Voss in Druck gehen sollte, protestierte der zuständige IG-Metall-Bezirksleiter Heinz Ruhnau. Der Mann, der später als Hamburger Innensenator und danach als Vorstandschef der Lufthansa ins politische und wirtschaftliche Establishment der Republik aufstieg, sah die Zustände bei Blohm + Voss als zu einseitig porträtiert und protestierte gegen einen Abdruck in »Metall«. »Je mehr die Gewerkschaft über die Mitbestimmung in den Betrieben zu sagen hatte und je unmittelbarer die SPD involviert war, umso mehr wehrten die sich gegen einen kritischen Blick von außen«, fasst Jakob Moneta heute seine damaligen Erfahrungen zusammen.

Um Wallraffs zweite Reportage vor dem Papierkorb zu retten, fuhr er selbst mehrmals nach Hamburg, um mit Ruhnau zu reden. Das Ergebnis war, dass die Reportage nur anonymisiert, also ohne Blohm + Voss beim Namen zu nennen, erscheinen durfte. »Das hat dann später wütende Proteste bei der Kieler Konkurrenz, den Howaldtswerken-Deutsche Werft (HDW), ausgelöst, die fälschlicherweise häufig als Wallraffs Arbeitsplatz vermutet worden waren.«

Zur ersten Klagedrohung kam es, als »Metall« begann, die Erfahrungen Wallraffs bei den Benteler-Werken in Paderborn abzudrucken. Die Geschäftsleitung erwirkte vor dem örtlichen Gericht in Paderborn – Firmenpatriarch Benteler war ein wichtiger Arbeitgeber und einflussreiches Mitglied des regionalen Arbeitgeberverbandes – eine einstweilige Verfügung wegen »Störung des Betriebsfriedens, Ehrverletzung und Geschäftsschädigung«. Obwohl die IG Metall in Werksnähe ein Aktionsbüro einrichtete und die Arbeiter der Benteler-Werke fast ein Jahr mobilisierte, bis es endlich genug eingeschriebene Gewerkschaftsmitglieder gab, um einen engagierten Betriebsrat zu wählen, musste »Metall« akzeptieren, dass die Reportage wiederum nur anonymisiert erschien und entweder von den »X-Werken« oder später vom »Plemperer-Stahlrohrwerk« die Rede war.

Den entscheidenden Schlag erhielten Wallraff und Moneta aber wieder von den eigenen Leuten. Mit Abstand die längste Zeit – über ein halbes Jahr – hatte Wallraff sich als Reiniger im Thyssen-Stahlwerk in Hamborn verdingt. Sein Job war es, in einer riesigen Werkshalle, in der sich außer ihm kaum ein anderer Mensch befand, den allgegenwärtigen Metallstaub in kleine Häufchen zusammenzufegen, dann in die Schubkarre zu schaufeln und in einen Kübel vor dem Stahlwerk zu befördern. Wallraff beschreibt die Arbeit in seiner Reportage »Sinter Zwo – im Stahlwerk« so: »Der pulvrige Metallstaub, Sinter genannt, ist hier überall. Er wabert unter jedem Schritt, klebt auf der Haut, dringt in Nasenlöcher und Augen ein. Ich schwinge den Besen von dichten Staubwolken umhüllt. Anfangs versuche ich, den aufgewirbelten Staubmassen zu entkommen. Ich halte die Luft an und springe schnell zur Seite, wo noch kein Staub ist, hole tief Atem und fege schnell weiter, solange die Luft reicht, um dann wieder fortzuspringen. Aber so komme ich außer Atem. Es nützt nichts. Der Staub will geschluckt sein. Ihm entkommt hier keiner. Auf der Haut bildet sich eine schmierige Kruste. Wenn ich ausspucke, erschrecke ich: Mein Auswurf ist schwarz. Nach der Schicht, unter der Dusche, schrubbt man sich die Haut fast von den Knochen, doch es nützt nicht viel, der Sinterarbeiter ist von seiner Arbeit gezeichnet; immer bleiben verräterische Spuren zurück. Die Haare werden stumpf und strähnig, und die Haut wird mit der Zeit ausgelaugt, wird grau wie die Farbe des Sinters.«

»Diese weitaus umfangreichste Reportage ist ganz deutlich der herausragende Text von Wallraffs Industriereportagen«, urteilt der Literaturprofessor Leo Kreutzer 1998 bei einer Neuauflage des

»Der pulvrige Metallstaub, Sinter genannt, ist hier überall. Er wabert unter jedem Schritt, klebt auf der Haut, dringt in Nasenlöcher und Augen ein.«

ersten Wallraff-Buchs in einem Nachwort. »Hier hat sich Wallraff erstmals mit augenfälliger Sicherheit seiner zuvor erprobten literarischen Mittel bedient. Die Reportage aus der Sinteranlage ist, noch über Akkordhetze und Lohndrückerei hinaus, ein großes Stück Prosa über das, was Menschen sich auszudenken und was sie einander anzutun vermögen. Die Bilder und Geschichten aus Sinter Zwo lassen hinter der dargestellten industrieweltlichen Realität eine gespenstische Wirklichkeit hervortreten, einen exemplarischen Ort menschlichen Versagens.«

Und ausgerechnet dieses herausragende Stück Arbeiterliteratur darf Moneta nach den ersten Folgen nicht weiter abdrucken. Wallraffs journalistisch-literarische Arbeit fällt der Kumpanei der Sozialpartnerschaft zum Opfer. Nachdem die ersten Folgen in »Metall« erschienen waren, erhielt der damalige Dritte Vorsitzende der IG Metall, Striefler, ein Schreiben seines Duz-Freundes aus dem Vorstand der August Thyssen-Hütte:

> »… konnte ich dir bereits mündlich kurz über die Unruhe und Empörung, die über die oben genannte Artikelserie im Hamborner Bereich der August-Thyssen-Hütte herrschen, berichten. Ich möchte dies heute schriftlich ergänzen, ohne dabei auf Einzelheiten einzugehen. Die Tendenz der Artikelserie ist absolut negativ und herabsetzend. [...]

Hier werden bis heute anständige Leute in ein Zwielicht gebracht, die es m. E. niemals verdient haben. [...] Wenn zu mir leitende Angestellte kommen, die [...] mir ihre Zweifel an dem Inhalt eines offiziellen Organs des Vorstandes der IG Metall offenbaren und mich fragen, ob das die wirkliche Meinung des Vorstandes in Frankfurt ist, dann gebe ich die Frage hiermit weiter. [...]
Wie kann man die Dinge aus der Welt schaffen? [...] Auf keinen Fall möchte ich durch diesen Brief erreichen, dass eine Diskussion über die Artikelserie in ›Metall‹ stattfindet. [...] Ich wage aber kaum zu hoffen, dass durch meinen persönlichen Brief die Fortsetzungsreihe gestoppt werden kann.«

»Er täuschte sich«, merkte Wallraff damals sarkastisch an. »Die Serie wurde gestoppt.« Dem IG-Metall-Vorstand waren seine Beziehungen zum Thyssen-Vorstand wichtiger als eine Reportagenserie in der hauseigenen Zeitung, von einem Verfasser, der sowieso schon wiederholt für Unruhe gesorgt hatte. Die Serie über Thyssen wurde gestoppt, Moneta konnte es nicht verhindern.

Die Arbeitgeber, wie zuletzt Thyssen, reagierten aber nicht nur vereinzelt, sondern schon bald auch als Verband. Der Arbeitgeberverband erstellte einen Steckbrief für die Personalbüros der im Verband organisierten Firmen, mit dessen Hilfe sie in die Lage versetzt werden sollten, Wallraff zu erkennen, falls dieser sich unter anderem Namen bewerben sollte. Außerdem versuchten sie ihren Einfluss auf den öffentlich-rechtlichen Rundfunk und das Fernsehen geltend zu machen, um zu verhindern, dass Wallraffs Reportagen dort gesendet wurden oder er selbst zu Wort kam. Als sie damit nur bedingt Erfolg hatten, setzten die Bosse zu einem medialen Gegenschlag an und ließen das Institut der deutschen Wirtschaft Anfang der 70er Jahre eine Art »Wallraff-Schwarzbuch« verfassen, in dem alle seine vermeintlichen Fehler und Fehlschläge aufgezählt wurden. Unter dem Namen »Dichtung als Waffe im Klassenkampf« empörten sich die Verfasser der Broschüre nicht nur über Wallraffs Darstellung der Arbeitswelt – »eine Form, die zwischen Dichtung und Journalismus zum Instrument handfester Agitation geworden ist«, »was Wallraff beschreibt, ist eine Scheinwelt«, »Ziel ist die Überwindung des kapitalistischen Systems« –, sondern versuchten vor allem, ihn als Freund der DDR zu entlarven. Sie warfen ihm vor, sich in der DDR verlegen zu lassen – ironischerweise wurde dies DDR-Dichtern auch immer als Erstes zum Vorwurf gemacht, wenn ihre Bücher in der BRD erschienen – und DKP-gesteuerte Protestaufrufe zu unterstützen. Für die Arbeitgeberschreiber ließ ihn das, wenn nicht gleich zu einem Agenten des Ostens, dann doch zumindest zu einem nützlichen Idioten der anderen werden. Selbstkritik kam ihnen auch dann nicht in den Sinn, als sie feststellen mussten, dass selbst die »Frankfurter Allgemeine Zeitung«, das Hausblatt des Kapitals, eine positive Rezension über Wallraffs Arbeit veröffentlichte.

In den betroffenen Werken dagegen wurden die Reportagen mit großem Interesse gelesen. »Viele Kollegen kamen auf mich zu und bedankten sich, dass ihr Alltag endlich einmal ungeschminkt dargestellt wurde. Ich bekam fast nur positive Rückmeldungen. Niemand beschwerte sich, dass meine Beschreibungen der Arbeitsabläufe falsch seien«, erinnert sich Wallraff an unmittelbare Reaktionen auf seine Veröffentlichungen.

Sehr schnell wurden Wallraffs Werksreportagen auch über den Kreis von Gewerkschaft, Arbeitgebern und unmittelbar Betroffenen hinaus aufmerksam zur Kenntnis genommen. Kaum waren die Reportagen über Ford gedruckt, erhielt der »Arbeiterliterat«, wie er in der Publikation der Arbeitgeber abschätzig genannt wurde, eine Vorladung der politischen Polizei in Köln. Man konfrontierte ihn mit dem Verdacht, dass er ein Ostagent sei. Er wurde damit begründet, dass seine Reportagen, ohne dass er selbst davon wusste oder er ein Honorar dafür bekommen hätte, in der DDR und in der Tschechoslowakei nachgedruckt worden waren. Wallraff sollte eine Erklärung abgeben, auch zukünftig keine Kontakte zu Ostblockorganen aufzunehmen. Erst als er damit drohte, diese Nötigung öffentlich zu machen, wurde das Verfahren eingestellt. Trotzdem blieb Wallraff für die nächsten Jahrzehnte auf dem Radarschirm von politischer Polizei, Verfassungsschutz und Bundesnachrichtendienst.

Von ganz anderer Art war dagegen eine Einladung, die der Schriftsteller und spätere Kursbuch-Autor Yaak Karsunke Wallraff

»Selbst Arbeiter zu werden, so zu denken und zu fühlen wie ein Arbeiter«: Wallraff (rechts) mit zwei Kollegen im Eisenverhüttungswerk Sinter Zwo bei Thyssen

übermittelte. Ob er nicht Lust habe, einmal zu einem Treffen der »Gruppe 61« zu kommen und dort aus seinen Reportagen zu lesen, wurde er gefragt. Wallraff freute sich über diese Anerkennung und sagte gerne zu.

Die Arbeiterliteraten

Die Gruppe 61 war im März 1961 gegründet worden, und zwar in Abgrenzung zur Gruppe 47, dem bekanntesten Zusammenschluss deutscher Schriftsteller und Dichter im Nachkriegsdeutschland. Die Gründer der Gruppe, Fritz Hüser und Max von der Grün, hatten sich zum Ziel gesetzt, die »literarisch-künstlerische Auseinandersetzung mit der industriellen Arbeitswelt der Gegenwart und ihrer sozialer Probleme« zu fördern, wie es als Punkt 1 ihres Gründungsaufrufs hieß. Sie reagierten damit auch auf Kritiker des arrivierten Literaturbetriebes wie Walter Jens, der schon ein Jahr zuvor den deutschen Literaten vorgeworfen hatte,

69

den größten Bereich der Gesellschaft einfach auszublenden. »Arbeiten wir nicht?«, fragte er die Autoren der Gruppe 47. »Ist unser tägliches Tun ohne Belang?« Wer die deutsche Gegenwartsliteratur anschaue, so Jens, müsse den Eindruck bekommen, dass sich alle »im ewigen Feierabend« befänden. »Geschieht wirklich gar nichts zwischen Fabriktor und Montagehalle?« Genau dieser *terra incognita* wollten die Mitglieder der Gruppe 61 sich widmen, ohne dabei naive Arbeiterreime zu fördern und auch ohne nostalgisch an die Arbeiterliteratur der Vorkriegszeit anzuknüpfen.

»Im Zeitalter der Mitbestimmung und der Automation, der Kybernetik und Atomkräfte, der Volksaktie und der 40-Stunden-Woche«, schrieb Fritz Hüser im Almanach der Gruppe, »stehen andere Fragen und Probleme im Vordergrund als die der frühen Arbeiterdichtung und sozialen Kampfdichtung. Wer sich heute literarisch diesen Problemen widmen will, muss umfassende Kenntnisse und einen großen sozialen Überblick mitbringen – zugleich muss er neue Formen suchen und gestalten, um die Veränderungen unserer Gesellschaft, die Unsicherheit und das quälende Unbehagen der arbeitenden Menschen literarisch zu gestalten und bewusst zu machen. Hierfür kann die Arbeiterdichtung der zwanziger und dreißiger Jahre kein Vorbild sein, auch die Versuche der ›schreibenden Arbeiter‹ in der DDR nicht.«

Wallraff kam erstmals 1965 zu einem der zweimal jährlich stattfindenden großen Treffen der Gruppe 61 und fühlte sich in diesem Kreis zunächst sehr wohl. Mit Max von der Grün, dem literarischen Wortführer der Gruppe, der durch seinen Roman »Irrlicht und Feuer« zu einem bekannten Schriftsteller geworden war, verband Wallraff bald eine gute Freundschaft, und zu Peter-Paul Zahl hielt er auch außerhalb der Treffen Kontakt. Auf die Frage, ob er sich selbst als Arbeiterschriftsteller bezeichne, sagt Wallraff heute: »Es kommt ganz auf den Zusammenhang an – wer das über mich sagt oder veröffentlicht. Wenn es Arbeiter sind, die ihre Situation in meiner Arbeit wiedererkennen, dann ist das für mich ein großes Lob. Wenn es von bestimmten Leuten gebraucht wird, die die Wahrheit gepachtet haben, wenn es abfällig gebraucht wird, um dich in eine niedrige literarische Stufe einzuparken, um dich zu

entwerten, dann würde ich mich schon dagegen verwahren.«
Wallraff will sich nicht darauf festlegen, zu welchem Genre seine
Bücher zählen.

»Es ist eine gemischte Form, keine reine Reportage, eine
Mischung. Ich selbst habe für mich keine Definition, das sollen
andere machen. Ich hatte nie das Bedürfnis, Literatur machen zu
wollen. Es ist eine Gratwanderung. Manches ist stark journalistisch,
für die Zeit geschrieben, in der es erschien, manches hat vor allem
in der gesellschaftlichen Phase eine Bedeutung gehabt, in der es
erschien – eine Bedeutung im Sinne von Veränderung, etwas aktiv
bewirken, und ist heute schon historisch. Aber es gibt andere
Stücke, die zeitlos sind, auch heute ihre Bedeutung nicht verloren
haben. Ich merke das an den Reaktionen der Leute bei Lesungen,
die gar nichts von mir kennen. Bei ›Ganz unten‹ wurde mir von
Kritikern vorgeworfen, das sei ja kein richtiges Sachbuch. Ja klar, es
ist beides, es ist Sachbuch in dem Sinne, dass es überprüfbar sein
muss, es muss vor Gericht standhalten, und gleichzeitig ist es ein
sinnlich erlebtes und auch so vermitteltes Buch. Wenn mir Leser
schreiben, dass sie an bestimmten Stellen des Buches hellauf
gelacht haben und an anderen Stellen ihnen die Tränen kamen –
wenn du das erreichst, ohne es zu kalkulieren, dann hat es doch
eine Tiefenwirkung.«

Leo Kreutzer beschreibt den vermeintlichen Gegensatz zwischen
Journalismus und Literatur bei Wallraff als eine wechselseitige
Befruchtung: »Literatur und Journalismus gehen in Wallraffs
Reportagen sofort eine genaue Verbindung ein und verändern
einander auf eine genaue Weise. Es ist der Journalist Wallraff, der
dem Schriftsteller Wallraff auferlegt, eine Literatur der Fakten zu
produzieren. Und es ist der Schriftsteller Wallraff, es ist Wallraffs
Begriff von Literatur als Lebenszeugnis, der dem Journalisten
Wallraff abverlangt, gesellschaftliche Zustände nicht bloß zu
recherchieren, sondern sich ihnen als Betroffener, als Opfer, wenn
nötig, persönlich auszusetzen.«

Es gibt einige wenige Äußerungen Wallraffs, die nahelegen, dass
er ursprünglich, als er mit seinen Industriereportagen begann,
doch an eine literarische Karriere im Sinne klassischer Roman-
literatur dachte. In einem Interview mit dem »Spandauer Volks-

blatt« sagte er 1966: »Ich sehe meine Arbeiten noch unter dem Aspekt des Anfangs. Sie sind noch nicht fertig. Sie sind eine große Materialsammlung, die ich später literarisch bewältigen will.«

Ähnlich äußerte er sich in dieser Zeit in einem Brief an seinen Schulfreund Michael Kammler: »Ich arbeite diesmal in einem Eisenverhüttungswerk (Sinter Zwo) etwa ein halbes Jahr, um selbst Arbeiter zu werden, so zu fühlen und zu denken wie ein Arbeiter. Die verhältnismäßig schwere körperliche Arbeit, der viele Schmutz und die trostlose graue Industrielandschaft hier werden das schon zwangsläufig mit sich bringen. Wenn ich dann noch die Kraft habe, das heißt noch so viel ich selbst bin, werde ich anders und besser schreiben können, als es mir in meinen Reportagen bisher gelungen ist.«

Wallraff hatte das Pech oder auch das Glück, dass sein erstes Buch 1966 mitten in eine Diskussion um die Funktion bürgerlicher Literatur platzte, die seiner Form dokumentarischer Literatur viel mehr Zukunft verhieß als dem bürgerlichen Roman.

Als 1966 seine Industriereportagen in ungekürzter Form, wenn auch wiederum teilweise anonymisiert, unter dem Titel »Wir brauchen dich. Als Arbeiter in deutschen Industriebetrieben« im Verlag Rütten & Loening erschien, proklamierte Hans Magnus Enzensberger im »Kursbuch« gerade den »Tod der Literatur«. Die Schriftsteller forderte er auf, die Harmlosigkeit ihrer Bemühungen einzugestehen und mit der politischen Alphabetisierung Deutschlands zu beginnen. Als positives Beispiel hob er Wallraffs Industriereportagen hervor. Ohne von sich aus darauf hingearbeitet zu haben, war Wallraff plötzlich der richtige Mann zur richtigen Zeit. Die Studentenbewegung, zunächst entstanden im Aufstand gegen die Ordinarien-Universität, die alles erdrückende Große Koalition und die US-Verbrechen in Vietnam, suchte eine theoretische Fundierung für grundlegende gesellschaftliche Veränderungen und entdeckte dabei Marx, Engels und Lenin neu.

Bei Marx aber gibt es keine Studentenbewegung, sein revolutionäres Subjekt ist die Arbeiterklasse, das Proletariat. Doch von den Studenten und Studentinnen der 60er Jahre kam so gut wie niemand aus dem Proletariat. Arbeiterkinder gab es an den Universitäten nur im Promillebereich, für alle anderen waren

Arbeiter, gar das von Marx beschriebene Proletariat, Bewohner eines anderen Planeten. Da kamen die Industriereportagen von Wallraff gerade recht. Mit ehrfürchtigem Staunen verschlangen die Bürgerkinder Wallraffs Berichte aus der Welt hinter den Werkstoren. Nur so konnten sie überhaupt eine Ahnung davon bekommen, wem sie ihre Flugblätter in die Hand drückten, wenn sie, wie auf einer Exkursion in unbekannte Welten, vom feinen Berlin-Dahlem aus zum Hermannplatz im Arbeiterbezirk Neukölln reisten – wo dann Kunst- und Germanistikstudentinnen meist vergeblich versuchten, das Proletariat zu agitieren.

Das änderte sich erst später, als viele ehemalige Mitglieder des Sozialistischen Deutschen Studentenbundes (SDS) sich selbst in die Fabriken aufmachten und vorzugsweise im Ruhrgebiet anheuerten, um ihre persönlichen Erfahrungen im Produktionsbereich der Gesellschaft zu machen. Viele von ihnen wurden später wertvolle Kontaktleute und Unterstützer von Wallraff, aber zunächst war er fast ein Solitär bei der Aufklärung der Verhältnisse an der Werkbank Deutschland.

In der Gruppe 61 traf er dagegen Leute, die ebenfalls aus kleinen Verhältnissen kamen. Der Drucker Peter-Paul Zahl, der ehemalige Bergarbeiter Max von der Grün und Erika Runge, die mit ihren »Bottroper Protokollen«, in denen sie Interviews mit Arbeitern im Ruhrgebiet ohne weitere künstlerische Verfremdung wiedergab und so erstmals die Leute selbst zu Wort kommen ließ und damit neben Wallraffs Industriereportagen das zweite Buch mit Innenansichten der deutschen Arbeiterklasse veröffentlichte – sie alle waren keine Bürgerkinder, sondern wussten, worüber sie schrieben. Mit der Gruppe 61 wurde Wallraff erstmals Teil eines Netzwerks, das es ihm ermöglichte, aktiv an der organisierten politischen Auseinandersetzung teilzunehmen und seinen Einzelgängerstatus zumindest gelegentlich aufzugeben.

Welcher Wertschätzung sich Wallraff bereits ein Jahr, nachdem sein Erstling erschienen war, vor allem in der radikalen Studentenbewegung erfreute, zeigte eine Demonstration von SDS-Studenten, die 1967 zum letzten Treffen der Dichter der Gruppe 47 zogen, wo von Günter Grass bis Martin Walser – mit Ausnahme von Heinrich Böll – die bekanntesten bundesdeutschen Schriftsteller

tagten, um dort auf Transparenten zu fordern, dass Günter Wallraff statt eines der dort Versammelten den Preis der Gruppe bekommen sollte.

Die Dichter folgten zwar den Studenten nicht, doch selbst Grass, der damals als aktiver Unterstützer von Willy Brandt, dem Außenminister der Großen Koalition, politisch auf der anderen Seite der Barrikade stand, zollte Wallraff seinen Respekt: »Einzig die Sozialreportagen von Günter Wallraff können als ein eigenständiger und stilbildender Versuch gewertet werden, die Arbeitswelt und ihre sozialen Bedingungen mit literarischen Mitteln darzustellen«, gab der damals schon weltberühmte Autor der »Blechtrommel« zu Protokoll.

Am weitesten aus der Gruppe 47 kam aber Martin Walser den Vorstellungen der Mitglieder der Gruppe 61 entgegen. Im Vorwort der »Bottroper Protokolle« schrieb er: »Alle Literatur ist bürgerlich bei uns. Auch wenn sie sich noch so anti-bürgerlich gebärdet. Arbeiter kommen in ihr vor wie Gänseblümchen, Ägypter, Sonnenstaub, Kreuzritter und Kondenzstreifen. Arbeiter kommen in ihr vor. Mehr nicht. Hier, in diesem Buch kommen sie zu Wort.« Ungefähr zur selben Zeit trommelte Walser innerhalb des Schriftstellerverbandes (VS) für die Gründung einer IG Kultur, »weil es nicht reicht, sich in einer Edel-Lobby zu organisieren. Das ist ein Verzicht auf eine politische Vertretung«.

Während die Gruppe 47 sich nach dem Treffen in der Pulvermühle bezeichnenderweise auflöste, standen der Gruppe 61 ihre produktivsten Diskussionen erst noch bevor. In der Gruppe 61 mehrten sich die Stimmen derjenigen, die nicht dabei stehenbleiben wollten, den Arbeiter und die Arbeitswelt nur mehr als Gegenstand literarischer Beschreibung zu betrachten, sondern die den Arbeiter als Subjekt dabeihaben wollten.

Erasmus Schöfer, damals als Journalist an den Diskussionen der Gruppe 61 beteiligt, gehörte zu denen, die sich vehement dafür einsetzten, den Arbeiter selbst zum Schreiben zu bringen: »Wir wollten die Arbeiter selbst zu Wort kommen lassen.« Als ersten Anlauf startete ein Teil der Gruppe 61 einen Reportagewettbewerb, bei dem über die Gewerkschaftspresse Arbeiter aufgefordert wurden, einen Beitrag zu den Themen: »Ein gewöhnlicher Arbeits-

74

tag« oder »Ein bemerkenswerter Vorfall aus dem Arbeitsleben« einzusenden. Von 150 Arbeiten, die daraufhin eingingen, wählte eine Jury, in der neben Erasmus Schöfer auch Max von der Grün, Erika Runge und Günter Wallraff vertreten waren, 17 Beiträge aus, die dann in einem Sammelband mit dem Titel »Ein Baukran stürzt um« erschienen. Bei einer anschließenden Lesung vor der Gruppe 61, wo die Preisträger ihre Reportagen vorstellten, wurde allen angeboten, Mitglied der Gruppe zu werden, aber nur zwei nahmen an.

Andere gründeten so genannte »Werkkreise Arbeiterliteratur«, die, anfangs als Ergänzung zur Gruppe 61 gedacht, als Anlaufpunkte und Schreibwerkstätten für Arbeiter und Arbeiterinnen dienen sollten. Bald gab es, quer über die Bundesrepublik verteilt, solche revolutionären Schreibstuben fürs Proletariat. Während Wallraff diese Werkstätten zunächst sehr unterstützte, ging das zweite prominente Mitglied der Gruppe 61, Max von der Grün, schon bald auf Distanz. In einem Interview sagte er: »Der schreibende Arbeiter ist eine Fiktion. Das ändert aber nichts daran, dass immer Leute aus der Arbeiterschaft kamen und kommen werden, die Autoren werden. Ich wehre mich aber dagegen, dass man sagt: Arbeiter, setz dich hin und schreibe und verbessere dadurch deine Lage. Das ist eine Fiktion.«

Auch Peter-Paul Zahl, der kurz darauf einen ganz anderen Weg ging und – als RAF-Sympathisant verdächtigt – bei einer Schießerei mit der Polizei verhaftet wurde und für Jahre im Gefängnis verschwand, argumentierte damals gegen den schreibenden Arbeiter: »Ich hielt das für einen schlechten Versuch, bei dem die Initiatoren weit hinter die Realismusdiskussion von Bert Brecht und Georg Lukács zurückfielen. Außerdem war das für mich ein erbärmlicher Versuch der DKPisten, in der ganzen Szene Fuß zu fassen.«

Tatsächlich waren Erasmus Schöfer und andere, die dann die organisatorische Arbeit in den Werkkreisen leisteten, DKP-Mitglieder, doch Günter Wallraff hat das anfangs nicht weiter gestört. Er hielt zwar von der Partei als solcher nicht viel, doch vor Ort, in den Betrieben »gab es viele gute Leute, die DKP-Mitglieder waren und eine sehr gute Arbeit machten«. Zahl wunderte sich damals, dass

Wallraff sich für »die schreibenden DKPisten« einsetzte, weil der »als heimlicher Anarcho, der immer etwas Schalkhaftes an sich hatte, doch gar nicht zu denen passte«. Wallraff selbst sah das jedoch anders. Er empfand die Werkkreise für schreibende Arbeiter als eine Ergänzung zur Gruppe 61, weil in den Werkstätten für Literatur der Arbeitswelt »mit Arbeitern gemeinsame Formen des Schreibens entwickelt werden«. »Es hat damals«, davon ist er auch heute noch überzeugt, »durch die Arbeit der Werkkreise neue Impulse und neue Sichtweisen gegeben, die für die gesamte nachfolgende literarische Arbeit wichtig waren.«

Wallraff hat die Idee der Werkkreise zwar unterstützt, sich aber nicht organisatorisch darin einbinden lassen. Er war in den Jahren 1968–1973, in denen die Werkstätten der Arbeiterliteratur entstanden und ihre wichtigste Phase hatten, überwiegend als Autor für das linke Magazin »Konkret« beschäftigt. Er war nicht Teil der Gruppe, sondern der lebende Beweis, dass eine Literatur der Arbeitswelt nicht nur möglich ist, sondern auch gelesen wird und sogar hohe Auflagen erzielen kann. Auf den Jahrestagungen aller Werkkreisgruppen ist er immer wieder aufgetreten, um den Leuten Mut zu machen. Besonders deutlich tat er das auf einer Delegiertenversammlung in Nürnberg 1973, wo er so etwas wie eine Bilanz der bis dahin erfolgten Arbeit zog. »Erstarrte Literaturfronten sind innerhalb der letzten Jahre aufgebrochen worden – die Texte der Werkkreisautoren sind nicht nur quantitativ, sondern auch qualitativ gewachsen. Eine Erwärmung der Atmosphäre um wenige Grad hat einmal das Ende der Eiszeit und die Voraussetzung für eine menschliche Entwicklung eingeleitet. Die verhältnismäßig geringfügige Energie, die die Werkstätten für Literatur der Arbeitswelt seit ihrem Bestehen der Literatur zugefügt haben, hat dort bereits eine Klimaänderung bewirkt und trägt mit dazu bei, dass hier demnächst eine Mutation, ein Bewusstseinssprung zu erwarten ist.«

Keine Arbeiterliteratur ohne Arbeiter

Diese Prophezeiung erwies sich jedoch sehr bald als falsch. Sie hatte vermutlich mehr mit dem persönlichen Erfolg Wallraffs zu tun als mit der tatsächlichen Zunahme von gesellschaftlichem Einfluss der Arbeiterklasse. Zwar erlebten die Gewerkschaften in der Zeit der sozialliberalen Koalition unter der Kanzlerschaft von Willy Brandt wohl die Phase ihres größten Einflusses, doch war bereits abzusehen, dass der Scheitelpunkt erreicht war. Die Zeit der Vollbeschäftigung ging ihrem Ende entgegen – wie man heute weiß, unwiederbringlich –, schon bald darauf erschien in Frankreich das wegweisende Buch »Abschied vom Proletariat« von André Gorz, und in der Bundesrepublik verhängte der neue Kanzler Helmut Schmidt bereits 1974 als Reaktion auf diesen Trend einen Anwerbestopp für ausländische Arbeitskräfte.

In einem Gespräch 2005 haben Günter Wallraff und Erasmus Schöfer zu klären versucht, warum die Werkkreise für die Literatur der Arbeitswelt, der schreibende Arbeiter also, sich, von Einzelfällen abgesehen, als das erwiesen, was Max von der Grün von Beginn an behauptet hatte: als Fiktion.

Während Wallraff im Rückblick vor allem bemängelt, dass die Werkkreise immer nur mehr vom Gleichen produziert und sich deshalb irgendwann einfach totgelaufen hätten, macht Schöfer vor allem das sich gewandelte gesellschaftliche Klima Ende der 70er, Anfang der 80er Jahre dafür verantwortlich. Literatur der Arbeitswelt sei nicht mehr gefragt gewesen. Von heute aus betrachtet, mögen die Gründe, die Wallraff und Schöfer nennen, sicher eine Rolle gespielt haben, entscheidend war aber wohl die bereits damals einsetzende radikale Veränderung der Arbeitswelt, die dadurch geprägt war, dass Produktivitätssteigerungen nicht mehr durch vermehrten Einsatz menschlicher Arbeitskraft, sondern durch fortschreitende Automatisierung erreicht wurden.

Ein Blick auf das heutige Ruhrgebiet macht deutlich, warum es keine Arbeiterliteratur mehr gibt: Es gibt immer weniger Arbeiter. Das in den 60er und 70er Jahren größte Hüttenwerk von Thyssen in Duisburg-Hamborn, wo Günter Wallraff ein halbes Jahr arbeitete, um anschließend seine Reportage »Sinter Zwo« zu schreiben, ist heute ein Industriemuseum, ein Erlebnispark für die ganze Familie. Neben den ehemaligen Hochöfen befinden sich heute Biotope, die früheren Kesselhäuser und Lagerhallen sind Ausstellungs-, Konzert- und Theaterstätten geworden. Ein wunderbares Nah-

77

erholungsgebiet in einer Stadt, in der jedoch immer weniger Menschen leben, die der Erholung bedürfen. Selbst im Thyssen-Stammwerk, einem Areal, das sich im Norden Duisburgs über rund 20 Kilometer den Rhein entlangzieht und wo über 30.000 Menschen arbeiteten, sind heute nur halb so viele Arbeiter beschäftigt. Das sieht man vor allem den ehemaligen Stahlarbeitersiedlungen direkt im Schatten der Werksmauern an, wo ganze Straßenzüge leerstehen und verslummen. Konsequenterweise wird in Duisburg nun auch überlegt, diese Viertel ganz abzureißen und mit einem Grüngürtel um das Stahlwerk ein weiteres Erholungsgebiet zu schaffen.

Nahezu die gesamte einstige industrielle Herzkammer Deutschlands ist heute ein Museum. »Ausgerechnet hier. Ausgerechnet in Ruß und Rost, zwischen Siebtrommeln, Becherwerken, Setzbecken und all den anderen Maschinen, die archaisch vor sich hin schweigen, ausgerechnet hier auf Zeche Zollverein in Essen, einem der eindrücklichsten Denkmale des Industriezeitalters, soll nun die Zukunft in Produktion gehen.« Der Reporter der »Zeit«, Hanno Rautenberg, kann es kaum fassen. Zu sehen ist die Zukunft in einer ambitionierten, intelligenten und gut gemachten Ausstellung namens »Entry 2006«, die fragt: »Wie werden wir morgen leben?« In der ehemaligen Waschhalle der Zeche, in der früher Koks gewaschen wurde, wird über mehrere Etagen gezeigt, wie Biotechnologie und Robotertechnik unser Leben verändern werden und wie die Städte der Zukunft aussehen könnten. Über eine außen angebaute Rampe führt eine riesige Rolltreppe in den obersten Stock der früheren Kokswaschhalle, von wo aus, auch wenn gerade keine temporäre Ausstellung stattfindet, das frühere Industriezeitalter im Rundgang besichtigt werden kann. Am Infostand taucht sogar ab und an ein Mann in Bergmannskluft auf, der als Führer durch die unterirdischen Stollen von der früheren Belegschaft übrig geblieben ist.

Die Zeche Zollverein, vor knapp 20 Jahren dichtgemacht, zählt heute zum Weltkulturerbe. Schon als sie in den 20er Jahren des vergangenen Jahrhunderts gebaut wurde, galt ihre am Bauhausstil orientierte Architektur als fortschrittlich. Jetzt kann sie als Muster gelungener Transformation gelten. In ihren Werkshallen werden nicht-nur anspruchsvollste Ausstellungen aufgebaut, ein Teil dient heute als Tagungs- und Seminarzentrum, und in einem anderen Teil sind Studios für Designerbüros eingerichtet worden. Rund tausend Menschen, Kreative der Wissensgesellschaft von heute, arbeiten hier in Jobs mit Zukunft. Das ist beachtlich und soll bis 2010, wenn Essen europäische Kulturhauptstadt wird, noch ausgebaut werden.

Dennoch ist das Ruhrgebiet in weiten Teilen eine sterbende Stadt. Was in Essen im Verborgenen stattfindet, weil es nicht so geballt geschieht, ist in Duisburg unübersehbar. Duisburg, wo die Ruhr in den Rhein mündet, war noch vor wenigen Jahren *der* Stahlstandort Deutschlands. Das ist er auch heute noch, nur dass heute in Deutschland kaum noch Stahl produziert wird. Krupp und Thyssen, die Stahlbarone des letzten Jahrhunderts, sind längst zu einer Aktiengesellschaft fusioniert, die nur noch im früheren Thyssen-Stammwerk in Duisburg Stahl kocht. Die Stahlwerke in Dortmund, in Duisburg-Rheinhausen, in Oberhausen sind längst dicht.

Für das Ende des traditionellen Ruhrgebietes als Europas größtem Kohle- und Stahlrevier steht symbolisch ein Arbeitskampf im Herbst und Winter 1987. Damals kündigte Krupp wie aus heiterem Himmel an, das Stahlwerk in Duisburg-Rheinhausen, eines der modernsten Stahlwerke der Welt, zu schließen und damit 7000 Menschen arbeitslos zu machen. Die Belegschaft ging auf die Barrikaden. In einem der längsten Arbeitskämpfe der Bundesrepublik engagierten sich die Stahlarbeiter für den Erhalt des Werkes. Einer der wichtigsten Streikführer von damals, Theo Steegmann, lebt zwar auch heute noch in Rheinhausen, glaubt aber, dass seine Kinder dort keine Zukunft mehr haben. Genau 160 Tage wurde damals die Stahlhütte bestreikt und besetzt gehalten. Doch obwohl die Stahlarbeiter von der ganzen Stadt, ja vom gesamten Ruhrgebiet fast einhellig unterstützt wurden, konnten sie nicht verhindern, dass Krupp die Hütte dichtmachte. Übrig blieben Beschäftigungsgesellschaften auf dem Gelände, hart erkämpfte Sozialpläne und Ersatzarbeitsplätze für die jüngeren Beschäftigten des Rheinhausener Stahlwerkes. Steegmann übernahm nach der Schließung zunächst die Leitung einer Beschäftigungsgesellschaft, die im Wesentlichen mit den Aufräumarbeiten auf dem Werk ausgelastet wurde. Etwas Neues entstand trotz aller Anstrengungen daraus nicht. »Wir wurden im Laufe der Jahre natürlich auch etwas vergessen.« Heute zieht Steegmann ein ernüchterndes Fazit des Arbeitskampfs. »Wir können im Nachhinein froh sein, dass wir eine Werksschließung nicht noch um zehn oder fünfzehn Jahre verschieben konnten, denn damals gab es noch üppige Sozialpläne, die es später nicht mehr gegeben hätte.« Eine Fahrt mit Theo Steegmann durch Rheinhausen bestätigt seine These: Das ehemals riesige Werksgelände direkt am Rhein ist heute Brachland oder dient als Verladeplatz für Gebrauchtwagen, die von hier nach Osteuropa oder Afrika verschifft werden.

Ende der 80er Jahre begann das Proletariat zu verschwinden. Es entstand eine neue Unterschicht. Wo in der Wiederaufbauphase in den 60er und 70er Jahren selbst Hilfsarbeiter dringend gesucht wurden, sind heute in Deutschland rund zehn Prozent der arbeitsfähigen Bevölkerung praktisch überflüssig. Sie sind abgehängt, ohne Aussicht, ihre Situation jemals zum Besseren wenden zu können. Die neue Unterschicht, schrieb der Kolumnist Robert Misik in der »taz« treffend, besteht in der heutigen Gesellschaft aus »überflüssigen Menschen. Für die Kreativjobs der Wissensgesellschaft fehlen ihnen die sozialen, symbolischen und meist auch sprachlichen Kompetenzen. Die Handjobs werden dagegen in Kalkutta und Shanghai erledigt.«

Nirgendwo ist der Unterschied zwischen der Situation vor 1989 und der heutigen globalisierten Welt so dramatisch wie für die unteren Klassen auf den industrialisierten Wohlstandsinseln der Welt. »Damals«, erinnert sich Wallraff, »gab es einen Aufbruch, zu dem ich vielleicht auch einen kleinen Beitrag geleistet habe. Durch die Debatte über Fließbandarbeit gab es Veränderungen bis hin zu den berühmten Arbeitsgruppen bei Volvo, wo wieder eine Gruppe gemeinsam ein ganzes Auto produzierte. Damals habe ich selbst geglaubt, dass es eine kontinuierliche Entwicklung zum Besseren gibt, quasi als evolutionäre Entwicklung. Ich fühlte mich da als ein Beschleunigerteilchen, das daran mitwirkt. Heute geht es dagegen rapide rückwärts, und das soziale Netz wird immer durchlöcherter.«

Das Politische ist privat
Günter Wallraff und die Frauen

Am Anfang stand ein etwas verlegenes Telefongespräch. Worüber wir denn reden wollten? Es ist sicher immer etwas schwierig, als Tochter über den Vater zu reden, für Töchter berühmter Väter gilt das allemal. Ruth Dilling-Wallraff, die älteste Tochter von Günter Wallraff, ist da keine Ausnahme. Was soll sie schon erzählen?

Der Einzelkämpfer Günter Wallraff, der Mann, der immer mal wieder spurlos verschwand, um in einer geheimnisvollen Rolle unterzutauchen – einer der beliebtesten Wallraff-Sprüche in den 70er Jahren war: »Du weißt nicht, was Wallraff macht? Schau dir den neuen Papst einmal genau an!« –, dieser Mann wurde und wird in der Öffentlichkeit nicht als Vater oder Ehemann wahrgenommen.

Dieses öffentliche Bild entsprach teilweise der Realität der Familie, wie Ruth Dilling-Wallraff bestätigt. »Natürlich«, erzählt sie, »hatte mein Vater damals, Ende der 60er, Anfang der 70er Jahre, oft keine Zeit für uns. Zu Hause ging es fast immer ziemlich hektisch zu. Meistens waren andere Leute zu Besuch, denen gegenüber mein Vater immer sehr zugewandt und offen war.« Diese Aufmerksamkeit haben Ruth und ihre zwei Jahre jüngere Schwester Ines gelegentlich vermisst. »Wir haben uns als Kinder oft einen Vater gewünscht, der einfach mal da ist und mit uns auch mal Hausaufgaben macht.«

Tatsächlich sind alle fünf Töchter vom hektischen Leben des Vaters betroffen gewesen. Als Günter Wallraff im Sommer 1966 das erste Mal heiratet, hat er durch seine in »Metall« erschienenen Betriebsreportagen bereits einen gewissen Bekanntheitsgrad erreicht. Bei der Geburt seiner Tochter ist er auf einer Lesereise in Rostock und bekommt dort ein Telegramm auf die Bühne gereicht: »Glückwunsch, Tochter Ruth gesund geboren.« Als 1969 Ines zur Welt kommt und die Kleinfamilie Wallraff vergrößert, ist ihr Vater bereits einer der journalistischen Frontmänner des gesellschaftlichen Aufbruchs in Deutschland. Wallraff zählt zu den bekanntesten

»Konkret«-Autoren und schreibt unter dem Label »Wallraff was here« in dem Satiremagazin »Pardon« bereits Pressegeschichte.

In der Erinnerung seiner ältesten Tochter Ruth war Wallraff zu dieser Zeit mehr unterwegs als zu Hause; und wenn er zu Hause war, stand seine Arbeit im Mittelpunkt. Dass Wallraff ein öffentlich stark angefeindeter Autor war, ging natürlich auch an seiner Familie nicht spurlos vorbei. »Wir hatten oft Angst um ihn, aber Angst wurde nicht zugelassen«, sagt die Kinder- und Jugendlichentherapeutin Ruth Dilling-Wallraff im Rückblick. Sie erinnert sich, wie die Kinder nach der Verhaftung Wallraffs in Athen zur Großmutter gebracht wurden, weil die Mutter, in der Hoffnung, etwas für ihren Mann tun zu können, nach Griechenland eilte. Auch wenn die Kinder nicht verstanden, was passiert war, spürten sie doch die Angst und Anspannung, die damit verbunden waren.

Auch die jüngeren Kinder Günter Wallraffs blieben von dem turbulenten Leben des Vaters nicht verschont. Als 1985 Nadja geboren wird, erscheint gerade Wallraffs Bestseller »Ganz unten« und nimmt den Autor völlig in Beschlag. Damit nicht genug, trennen sich kurz danach Günter und seine zweite Frau voneinander, sodass er von seiner dritten Tochter in ihren ersten Jahren nicht viel mitbekommt.

Im Jahr 1992, als Elena geboren wird, geht es im Hause Wallraff ebenfalls hektisch zu. Wallraff war wenige Wochen zuvor von der Boulevardzeitung »Super« vorgeworfen worden, ein Stasispion gewesen zu sein. Weil seine Tochter einige Wochen früher zur Welt kommt, als die Ärzte errechnet haben, befindet sich Wallraff auf einer Pressekonferenz in Erfurt statt im Krankenhaus bei seiner Frau. Als die ersten Lebenswochen der jüngsten Tochter Sophia, die 1998 geboren wird, ebenfalls von Stasivorwürfen überschattet werden – dieses Mal durch »Focus« hochgekocht – und sich der Alltag der Familie in ein Irrenhaus verwandelt, zieht die Mutter, Wallraffs dritte Ehefrau Barbara, mit den Kindern vorübergehend auf den Bauernhof ihrer Eltern.

»Trotzdem«, sagt Ruth, »waren wir natürlich vor allem stolz auf unseren Vater. Gerade weil er so schwer greifbar war, habe ich ihn als Kind angehimmelt.«

Die Böll-Connection

Günter Wallraff hat 1966, mit 24 Jahren, früh geheiratet. Er gehört zu den Vertretern der 68er-Revolte, die, wie seine Generationsgenossen Joschka Fischer und Gerhard Schröder, damals zwar gegen die »repressive Toleranz« der bürgerlichen Familie ankämpften, trotzdem aber immer wieder zum Standesamt gingen, um ihre jeweiligen Beziehungen per Trauschein zu besiegeln.

Zumindest bei Günter Wallraff und seiner Freundin Birgit Böll diente die erste Ehe eher noch dazu, aus der Familie auszubrechen. Günter lernte seine spätere Frau Birgit durch deren Bruder Gilbert kennen. Birgit Böll, die Nichte von Heinrich Böll, kam im Gegensatz zu Günter Wallraff aus einer großen Familie. Sie hatte noch vier Brüder, und ihr Vater Alois hielt von dem Freund seiner Tochter zunächst gar nichts. Günter Wallraff erinnert sich noch an eine Szene, als er mit Birgit zusammen im Anschluss an eine kurze Reise bei ihrer Familie zum Essen eingeladen war. In jugendlichem Übermut hatten sich die beiden provisorische Verlobungsringe angesteckt, was bei Vater Alois, der wollte, dass Birgit erst einmal die Schule beendete und Abitur machte, nicht gut ankam: »Die Blicke waren so vernichtend, dass Birgit schließlich entnervt den Ring auf den Tisch warf.«

Günter Wallraff erinnert sich, wie er eines Morgens, etwa ein Jahr später, völlig erschöpft von einer Nachtschicht im Thyssen-Stahlwerk, wo er damals für seine »Sinter Zwo«-Geschichte arbeitete, auf dem Kölner Hauptbahnhof ankam und mit ansehen musste, wie Vater Alois seine Tochter Birgit zu dem Mann eskortierte, den er als Schwiegersohn vorgesehen hatte, ohne dass er die Chance bekam, mit Birgit zu sprechen. »Sie blieb aber standhaft und hat sich dem Druck ihres Vaters nicht gebeugt.«

Birgit war als Schülerin eines katholischen Gymnasiums religiös geprägt. Obwohl es ihm davor graute, sah Günter keine Chance, einer kirchlichen Trauung zu entkommen, aber ein Zufall half ihm: Just zum Heiratstermin bekam Birgit eine schwere Nierenentzündung und konnte das Haus nicht verlassen. Doch weil die Familie den Priester, den Jesuitenpater Alois Schuh, gut kannte, traute der die beiden zu Hause. »War ein ganz vernünftiger

Mensch, dessen Predigten man sich durchaus anhören konnte«, urteilt Wallraff im Rückblick.

Die Hochzeit war aber dann nicht nur von der Nierenentzündung der Braut überschattet, sondern auch von einem schweren Zerwürfnis zwischen ihrem Vater Alois und dessen Bruder, Heinrich Böll. Wallraff hatte direkten Kontakt zu Heinrich Böll, seitdem dieser ihn während seiner Bundeswehrzeit ermutigt hatte, die Tagebuchaufzeichnungen fortzusetzen. Böll hatte damals gemeinsam mit Freunden gerade eine neue Literaturzeitschrift mit dem Titel »Labyrinth« gegründet und wollte Wallraffs Bundeswehrtagebuch zumindest in Auszügen dort publizieren. Wallraff hatte aber bereits von Köper die Zusage für einen Abdruck in »Twen« und wollte diesen nicht vor den Kopf stoßen. Böll hatte Verständnis, und man blieb weiter im Gespräch.

Aus dem leider nur teilweise erhalten gebliebenen Briefwechsel zwischen den beiden – bei einem Brand im Haus von Wallraff 1976 wurde ein Teil der Briefe zerstört – geht hervor, dass Günter Wallraff unter anderem für Bölls Erzählung »Ende einer Dienstfahrt« Hintergrundinformationen über die Bundeswehr beschaffte, unter anderem Besoldungstabellen und Höhe der Abfindungen von Zeitsoldaten, und sich dabei darüber erschüttert zeigte, dass beispielsweise ein 32-jähriger Hauptmann, der zwei Kinder hat, nach zwölf Dienstjahren mit über 80.000 Mark für sein weiteres Leben ausgestattet wurde, wenn er die Bundeswehr verließ. In der Zeit, 1965, tatsächlich eine enorme Summe.

Böll bot an, für eine Buchveröffentlichung der Bundeswehrtagebücher das Vorwort zu schreiben. In einem Brief an Böll, in dem es unter anderem um den genauen Erscheinungstermin des Buches geht, beschrieb Wallraff auch seine Probleme beim Schreiben seines später von Leo Kreutzer als so »herausragend« gelobten Stückes über seine Arbeit bei Thyssen. »Ich arbeite immer noch an der Thyssen-Sache. Ich befürchte, ich habe mir da zu viel vorgenommen. Ich wollte unbedingt zu einer endgültigeren und abstrakteren Aussage gelangen, und nun ist es nichts Halbes und nichts Ganzes. So ist das Schreiben im Moment eine Qual ... Und wenn ich mich endlich überwinde, kleckert es nur, und ich verwerfe es sofort wieder.«

Leider ist Bölls unmittelbare Antwort darauf nicht erhalten geblieben, sondern lediglich ein kurzes, etwas später entstandenes Schreiben, in dem Böll Wallraff bittet, sich das Vorwort, welches auch im damals von Hans Magnus Enzensberger herausgegebenen Kursbuch erscheinen sollte, noch einmal anzuschauen. Eher beiläufig teilt Heinrich Böll dann noch mit, dass er kürzlich bei seinem Bruder Alois Birgit getroffen habe, die wohl und munter wirke. Da zogen aber offenbar in der Familie Böll schon dunkle Wolken auf, denn Heinrich Böll schrieb an Wallraff noch: »Meine Schwägerin wirkte sehr bedrückt. Vielleicht sollten wir auch, falls Ihnen daran liegt, über meine Schwägerin und meinen Bruder einmal sprechen.«

Zu diesem Gespräch kam es nicht mehr, denn zwischenzeitlich hatte sich die Krise zwischen den beiden Brüdern dramatisch verschärft. Anfang Juli kündigte Heinrich Böll seinem jungen Freund Wallraff noch an, dass er zwar selbst nicht zur Hochzeit kommen könne, da er dann mit seinen Söhnen Raimund und René schon in ihrem Sommerhaus in Irland sein werde, doch seine Frau und seine Schwester »werden uns hoffentlich würdig bei der kirchlichen Trauung vertreten. Im Herbst, hoffe ich, kann ich Birgit und Ihnen dann mündlich gratulieren.«

Doch bereits drei Tage später ist alles anders. In einem bitteren Brief erläutert Böll, warum nun doch auch seine Frau nicht zu der Hochzeit kommen kann.

»Lieber Herr Wallraff,
die so schmutzigen wie kitschigen Dummheiten meines Bruders, die zu veröffentlichen sich der Kölner Stadt-Anzeiger nicht entblödete, sind doch für mich eine Grenzüberschreitung gewesen, die ich nicht etwa nicht nur nicht verdient zu haben glaube; die ich, auch wenn ich sie verdient zu haben glaubte, für eine Grenzüberschreitung hielte; kürzer gesagt: Mein Bruder ist für mich in ein anderes Land abgewandert. All das – Sie müssen bedenken, dass wir diesen Dreck täglich von irgendjemand serviert bekommen – hat innere Spannungen zur Folge, die es uns besser erscheinen lassen, wenn auch meine Frau nicht zu der Hochzeit kommt. Ich könnte den Gedanken, dass sie dort

allein wäre und irgendwelchen mehr oder weniger unverschämten Versöhnungsversuchen oder gar Aggressionen ausgesetzt wäre, nicht ertragen, und auch sie selbst kam zu der Überzeugung, dass es für sie und Birgit besser wäre, wenn sie gar nicht erscheint. Ich bin ganz und gar endgültig unversöhnlich. Ich dachte, ich wäre Ihnen diese Erklärung schuldig. Sie wissen beide, dass wir Ihnen von Herzen Glück und Segen wünschen, und wir hoffen, dass Ihr großes Fest in Frieden und Ruhe verläuft.«

Hintergrund dieser ganz und gar »endgültigen Unversöhnlichkeit« Heinrich Bölls gegenüber seinem Bruder Alois, dem Vater von Birgit, war ein Interview, welches Alois dem »Kölner Stadt-Anzeiger« gegeben hatte. Darin beklagte er, dass sein mittlerweile berühmter Bruder sich gar nicht mehr wie ein normaler Mensch benehmen könne und schon nicht mehr wisse, wie man Straßenbahn fahre. Vor allem aber behauptete er, dass Heinrich die Ideen für seine Bücher eigentlich alle von ihm habe und eigentlich er das Genie in der Familie sei, dem die öffentliche Aufmerksamkeit gebühre.

Mit diesem öffentlichen Auftritt, in dem er auch seine finanzielle Misere mit darauf zurückführt, dass er denselben Namen trägt wie sein Bruder, dem offenbar schon mehrfach einige Anmaßungen von Seiten Alois vorausgegangen waren, war für Heinrich endgültig das Band zu seinem Bruder zerschnitten. Viktor Böll, einer der vier Brüder von Birgit, der heute das Heinrich-Böll-Archiv in Köln betreut, schüttelt noch immer den Kopf über seinen Vater. Der offenbar von reinem Neid getragene Anwurf gegen seinen Bruder Heinrich sei umso unverständlicher gewesen, als dass Heinrich Böll der Familie seines Bruders seit geraumer Zeit auch finanziell unter die Arme gegriffen habe. Heinrich Böll war nach der Erinnerung von Viktor dann doch nicht »endgültig unversöhnlich«, weil Alois Böll, der keine Erfahrung im Umgang mit Medien hatte, sich bei seinem Bruder entschuldigte und viele der ihm im »Stadt-Anzeiger« zugeschriebenen Äußerungen als »erfunden« bezeichnete.

Mit zunehmendem Erfolg wurde Günter Wallraff dann zwar auch von seinem Schwiegervater akzeptiert, aber ein paar Jahre später kam es noch einmal zu einem familiären Eklat. Als Alice Schwarzer im Juni 1971 im »Stern« ihre Kampagne »Wir haben abgetrieben!« startete, bei der sich insgesamt 2345 Frauen selbst der damals noch verbotenen Abtreibung bezichtigten, hatten auch etwa 900 Männer quasi als Begleitschutz bekannt, sie hätten ihre Freundin bei einer Abtreibung unterstützt. Einer von ihnen war Günter Wallraff, was Alfred Böll, den dritten Bruder von Alois und Heinrich, dermaßen erzürnte, dass er bei der Staatsanwaltschaft Strafanzeige gegen ihn erstattete.

Trotz dieser Zerwürfnisse innerhalb der Familie hielt Heinrich Böll aber auch weiterhin Kontakt zu dem Mann seiner Nichte. Umgekehrt war er für Günter Wallraff immer ein großes Vorbild und ein väterlicher Freund. »Wir haben uns gar nicht so häufig gesehen«, erzählt Günter Wallraff, »aber wenn wir uns getroffen haben oder selbst wenn es nur ein längeres Telefonat war, hat mir das immer einen neuen Denkanstoß gegeben oder eine andere hilfreiche Unterstützung gebracht.« In einer Rede anlässlich des Todes von Böll hat er ausführlicher erklärt, was er damit meint: »Böll war es, der meinen Weg als Autor entscheidend beeinflusst hat. Ohne die frühen Bücher Bölls hätte ich wahrscheinlich nicht den Kriegsdienst verweigert, auch innerhalb der Truppe. Um durchzuhalten, führte ich Tagebuch; meine ersten Schreibversuche. Von Geschichte hatte ich wenig Ahnung. Böll vermittelte mir Geschichtsbewusstsein anhand meiner eigenen Aufzeichnungen. Heinrich Böll hat dann zu meinem Bundeswehrtagebuch auch das Vorwort geschrieben. So wurde ich auch dank seiner Hilfe zum Schriftsteller. Böll ermutigte, beriet und unterstützte Kollegen – ohne davon Aufhebens zu machen. Seine Hilfe war nie demonstrativ, sie war immer persönlich. Und von Gleich zu Gleich. So hat allein die Tatsache, dass es Böll gab, Mut gemacht.«

Bis heute, sagt Wallraff, kennt er nur zwei Schriftsteller, die für ihn mit ihrem Werk übereinstimmen und moralisch unanfechtbar sind: »Das sind der türkische Schriftsteller Aziz Nesin und Heinrich Böll.«

Böll hat nicht nur einige Vorworte für Bücher von Günter Wallraff geschrieben und ihn dann auch nach seinen Anfängen bei Rütten & Loening und Rowohlt an seinen eigenen Verlag, Kiepenheuer & Witsch, vermittelt, sondern ihn vor allem mit einem grandiosen Auftritt vor Gericht davor bewahrt, dass seine Arbeitsweise der »verdeckten Ermittlungen« in Betrieben und anderen öffentlich relevanten Institutionen endgültig kriminalisiert wurde: Wallraff war wegen einer Recherche in seinem Buch »Ihr da oben – wir da unten« von dem Herausgeber des erzkonservativen »Deutschland-Magazins«, Kurt Ziesel, angezeigt worden, weil er sich unter falschem Namen und mit falschen Papieren bei dem Kölner Versicherungskonzern Gerling hatte anstellen lassen. In erster Instanz war er wegen Betrug und Urkundenfälschung zu einer Geldstrafe von 560 Mark verurteilt wurden. Die große Gefahr für ihn war, dass er seine Arbeitsmethode, unerkannt in Betrieben oder Institutionen zu recherchieren, hätte aufgeben müssen, wenn das Urteil auch in der höheren Instanz Bestand gehabt hätte. Um das zu verhindern, nutzte Böll 1976, vier Jahre nachdem er den Literaturnobelpreis bekommen hatte, seine Prominenz, um Wallraff vor Gericht beizustehen. In einem so genannten Gutachten verteidigte er Wallraffs Vorgehen uneingeschränkt. »Wenn man Wallraffs Methode kriminalisiert«, sagte er vor Gericht, »beraubt man die Literatur, und ganz gewiss die Gegenwartsliteratur in der Bundesrepublik, einer großen Möglichkeit. Der Möglichkeit, die Funktion zu erfüllen, die weder Gewerkschaft noch Arbeitgeberverbände offensichtlich erfüllen können: nämlich die Erfüllung von Gesetzen innerhalb von Betrieben zu kontrollieren und, wie ich finde im Falle von Günter Wallraff, fast anwaltlich in der Öffentlichkeit zu vertreten.« Sehr persönlich begründete er die Notwendigkeit der Arbeit Wallraffs:

»Ich kenne die Arbeit Wallraffs von Beginn an. Schon als er noch gar nicht publiziert hatte, habe ich seine Manuskripte gelesen, weil ich damals mit einigen Freunden gemeinsam eine Zeitschrift herausgab, in der wir Wallraff publizieren wollten. Es ist die Art und der Stil von Wallraff, sein Element, sich selber den Situationen auszusetzen, über die er schreibt. Es ist für ihn eine Existenzfrage als Schriftsteller, als Intellektueller und damit verbunden auch eine wirtschaftliche. Es gibt das, was ich am Anfang den Fassadenjournalismus genannt habe. Der ist international.

»Die Aufgabe eines Autors ist, das darzustellen, was nicht offiziell dargestellt wird.« Mit Heinrich Böll und dem Anwalt Dr. Georg Meinecke im Kölner Landgericht

Ob Sie in die Sowjetunion eingeladen werden, um eine Reise zu machen und darüber zu schreiben, oder in der Bundesrepublik oder in der Republik Irland. Da wird nur das vorgezeigt, was man gerne vorzeigen möchte. Die Aufgabe eines Autors, und nicht nur eines Autors wie Wallraff, auch eines Fiktionsschreibers, ist, das darzustellen, was nicht offiziell dargestellt wird. Und er, Günter Wallraff, kann nicht von dieser Methode absehen. Deshalb fände ich es sehr, sehr folgenreich, wenn es endgültig kriminalisiert würde.«

Wallraff wurde nicht zuletzt wegen dieser Intervention Bölls freigesprochen. Als Heinrich Böll 1985 starb, verlor Wallraff nicht nur persönlich einen Freund, aus seiner Sicht ging auch ein Stück der Bundesrepublik mit ins Grab. »Was wäre die Bundesrepublik ohne Böll?«, fragte Wallraff in seinem Abschiedsgruß: »Sie wäre geistig noch ärmer« – »gewesen«, muss man heute hinzufügen, denn als Wallraff seinen »Nicht Abschied« von Heinrich Böll formulierte, konnte er noch nicht wissen, dass vier Jahre später die Mauer in Berlin fallen würde und die Bundesrepublik selbst Geschichte werden würde.

89

Der junge Vater

Nach der turbulenten Hochzeit im Juli 1966 stand Wallraff erst einmal vor der gleichen Aufgabe wie viele andere junge Ehemänner: Seine Frau war schwanger, er musste plötzlich für eine Familie sorgen. Ein Angebot von Jakob Moneta, eine feste Stelle im Magazin des Deutschen Gewerkschaftsbundes,»Der Gewerkschafter«, zu übernehmen, lehnte Wallraff schweren Herzens ab.»Das Angebot war für mich in meiner damaligen Situation finanziell zwar sehr verlockend, aber ich wollte mich nicht in die Gewerkschaftshierarchie eingliedern«, erinnert er sich. Die Erfahrungen mit der Zensur seiner Texte in»Metall« taten ein Übriges, ihn von einer Gewerkschaftslaufbahn abzuhalten. Trotzdem musste er dringend Geld verdienen. Wieder half ihm Hans-Herrmann Köper: Er kannte den Kulturchef des»Hamburger Abendechos« und vermittelte Wallraff dort einen Job.

Das»Abendecho« war zwar eine SPD-Zeitung, verkam in Konkurrenz zur»Bild-Zeitung« aber immer mehr zu einem Boulevardblatt.»Mein Job dort war Knochenarbeit und hatte nur selten mit Kultur zu tun«, erinnert sich Wallraff.»Ich habe dort, angefangen von der Trennung von Gunter Sachs und Brigitte Bardot bis zu allen möglichen ›Herrchen beißt Hund‹-Geschichten, alles gemacht. Das waren nicht gerade meine journalistischen Sternstunden.«

Erst einmal aber überwog trotz»Abendecho« für das junge Paar das Gefühl der Freiheit, auch wenn es wenig Geld hatte. Nach einem vorübergehenden Aufenthalt in einer möblierten Wohnung, »durch die noch der Geist der kürzlich dort Verstorbenen waberte«, fanden die beiden für wenig Geld eine Villa in Hoisdorf, einem Dorf ziemlich weit außerhalb von Hamburg.»Das Haus hatte vergitterte Fenster, weil es zuvor für die Unterbringung psychisch Kranker genutzt worden war, deshalb wollte es auch niemand mieten, und wir bekamen es sehr billig. Wir haben die Villa dann mit Sperrmüll möbliert und konnten im Sommer in unserem Garten die Schwäne füttern. Es war toll.«

Die Villa hatte allerdings einen Haken: eine Einliegerwohnung, in der ein pensionierter Admiral mit seiner Frau lebte.»Mit denen«, erzählt Wallraff, »gab es immer Probleme.« Er erinnert sich noch an die Szene, die zum Rausschmiss führte: »Als wir im Sommer mal heiß baden wollten, mussten wir die Heizung anwerfen, um den Sommerbadeofen anzuwärmen. Es war eine Koksheizung, und ich habe da pausenlos Koks reingeschaufelt, aber es wurde einfach nicht warm. Die Nachbarn waren in einem Kurzurlaub, und als sie zurückkamen, gab es ein großes Geschrei. Ich hatte versehentlich nicht den Badeofen, sondern die alte Räucherkammer angeheizt, die von den Nachbarn als Kleiderkammer genutzt wurde. Ihre teuren Klamotten stanken wie Speckschwarten. Ich hab mich entschuldigt und Entschädigung angeboten, aber es nutzte alles nichts: Wir mussten gehen.«

Da traf es sich gut, dass Wallraff nach einem knappen halben Jahr in Hamburg ein Angebot von »Pardon« bekam und die Familie nach Steinheim bei Frankfurt umziehen konnte. Die Wohnung von Günter, Birgit und der kleinen Ruth in Steinheim wurde schnell zum Treffpunkt für Freunde aus der ganzen Republik. Nicht nur Peter-Paul Zahl erinnert sich an Besuche in Steinheim, auch Martin Stankowski, Freund aus Kölner Jugendtagen, weiß noch, wie sie gleich mit mehreren Leuten während der Frankfurter Buchmesse bei Wallraffs anrückten und dort auf dem Fußboden schliefen.

Günter Wallraff bewegte sich mitten im Mainstream der Avantgarde der neuen Zeit. »Make love not war«, der Wahlspruch der Hippie-Bewegung, war ihm sehr sympathisch, und auch die Parole der Kommune I »Wer zweimal mit derselben pennt, gehört schon zum Establishment« ging nicht spurlos an ihm vorbei. Eine Zeit lang hatte sich bei Wallraffs, als diese bereits in Köln-Ehrenfeld wohnten, eine durchziehende Haschkommune eingenistet. »Die stellten das ganze Haus auf den Kopf, rauchten Opium auf der Toilette und liebten sich auf der Tischtennisplatte, bis die Nachbarn die Polizei riefen. Die arme Birgit, die damit überhaupt nichts anfangen konnte, musste das alles ertragen.« Günter Wallraff sah seine Ehe als eine Partnerschaft, die auch gelegentlich Flirts mit Dritten nicht ausschloss. »Ich war ja damals viel unterwegs und hatte auch hier und da eine Liaison, was Birgit sehr verletzt hat. Ich liebte Birgit über alles, ich wollte sie nicht verletzen, aber ich hatte noch nicht die Reife, und ich habe mich verzettelt«, sagt Wallraff heute über seine erste Ehe.

Obwohl seine Frau nach der Heirat aus der Kirche austrat, blieb sie doch in ihrem Herzen von den Werten des Christentums geprägt. »Sie war eine sehr kluge, ernsthafte und verantwortungsvolle Frau«, schwärmt der Hamburger Fotograf und Freund von Wallraff, Günter Zint, noch heute von ihr. Birgit hat sich dann, wie Günter Wallraff es im Nachhinein formuliert, aus dem von ihm angerichteten Chaos in ihrer Ehe »gerettet«, indem sie mit den beiden Kindern 1974 aus der gemeinsamen Wohnung in Köln-Ehrenfeld auszog, wo die beiden nach ihrer Frankfurter Zeit gelandet waren.

Der Weggang seiner Frau hat Günter Wallraff damals in eine tiefe Krise gestürzt. »Für mich brach eine Welt zusammen, es war eine Katastrophe. Ich habe zwei Wochen lang kaum noch essen können, ich hatte Selbstmordgedanken, ich war wirklich am Boden zerstört.«

Aber Günter Wallraff hatte seine Arbeit, er hatte Erfolg, mit dem Buch »Ihr da oben – wir da unten« erreichte er das erste Mal eine verkaufte Auflage von weit über 100.000 Exemplaren – es war für ihn nicht die Zeit, auf Dauer trauernd zu Hause zu sitzen.

Doch trotz neuer Beziehungen hielt er weiterhin einen engen Kontakt zu Birgit und den Kindern. Ruth, die zu dem Zeitpunkt, als ihre Mutter mit ihr und ihrer Schwester Ines in eine neue Wohnung zog, sieben Jahre alt war, erinnert sich, dass sie diesen Umzug anfangs gar nicht als Trennung ihrer Eltern wahrnahm. »Der Vater war ja auch vorher oft nicht zu Hause gewesen, und meine Mutter hat auch nach der Trennung immer zu ihm gehalten, wenn er öffentlich angegriffen wurde.« Birgit, erinnern sich gemeinsame Freunde der Familie Wallraff, hat Günter zeit ihres Lebens bei seiner Arbeit immer unterstützt und ihm, vor allem in den ersten Jahren, als das Geld noch sehr knapp war, immer den Rücken freigehalten. »Ohne sie«, sagt Harry Rosina, ein langjähriger Freund und Mitarbeiter von Günter Wallraff, »hätte er sich kaum so auf seine Arbeit und seine Interessen konzentrieren können.«

Birgit hat später nicht wieder geheiratet, sondern wohnte in einem von ihrem Noch-Ehemann finanzierten größeren Haus in einer Wohngemeinschaft mit Freundinnen zusammen. Günter Wallraff träumte immer davon, auch nachdem er bereits erneut verheiratet war, alle wieder unter ein gemeinsames Dach zu bekommen, was aber nur zeitweilig gelang. »Er will schon für alle sorgen und alle um sich haben«, sagt Ruth, »aber es ist so, dass sich alles um ihn dreht, was manchmal etwas schwierig ist.« Ende der 90er Jahre kümmerte sich die Familie gemeinsam um Birgit, als diese an einem besonders heimtückischen Krebs erkrankte. Nachdem sie nach einer schwierigen Chemotherapie schon gerettet schien, tauchten wenige Wochen später sekundäre Tumore im Gehirn auf. Birgit Wallraff starb am 31. Mai 2000.

Frauen und Heimat

Der Einzelkämpfer Günter Wallraff war in seinem Leben immer von Frauen umgeben. Seine Kindheit war geprägt von Großmutter und Mutter, der er bis zu deren Tod eng verbunden blieb. Auch wenn das Verhältnis zur Mutter nie ganz konfliktfrei war, riss der Kontakt zwischen ihnen doch nie ab. Politisch hatte sie ihm zwar schon seit seiner Kriegsdienstverweigerung nicht mehr folgen können und auch mit seiner späteren Arbeit verband sie wenig mehr, als dass sie zeitweilig in ihrer Umgebung, in der Nachbarschaft in Köln-Mauenheim, geschnitten oder manchmal auch bemitleidet wurde, weil ihr Sohn als Aufrührer und »Untergrundkommunist« Furore machte. Das beeinträchtigte aber ihre enge persönliche Bindung zu ihrem Sohn nicht. Günter Wallraff wiederum kümmerte sich um sie und sorgte dafür, dass sie auch in ihren letzten Lebensjahren so gut betreut wurde, dass sie bis zu ihrem Tod in ihrer Wohnung bleiben konnte.

Er ist selbst Vater von fünf Töchtern, zum dritten Mal verheiratet, und auch in den Jahren, in denen er geschieden war oder von seiner Frau bereits getrennt lebte, hatte er meist weibliche Unterstützung. Seine zweite Frau lernte er 1976 bei der Arbeit an dem Portugal-Buch »Aufdeckung einer Verschwörung« kennen. Sie engagierte sich in den so genannten Portugal-Komitees, die sich im Zuge der Nelkenrevolution 1974 gebildet hatten oder schon vorher entstanden waren. Die Komitees versuchten aus dem Ausland die Revolution zu unterstützen beziehungsweise die wichtigste Errungenschaft der portugiesischen Revolution, die Agrarreform, zu schützen. Für das Buch »Aufdeckung einer Verschwörung«, in dem es vor allem darum geht, wie rechte Kreise um den Ex-Staatspräsidenten General Spinola versuchten, durch einen Staatsstreich die Linke wegzuputschen, schrieb sie einen längeren Text, der analytisch darstellt, wie Kräfte inner- und außerhalb Portugals die Restauration auch ohne Putsch betrieben, und steuerte damit den politologischen Rahmen zu Wallraffs Erlebnisbericht bei.

Im Gegensatz zu Wallraff, dem das zwar oft unterstellt wurde, der aber tatsächlich nie parteipolitisch gebunden war, war seine damalige Freundin eine überzeugte Anhängerin der DKP. Als Wolf Biermann nach seinem legendären Köln-Konzert und der anschließenden Ausbürgerung plötzlich als Gast bei Günter Wallraff auftauchte und dort erst einmal unterkam, kam es zum ersten Eklat. »Sie ging aus Protest zurück nach Marburg, wo sie vorher studiert und gelebt hatte«, erzählt Wallraff. Schließlich war die Liebe aber doch stärker als die Politik, die beiden zogen wieder zusammen, stritten sich aber weiterhin über die DDR, mit der Günter nach der Ausbürgerung Wolf Biermanns »definitiv nichts mehr am Hut hatte«. Vor allem in den Jahren seiner erbitterten Auseinandersetzungen mit dem Springer-Konzern und der »Bild-Zeitung« stärkte sie ihm den Rücken, gemeinsam erlebten sie eine Zeit voller Anfeindungen, aber auch großer Erfolge. Die Beziehung geriet in eine Krise, als Günter dann 1983/84 als »Türke Ali« für sein Buch »Ganz unten« fast drei Jahre pausenlos unterwegs war. Obwohl beide sich schon nach neuen Partnern umsahen – Günter hatte seine spätere dritte Frau Barbara bereits kennengelernt –, heirateten sie dann 1984 doch noch und bekamen 1985 die Tochter Nadja. Doch die Ehe kriselte bereits und endete in einem Scheidungskrieg, der im Mai 1989 zur gerichtlich beurkundeten Trennung führte. Hämisch hieß es damals aus der Springer-Presse: Während Wallraff sich als »Ali« maskiert »Ganz unten« befunden habe, habe sich seine Frau in einen echten Ali verliebt.

Obwohl sich ihre Eltern während und nach der Scheidung lange aus dem Weg gingen, hat Nadja, die Musikpädagogik studiert, heute ein gutes Verhältnis zu ihrem Vater. Als Günter Wallraff im Rahmen einer Veranstaltung von Kölner Schriftstellern ein Stück aus einem Sammelband über Köln liest, kommt sie nicht nur selbst, sondern bringt auch gleich noch vier Freunde und Freundinnen mit, weil sie doch stolz auf den Vater ist.

Die dritte Ehe verkündeten Günter Wallraff und Barbara Munsch der Welt im September 1991 per selbstironischer Postkarte im »Bild«-Stil als Extrameldung.

Selten gab es so etwas wie Normalität in Wallraffs Familienleben: Als es Morddrohnungen im Zuge der Stasivorwürfe gab, zog sich die Familie aus Köln zurück – nicht zum ersten Mal: Schon Jahre zuvor, nachdem Wallraff auf Veranlassung der bayerischen Staatsanwaltschaft das Haus auf den Kopf gestellt worden war, war er eine Weile nach Amsterdam gezogen.

Nach seiner Rückkehr zog es Wallraff in den 90er Jahren dann mehrmals für längere Zeit nach Brasilien und dort vor allem in die Indianerreservationen am Amazonas. Günter Wallraff ist fasziniert von der Sicherheit und Selbstverständlichkeit, mit der die Indianer des Amazonasbeckens sich als Teil der Natur begreifen. Dort könne man sehen, wie Menschen leben, die sich und ihre Umwelt als eine Einheit und nicht als Gegensatz begreifen.

EXTRAMELDUNG

ABSCHEULICH!

Falscher Türke und Untergrundkommunist verführt unschuldiges deutsches Kind vom Land!

UNGEHEUERLICH

Sie liebten sich schon, als seine 1. Ehe noch nicht geschieden und seine 2. noch nicht geschlossen war!

UNERHÖRT!

Nach 8 Jahren wilder Ehe erneut »Bund fürs Leben« vorm Traualtar!

»Die Indianer wollen sich die Natur nicht untertan machen, sondern erleben sich als Teil davon.« Er gesteht, dass er manchmal auch gerne Teil dieser Einheit geworden wäre, davon geträumt hat, alles hinter sich zu lassen, um am Amazonas unterzutauchen. Doch alle Faszination konnte letztlich nicht darüber hinwegtäuschen, dass er selbst nicht am Amazonas, sondern in Köln-Ehrenfeld zu Hause ist.

Wallraff was here
Eine Frage der Moral

Regensburg, die Stadt am Zusammenfluss von Regen und Donau, ist eine Idylle, so scheint es. Der Dom ist einer der prächtigsten in Bayern, und das Ensemble des mittelalterlichen Stadtzentrums ist ein museales Erlebnis. Die blitzblanken verwinkelten Gässchen haben sogar die UNESCO dazu bewegen können, Regensburg mit dem begehrten Etikett »Weltkulturerbe« auszuzeichnen. Dazu gehört natürlich auch ein Schloss. Die hohe Mauer am Rande der Regensburger Altstadt scheint endlos. Das Areal dahinter ist den Blicken jedes Spaziergängers entzogen. Obwohl mitten in der Stadt gelegen, ist hier ganz offensichtlich kein öffentlicher Raum. Erst nach einigen Hundert Metern endet der entlang der Mauer führende Petersweg auf dem kleinen, schmucken Emmeramsplatz. Die dort beheimatete Emmeramskirche ist nicht nur ein erlesenes Stück mittelalterlicher Architektur, sondern auch die Hauskirche derer von Thurn und Taxis. Die Sippe, die sich vom Postboten in Südtirol bis zum Postmonopolisten im gesamten Heiligen Römischen Reich Deutscher Nation hochdiente und damit ein Vermögen machte, hat hinter den hohen Mauern ihren Stammsitz.

Ein Teil des Schlosses ist mittlerweile in ein Museum umgewandelt worden, in einer Art Orangerie befindet sich ein kleines Café für Schlossbesucher. Derer von Thurn und Taxis sind die mit Abstand führende Familie der Stadt, doch ihr Image scheint angekratzt. Während das ehemalige Society-Girl Gloria von Thurn und Taxis in den bunten Blättern der Republik nach wie vor Kultstatus genießt, ist sie in Regensburg nicht nur wohlgelitten. Glaubt man dem Wirt des Cafés, stehen die Regensburger ihrer Fürstenfamilie gleichgültig, wenn nicht sogar ablehnend gegenüber. »Die Leute hier«, meint er, »würdigen den Einsatz der Fürstin für die Stadt nicht genügend. Woher kennt man Regensburg überhaupt, doch nur wegen Gloria von Thurn und Taxis. Sie ist ein unschätzbarer Werbefaktor für die Stadt.«

Lachen befreit: Als Lakaienmönch bei Fürstmönch Emmeram im »Kloster Prüfening«

Vielleicht wurde ja ein Körnchen der Saat des Zweifels vor 35 Jahren gelegt, als Günter Wallraff sich gemeinsam mit Wolfgang Erdle, der sich in Kirchenritualen auskannte und mit dem Günter Wallraff eine lebenslange Freundschaft verband, nach Regensburg aufmachte, um zu erkunden, ob die Klagen vieler Angestellter im großen Reich derer von Thurn und Taxis zu Recht bestehen. In einer seiner komödiantischsten Rollen überhaupt heuerte Wallraff mit Hilfe seines Freundes im »Kloster Prüfening« an, das in einem der rund 20 Schlösser des breitgestreuten Immobilienbesitzes der Thurn und Taxis' am Stadtrand von Regensburg im Entstehen war. Das rund hundert Zimmer zählende Schloss war damals leicht verwahrlost und hatte nur einen einzigen Bewohner: Seine Durchlaucht Fürst Emanuel, Onkel des Regierenden Fürsten Johannes von Thurn und Taxis. Seine Durchlaucht nannte sich jedoch schlicht Bruder Emmeram und hatte das Ziel, in eben diesem Schloss ein Kloster zu begründen. Da es dazu bis dahin an Klosterbrüdern fehlte, nahm er nach kurzem Zögern Wallraff und Erdle gerne in seinem Refugium auf. Dort durften sie dann mit Kutte und Betbuch bewaffnet für einen Gotteslohn schuften, während Bruder Emmeram sich hauptsächlich damit beschäftigte, reiche Witwen dazu zu überreden, ihren Besitz nach ihrem Ableben seinem »Kloster« zu vermachen. Das

Ziel von Wallraffs Recherche war in diesem Fall aber nicht die Kirche, die das so genannte Kloster Prüfening gar nicht anerkannte, sondern das Geschäftsgebaren des damals »reichsten Junggesellen der Republik«, eben Johannes von Thurn und Taxis.

Dass im Lachen Befreiung liegt und die Mächtigen sich deshalb davor fürchten, hat Umberto Eco in seinem Klosterthriller »Der Name der Rose« anschaulich beschrieben. Unter Einsatz seines Lebens verhindert dort ein »gottesfürchtiger« Mönch den Zugriff auf das Buch über das Lachen von Aristoteles. Noch heute erinnert sich die Wirtin des »Kleinen Beutel«, eine der wenigen Stätten alternativen Kulturlebens im rabenschwarzen Regensburg, wie sich vor allem die Jüngeren in der Stadt damals schier totlachten, als Wallraffs Maskerade als Klosterbruder bei den Thurn und Taxis ruchbar wurde. »Die Älteren dagegen waren entsetzt«, aber nicht nur über Wallraff, sondern auch darüber, wie es am Fürstenhof zuging und wie skrupellos die reichste Familie der Stadt ihren Reichtum mehrte. Wenig später gab der Fürst sich dann dem Spott preis, als er die 35 Jahre jüngere Jetset-Prinzessin Gloria von Schönburg-Glauchau, Spross einer verarmten sächsischen Adelsfamilie, heiratete, die völlig bedenkenlos sein Geld bei Partys und glamourösen Discoauftritten verpulverte – gerne auch ohne ihn.

Nach seinem Tod entpuppte sich Gloria von Thurn und Taxis als äußerst clevere Unternehmerin, die selbst ihren Ruf noch zu Geld macht: Für entsprechendes Kleingeld kann man fürs Firmenjubiläum nicht nur Räume im Schloss mieten, sondern die Fürstin gleich mit dazu. Für ihr persönliches Erscheinen ist allerdings eine saftige Gage fällig. Ärmer sind die von Thurn und Taxis in den letzten 35 Jahren nicht geworden, aber die ehrfürchtige Bewunderung der Regensburger, die Wallraff damals noch erlebte, hat sich nun endgültig verflüchtigt.

Wallraff was here

Dass Lachen eine der wirksamsten Waffen im Kampf gegen bigotten Klerus und andere scheinbar unantastbare Institutionen ist, hatte Wallraff aber schon vor seinem Ausflug nach Regensburg entdeckt. Seine komödiantische Ader, seine kindliche Begeisterung für die Geschichte des Till Eulenspiegel, führten dazu, dass der angeblich so verbissen vor sich hin schuftende Arbeiterschriftsteller auch im Satiremagazin »Pardon« reüssieren konnte. Hier hatte er Gelegenheit, seine journalistische und schriftstellerische Form, seine spezifische Aneignung der Wirklichkeit, von den Werkbänken der Republik weg in alle denkbaren Lebensbereiche der Gesellschaft hinein zu übertragen. »Wallraff was here« lautete die Parole, mit der »Pardon« neue Ergebnisse aus den Wallraff'schen Forschungsreisen ins Innere der deutschen Gesellschaft vermeldete.

»Wallraff was here« hieß es, als er nach wochenlangem Selbstversuch aus einer »Irrenanstalt«, einer psychiatrischen Klinik, wieder auftauchte, in die er sich mit einer vorgetäuschten Geschichte als Alkoholiker freiwillig hatte einweisen lassen. Das war noch vor den Psychiatriereformen, noch bevor die offene Psychiatrie in Italien die Debatte um die Zustände auch in Deutschland anfachte und noch bevor ein Ronald Laing über die Normalität der scheinbar Verrückten philosophierte. Damals waren psychiatrische Kliniken noch reine Verwahranstalten, in denen die Patienten schon mal »dreimal so viel angeschnallt werden müssen wie sonst«, weil gerade der Medikamenten-Etat der Klinik gekürzt wurde und man die Leute nicht anders ruhigzustellen können glaubte. Raus kam Wallraff, obwohl er sich freiwillig in die Anstalt begeben hatte, übrigens nur, weil seine Frau ihn dort auslöste.

Erneut hieß es »Wallraff was here«, als er mit einer Geschichte über die Weihnachtstage, die er im heute noch existierenden Obdachlosenasyl »Pik As« in Hamburg verbracht hatte, wieder auftauchte. Er berichtete aus einer Verwahranstalt, in der Menschenwürde ein Fremdwort war. Wallraff kümmerte sich aber nicht nur um die dunklen sozialen Seiten der Republik, sondern auch um die politischen Schattenseiten. Ausgestattet mit einer dürftigen Legende als NPD-naher Student, der sich in Göttingen und anderen Universitätsstädten in den dortigen Sozialistischen Deutschen Studentenbund (SDS) eingeschlichen haben wollte, offeriert er der politischen Polizei und dem Verfassungsschutz »Erkenntnisse« aus dem Innenleben der Revolution. Fast alle zuständigen Beamten in ganz unterschiedlichen Städten waren ohne große Prüfung bereit, den Spitzel anzuheuern und dafür auch zu bezahlen. Der SDS mit Rudi Dutschke an der Spitze galt den Verfassungsschützern als größtes Sammelbecken der Staatsfeinde. Dass gleichzeitig die NPD mit über zehn Prozent der Stimmen im Landtag von Baden-Württemberg saß und auch in anderen Bundesländern stark genug schien, die Fünf-Prozent-Hürde zu nehmen, interessierte dagegen wenig. Als Wallraff den umgekehrten Test machte und als studentischer Spitzel Informationen aus NPD-nahen Vorfeldorganisationen anbot, winken die Dienststellen nur müde ab.

Am meisten Aufmerksamkeit jedoch erregte eine für seine »Pardon«-Zeit typische Wallraff-Recherche, die er am Telefon durchführte. Ihm war ein internes Rundschreiben des Bundesverbandes der Deutschen Industrie (BDI) in die Hände gefallen, in dem dieser seine Mitgliedsfirmen, das heißt fast alle großen deutschen Industrieunternehmen, dazu auffordert, darüber nachzudenken, wie sie im Vorgriff auf die Notstandsgesetze einen so genannten Werkselbstschutz einrichten könnten. Dieser Werkselbstschutz sollte über die gewöhnlichen Wachmänner hinausgehen und die Betriebe im Falle des Notstandes gegen Diebstahl, Sabotage und Plünderung schützen. Nun waren aber die Notstandsgesetze das zu der Zeit am heftigsten umstrittene Projekt der Großen Koalition. Die APO, die außerparlamentarische Opposition, die sich so nannte, weil im Parlament praktisch keine Opposition mehr existierte, sah in den geplanten Notstandsgesetzen einen massiven Anschlag auf die junge Demokratie und eine Demontage des Grundgesetzes. Der Kampf gegen die Notstandsgesetze hatte damals eine ähnliche Dimension wie später die Proteste gegen die Atomkraft oder die Demonstrationen der Friedensbewegung gegen die Nachrüstung mit atomaren Mittelstreckenraketen.

In diese aufgeheizte Atmosphäre platzt Wallraff mit einer Recherche, die die schlimmsten Befürchtungen der Gegner der Notstandsgesetzgebung zu bestätigen schien. Wallraff legt sich am Telefon den Titel eines Ministerialrates zu, der in leitender Funktion im Zivilschutzausschuss des Bundesinnenministeriums tätig ist und in dieser Funktion wissen will, wie weit die Industrie mit dem Aufbau eines Werkselbstschutzes bereits vorangekommen ist. Wie oft in Deutschland, wenn man nur mit dem richtigen Titel daherkommt, öffnen sich plötzlich Türen, die sonst fest verschlossen sind. Stolz berichten leitende Mitarbeiter großer Unternehmen dem vermeintlichen Ministerialrat, dass der Aufbau eines Werkselbstschutzes gut vorangehe und auch die Ausbildung an den Waffen bereits begonnen habe. Das alles lange bevor die Notstandsgesetze im Parlament verabschiedet waren, und deshalb völlig illegal. Als der Artikel erschien, gab es einen großen Aufschrei. Alles gelogen, behaupteten die Firmen, und Bundesinnenminister Lücke erstattete Anzeige wegen Amtsanmaßung. Auf den ersten Blick erstaunlich, verzichtete der Innenminister jedoch darauf, auch wegen »Verbreitung falscher und ihn verleumdender Informationen« zu klagen. Doch schon wenig später wurde klar, warum. Auf eine Anfrage im Bundestag hin räumte das Innenministerium ein, dass seit drei Jahren zusammen mit großen Industriebetrieben »Erprobungen des Ernstfalls« mit diesem angeblich noch gar nicht existierenden Werkselbstschutzes durchgeführt würden. Unbewaffnet natürlich.

Trotzdem kam es eineinhalb Jahre später, nachdem die Notstandsgesetze längst verabschiedet waren, im Dezember 1969 zu einem Prozess wegen Amtsanmaßung. Da das Gericht unbedingt vermeiden wollte, über den Wahrheitsgehalt der von Wallraff behaupteten Existenz bewaffneter Werkselbstschutzeinheiten Beweis zu erheben, versuchten Staatsanwalt und Richter von Beginn an, ihm eine goldene Brücke zu bauen. Allen Protesten Wallraffs zum Trotz weigerte sich das Gericht, die von Wallraff interviewten Werkschützer vorzuladen. Stattdessen plädiert der Staatsanwalt dafür, man möge auf einen »Tatbestandsirrtum« beschließen. Wallraff habe keine Amtsanmaßung begangen, weil ihm nicht bewusst gewesen sei, dass seine Telefonate als Hoheitsakt missverstanden werden könnten. Wallraff wurde freigesprochen, doch über die Sache selbst deckte das Gericht den Mantel des Schweigens.

Mit solchen Recherchen wurde Wallraff zunehmend populärer, doch gleichzeitig geriet er ins Fadenkreuz der herrschenden Kräfte und deren Vollzugsorgane. Eine bezeichnende Episode dafür war die misslungene Verleihung des Nordrhein-Westfälischen Literaturpreises im Jahr 1968. Nachdem ihn eine unabhängige Jury, der unter anderen auch Heinrich Böll angehörte, nominiert hatte, wurde dem damaligen SPD-Ministerpräsidenten Heinz Kühn ein Dossier zugespielt, in dem behauptet wurde, gegen den Autor laufe ein Ermittlungsverfahren wegen »Verstoßes gegen das Pornographieverbot«. Da die CDU im Landtag sowieso Sturm gegen den nominierten Preisträger lief, ließ Kühn sich verunsichern und distanzierte sich von dem eigenen Preisträger. Im Landtag sagte er, er persönlich habe sowieso noch nie etwas von Wallraff gelesen, aber er werde dafür sorgen, dass bei zukünftigen Preisträgern vorher geprüft werde, ob sie hinreichend in der freiheitlich-demokratischen Grundordnung verwurzelt seien.

Zu spät wurde er darüber aufgeklärt, dass das vermeintliche Ermittlungsverfahren wegen Pornographie nichts anderes als den Transport von Henry-Miller-Büchern von Amsterdam nach Köln betraf – eine Aktion, die Wallraff noch als Buchhändlerlehrling bewerkstelligt hatte. Abgesehen davon, dass die Geschichte längst verjährt war, war Henry Miller vom verbotenen Pornographen mittlerweile auch in Deutschland zum anerkannten Literaten aufgestiegen. Kühn war Opfer einer Intrige geworden und der Schaden nicht so schnell wieder gutzumachen. Böll forderte Kühn auf, die implizite Denunziation Wallraffs zurückzunehmen. Mit ihm traten auch die übrigen Mitglieder der Jury des NRW-Literaturpreises zurück, der daraufhin über Jahre nicht mehr vergeben wurde. Wallraff, der das Preisgeld bereits vor dem Auftritt Kühns im Landtag erhalten hatte, wollte das Geld wieder zurückgeben, doch die Landeskasse verweigerte eine Annahme – »buchungstechnisch unmöglich«, hieß es. Wallraff spendete das Geld daraufhin dem Rechtshilfefond der APO und dem Vietnamtribunal.

Wallraff wird zu dieser Zeit zu einem Markenzeichen für Einblicke in die dunkle Seite des deutschen Wirtschaftswunders. »Pardon« kann dank ihm seine Auflage steigern, sein Chefredakteur Nickel ist begeistert. Doch das Magazin bleibt für Wallraff eine Durchgangsstation, er sucht und findet eine andere Plattform.

Ein für seine weitere Entwicklung entscheidendes Treffen findet kurz vor dem Jahreswechsel 67/68 statt. Wallraff bekommt Besuch von Klaus Rainer Röhl, Herausgeber von »Konkret«, der zu diesem Zeitpunkt wichtigsten linken Gazette. Ende der 50er Jahre aus der studentischen Szene hervorgegangen, spiegeln sich auf ihren Seiten die Diskussionen der APO, findet die »sexuelle Revolution« in Wort und Bild statt, werden dem Befreiungskampf in den ehemaligen Kolonien große Reportagen gewidmet und die Kriegführung der USA in Vietnam scharf kritisiert. Geleitet wird das Blatt von dem Ehepaar Klaus Rainer Röhl und Ulrike Meinhof. Während Röhl sich um Autoren, Organisation und Finanzen kümmert, prägt Ulrike Meinhof das Blatt durch ihre Kolumnen.

Ein Mann wie Günter Wallraff war der geborene Autor für »Konkret«, und Röhl hatte das bald erkannt. Auch Wallraff war schnell davon zu überzeugen, dass er bei »Konkret« letztlich besser aufgehoben war als bei »Pardon«, und sagte deshalb ohne großes Zögern zu. Bereits in der Februarnummer 1968 kann Röhl im Editorial stolz den Neuzugang verkünden. »Günter Wallraff, bekannt durch seine Reportagen ›Wallraff was here‹ in der Zeitschrift ›Pardon‹, schreibt ab heute exklusiv in ›Konkret‹. Er fand, dass seine Enthüllungsreportagen besser zu ›Konkret‹ passen als in eine satirische Zeitschrift. Das fanden wir auch. Deshalb gibt es keine politischen Differenzen zwischen ›Konkret‹ und ›Pardon‹, die die beiden einzigen Zeitschriften der außerparlamentarischen Opposition bleiben und entsprechend zusammenwirken.«

»Konkret« wird in den folgenden zwanzig Jahren zur publizistischen Heimat von Günter Wallraff. Zwar wird er anders als zuvor beim »Hamburger Abendecho« und bei »Pardon« nicht Mitglied der Redaktion und wechselt auch nicht wieder nach Hamburg. Technisch gesehen ist er fester freier Mitarbeiter, der eine monatliche Pauschale erhält und seine Recherchen von außen zuliefert. Aber fast alle großen Geschichten Günter Wallraffs werden hier veröffentlicht – bis hin zu Auszügen aus seinem Welterfolg »Ganz unten«.

Er braucht keine Geschichten zu machen, die ihn nicht interessieren, sein Stil passt perfekt zu »Konkret«, das sich nur zu gerne mit der Wallraff'schen Recherchemethode schmückt. Wallraff taucht ab und wieder auf, sitzt nächtelang an seinem Schreibtisch in Ehrenfeld, wohin er mittlerweile wieder zurückgekehrt war, schluckt Wachmacher, um durchzuhalten, und ist doch mit seinen Geschichten immer am Rande des Absturzes. »Ich war eigentlich immer zu spät«, erzählt er. »Ich hatte ja auch immer so komplexe Themen.« Damals gab es ja noch keine Möglichkeit, Texte schnell zu übermitteln. Kein Fax und erst recht kein Internet. »Wenn ich endlich fertig war, raste ich zum Flughafen, um meinen Brief direkt an einem Schalter ›als Frachtgut‹ abzugeben, von dem aus ein Flieger nach Hamburg ging. Dort holte ihn dann jemand von ›Konkret‹ am Flughafen ab.«

Der Ulrike-Meinhof-Komplex

»Ich kannte Ulrike Meinhof gut. Ich mochte sie als Frau und als Kolumnistin. Ihre Radikalität hat mir imponiert. Ihre moralische Rigorosität war der von Birgit sehr ähnlich. Das hat auch Röhl so empfunden, der mir viel später noch erzählte, wie sehr ihn Birgit an die frühe Ulrike erinnert hätte.« Günter Wallraff lernte Ulrike Meinhof kennen, als er begann, für »Konkret« zu arbeiten. Ulrike Meinhof hatte just zu dem Zeitpunkt, als Wallraff für »Konkret« anfängt, eine schwierige Zeit. Obwohl Klaus Röhl und sie weiter zusammen arbeiteten, war ihre private Beziehung am Ende. Ulrike Meinhof hatte die Scheidung eingereicht, das gemeinsame Haus in Hamburg-Blankenese zusammen mit den Zwillingen Regine und Bettina verlassen und war in eine APO-Wohngemeinschaft nach Berlin gezogen. Damit endete eine der berühmtesten Journalisten-Ehen der Bundesrepublik, die nicht nur zwei Kinder, die Zwillinge Regine und Bettina, hervorgebracht hat, sondern drei, wenn man »Konkret« mitzählt.

Als Klaus Rainer Röhl und Ulrike Meinhof sich 1958 kennenlernen, ist Röhl bereits Chef von »Konkret«, das allerdings zu diesem Zeitpunkt eher noch einer Studentenzeitung gleicht als einem eigenständigen politischen Magazin. Tatsächlich ist »Konkret« aus dem »Hamburger Studentenkurier« hervorgegangen, den Röhl im Mai 1955 zusammen mit Peter Rühmkorf gegründet hatte. Das Besondere am »Studentenkurier«, wie auch später zunächst von »Konkret«, war die Finanzierung. Das Geld für das Blatt kam aus

Ostberlin. In ihrem Buch »So macht Kommunismus Spaß!« hat Bettina Röhl, eine der beiden Töchter, detailliert beschrieben, wie ihr Vater von der Kommunistischen Hochschulgruppe in Hamburg als Chefredakteur für eine Studentenzeitung ausgekuckt wurde und dieses Blatt dann als nach außen unabhängige Zeitung führte. Offen konnte der Studentenkurier nicht als kommunistische Zeitschrift erscheinen, da die KPD kurz zuvor vom Verfassungsgericht verboten worden war und die DKP erst Ende der 60er Jahre wieder gegründet werden konnte.

Röhl trat der illegalen KPD, die bis zur Neugründung als DKP, von Ostberlin aus gemanagt wurde, zwar bei, machte dann aber nicht nur dem Schein nach, sondern häufig genug auch tatsächlich gegen den Willen der KPD/SED eine unabhängige Berichterstattung. Um aus dem rein studentischen Milieu herauszukommen, wurde das Blatt 1957 in »Konkret« umbenannt, zunächst ohne dass sich viel änderte. Das Blatt begann dann eine Kampagne gegen die Wiederaufrüstung der Bundesrepublik und gegen eigene Atomwaffen oder die Stationierung von US-Atomwaffen auf bundesdeutschem Boden. Dabei lernte Klaus Rainer Röhl die Studentin Ulrike Meinhof kennen, die sich gerade mit einigen Artikeln gegen die Atomrüstung ihre ersten journalistischen Sporen verdiente. Noch unabhängig von Röhl war Ulrike Meinhof ebenfalls Mitglied der KP geworden. Über die politische Arbeit und gemeinsamen politischen Auffassungen kamen die beiden sich dann näher. Im Sommer 1960 fuhren sie das erste Mal gemeinsam in den Urlaub nach Italien. Zuvor war Ulrike Meinhof bereits von Münster nach Hamburg umgezogen, hatte ihr Studium an den Nagel gehängt und sich ganz der redaktionellen Arbeit gewidmet.

Als sie dann im Dezember 1961 heiraten, ist Ulrike Meinhof schon eine der profiliertesten Autorinnen von »Konkret«, ja mehr noch, die Genossen in Ostberlin sind von ihr längst mehr angetan als von dem flippigen, immer etwas anarchischen Röhl. Das hatte Folgen. Wie Röhl seiner Tochter gegenüber bestätigte, drängte im März 1961 die Partei erfolgreich darauf, dass er seinen Chefredakteursposten an Ulrike Meinhof abtrat und sich selbst als Herausgeber etwas zurücknahm. Doch auch der Wechsel in der Chefredaktion führte nicht dazu, dass »Konkret« seinen Aufpassern in Ostberlin nun nur noch Freude bereitete. Ulrike Meinhof und Klaus Rainer Röhl bewiesen ein ums andere Mal, dass sie ihren eigenen Kopf hatten, und schreckten auch nicht davor zurück, die DDR in ihrem Heft zu kritisieren. Zum Bruch kam es, als Röhl auf Einladung eines Freundes, ohne Wissen seiner Finanziers, 1964 erstmals länger allein durch die DDR reiste und anschließend drei schonungslose Reportagen über das vermeintliche Arbeiter- und Bauernparadies verfasste. Als auch nach mehreren Treffen in Ostberlin das Verhältnis zwischen Meinhof und Röhl auf der einen und den für sie zuständigen KPD-Leuten auf der anderen Seite nicht mehr zu reparieren ist, will die Partei den beiden »Konkret« aus der Hand nehmen. Da nach bürgerlichem Recht Röhl aber unzweifelhaft der Eigentümer war, blieb ihnen nichts anderes übrig, als die Zahlungen von rund 40.000 DM monatlich einzustellen und zu hoffen, dass das Projekt »Konkret« damit gestorben war.

Auf einen Schlag ist »Konkret« nun nicht nur pleite, sondern hat auch noch Schulden bei der Druckerei. Trotzdem will Röhl nicht aufgeben. Er versucht einen finanziellen Neustart, diesmal nach den marktwirtschaftlichen Gesetzen des Westens. Auflage und Anzeigenkunden müssen her, und was zunächst im Kreis der Eingeweihten niemand für möglich gehalten hat, klappt: »Konkret« behauptet sich am Markt.

Intern hatte das Ehepaar Röhl beschlossen, dass Ulrike sich nur noch als Autorin und regelmäßige Kolumnistin beteiligt und ihren guten journalistischen Ruf bei Funk und Fernsehen einsetzt. Hätte es mit »Konkret« nicht geklappt, hätte die Familie aus anderen Quellen ihren Lebensunterhalt bestreiten müssen. Stattdessen beflügelt der Erfolg von »Konkret« dann beide. Ulrike Meinhof schreibt für jede Ausgabe eine Kolumne. Das sind Kritiken, die breit wahrgenommen werden und sie schon bald zu einer der entscheidenden Stimmen der APO machen. Röhl ist begeistert über den publizistischen und wirtschaftlichen Erfolg seiner »Konkret«, der ihm auch gesellschaftliche Anerkennung einbringt.

Alle wichtigen, die Meinung in der Bundesrepublik bestimmenden Nachrichtenmagazine und Wochenzeitungen kamen damals aus Hamburg. Als Pressestadt war das geteilte Berlin bedeutungslos geworden und Bonn viel zu klein, als dass sich dort die national wichtigen Medien hätten ansiedeln können. So wurde Hamburg nach dem Krieg zur Pressehauptstadt der Bundesrepublik, wo mit Ausnahme der beiden Frankfurter Blätter »Frankfurter Allgemeine Zeitung« (FAZ) und »Frankfurter Rundschau« (FR) sowie der Münchner »Süddeutschen Zeitung« (SZ) alle wichtigen Zeitungen und Magazine zu Hause waren. Das war umso bedeutender, als das Fernsehen damals noch eine weniger dominante Rolle spielte. Es gab noch keine Privatfernsehkanäle, und auch ARD und ZDF lieferten wesentlich weniger Programm als heute. Fernsehen in der Bundesrepublik bedeutete damals noch zumeist ARD. Und innerhalb der ARD war zwar der WDR in Köln auch damals schon der wichtigste Sender, doch gleich danach kam der NDR aus Hamburg.

In der Medienszene Hamburgs, angefangen vom »Spiegel« über den »Stern« und die »Zeit« bis zum NDR, ist Mitte der 60er Jahre jeder irgendwie ein bisschen links. Die Adenauerrepublik, in der führende Alt-Nazis hohe politische Positionen besetzen konnten, und später die Große Koalition werden von den Hamburger Medien, mit Ausnahme von Springer, überwiegend kritisch gesehen. Die meisten sind für neue gesellschaftliche Trends offen. Die Trends aber werden an den Universitäten gesetzt, wo eine neue, von Weltkrieg und Naziherrschaft weitgehend unbelastete Generation beginnt, das Schweigen über das Dritte Reich zu brechen und die bis dahin glorifizierte Schutzmacht Amerika kritischer zu beobachten. In diesem Klima bleibt der Chefredakteur der wichtigsten linken Publikation kein Außenseiter. Klaus Rainer Röhl ist mit »Stern«-Chef Henri Nannen und »Spiegel«-Chef Rudolf Augstein fast auf Augenhöhe; er fühlt sich jedenfalls, auch wenn »Konkret« gegen die beiden anderen, gemessen an der Auflage, ein Zwerg ist, als einer der wichtigen Herausgeber der Republik.

So kommt es, dass die Röhls zwar bald das entscheidende Paar für die linke Publizistik in der Bundesrepublik sind, gleichzeitig aber immer mehr Teil der Hamburger besseren Gesellschaft werden. Dazu gehören Wochenenden auf Sylt, Partys im Kreis der Reichen und Mächtigen der Hansestadt und zuletzt eine eigene Villa im Nobelviertel Blankenese. Wenn man Bettina Röhl glauben kann, ist auch ihre Mutter, wenige Jahre später als intellektueller Kopf der »Roten Armee Fraktion« Staatsfeindin Nummer eins, mit dem damaligen Leben völlig einverstanden.

Zwar war sie von der APO fasziniert, doch persönlich, vom Lebensstil her, hatten die Röhls mit den jungen Wilden im SDS und erst gar mit den Hippie-Kommunarden der Kommune I, mit Leuten wie Fritz Teufel, Dieter Kunzelmann und Rainer Langhans nichts zu tun. Als Röhl nach langem Zögern endlich persönlich nach Berlin fährt, um mit den Kommunarden ein Interview für »Konkret« zu führen, war ihm der »Stern« schon mit einer großen Reportage zuvorgekommen. Röhl ist entsetzt über die nach Katzenurin stinkenden Räume, das Chaos in der Wohnung und das Desinteresse der Kommunarden. Nur weil »Konkret« auch für »freie Liebe« stehe, so Ulrich Enzensberger, sei er bereit, mit Röhl zu reden. Ulrike Meinhof verteidigt wenig später in »Konkret« zwar das im Vorfeld durch den Verfassungsschutzspitzel Peter Urbach verhinderte »Pudding-Attentat« auf den amerikanischen Vizepräsidenten Hubert Humphrey, kritisiert die Kommunarden jedoch gleichzeitig, weil diese die mediale Aufmerksamkeit, die sie zuhauf bekamen, nicht auf Vietnam lenkten, sondern »nur für ihren privaten Exhibitionismus« nutzten.

Der Bruch mit dem bürgerlichen Leben kommt denn auch für Ulrike Meinhof erst mit dem Zusammenbruch ihrer Ehe. Bettina Röhl, alles andere als eine Apologetin ihrer Mutter, der sie nie verziehen hat, dass sie ihre Kinder dem revolutionären Kampf opferte, beschreibt in ihrem Buch eindrücklich, wie sehr ihr Vater Ulrike Meinhof verletzte und demütigte, als er in aller Öffentlichkeit seine Frau mit seiner neuen Freundin betrog. Günter Wallraff ist bis heute davon überzeugt, dass Ulrike Meinhof nicht zur Ikone des deutschen Linksterrorismus geworden wäre, wenn Röhl sie damals nicht so sehr verletzt hätte. »Ich habe mit Röhl sehr viel später, als dieser sich schon weit nach rechts entwickelt hatte, einmal darüber gesprochen. Ohne Röhl keine RAF?, habe ich ihn gefragt, und der hat zugestimmt: Da magst du recht haben.«

Bevor Ulrike Meinhof sich im Mai 1970 an der Befreiung Andreas Baaders aus einem Berliner Gefängnis beteiligte – die Tat, die als Gründungsakt der RAF gilt –, hatte sie sich journalistisch, aber auch ganz persönlich, intensiv mit der Situation von Kindern und Jugendlichen in Fürsorgeheimen auseinandergesetzt. Dass Ulrike Meinhof sich um jugendliche Heimkinder kümmerte, war kein Zufall. Die Zustände in diesen staatlichen Fürsorgeheimen, in denen hauptsächlich Kinder aus der Unterschicht – »aus proletarischen Familien«, wie es damals hieß – landeten, waren oft skandalös. Statt pädagogischer Unterstützung bekamen die Kinder Strafen und Verbote, sodass die Heime mehr Gefängnissen als offenen Jugendwohnheimen glichen. Viele Heimjugendliche versuchten deshalb, möglichst schnell dem Zwangsregiment dieser Häuser zu entkommen, und landeten dann als so genannte Trebegänger auf der Straße. Nachdem immer mehr Studenten ihre Wohnheime und Pensionszimmer verlassen hatten und stattdessen begannen, in selbst organisierten Wohngemeinschaften zu leben, fanden auch jugendliche Trebegänger dort häufig eine vorübergehende Bleibe. Aus ersten eher zufälligen Begegnungen wurde bald eine regelrechte Bewegung. Wohngemeinschaften stellten sich darauf ein, Trebegänger aufzunehmen, und ermutigten Jugendliche, aus den Heimen wegzulaufen.

Auch Günter Wallraff und seine Familie gehörten zu einem Netzwerk, das entlaufenen Heimzöglingen vorübergehende Unterkunft anbot. Fast zur gleichen Zeit wie Ulrike Meinhof begann auch Wallraff, sich journalistisch mit der Situation von Heimjugendlichen zu beschäftigen. Daraus wurde eine Fernsehdokumentation fürs ZDF. Das letzte Projekt Ulrike Meinhofs, bevor sie in die Illegalität abtauchte, war ebenfalls ein Drehbuch für einen Fernsehfilm über das Berliner Fürsorgeheim Eichenhof. Der Film, »Bambule«, vom Südwestfunk für die ARD produziert, sollte im Mai 1970 ausgestrahlt werden. Zum Sendetermin war Ulrike Meinhof aber schon seit einer Woche verschwunden. Da sie der Teilnahme an der Baader-Befreiung verdächtigt wurde, setzte die ARD den Film ab.

Schon wegen dieser gemeinsamen Arbeit hatten Günter Wallraff und Ulrike Meinhof zu der Zeit engeren Kontakt, als ihn die Arbeit für dieselbe Zeitschrift sonst mit sich gebracht hätte. Sie telefonierten häufig, um sich über die Arbeit auszutauschen. »Ulrike hat damals eine wirklich verdienstvolle Arbeit mit Fürsorgezöglingen gemacht. Das, was sie dabei erlebt hat, hat dann sicher auch zu ihrer Radikalisierung beigetragen und ihren Bruch mit der Gesellschaft forciert«, meint Wallraff. Wenige Tage bevor die Baader-Befreiungsaktion stattfand, telefonierten die beiden ein letztes Mal.»Ich hatte damals das Gefühl, dass Ulrike dabei war, in ihrem Bekanntenkreis zu sondieren, wie weit die politische Übereinstimmung ging. Ich spürte, dass bei ihr etwas Grundsätzliches bevorstand und sie wissen wollte, ob sie mit mir rechnen könne. Ich habe da schon versucht, sie davon zu überzeugen, wie wichtig ihre aktuelle Arbeit ist und dass sie das nicht fallen lassen solle.«

Wallraff, der wenig später auch öffentlich die RAF heftig kritisierte, hat lange gehofft, dass man Ulrike Meinhof aus »diesem Wahnsinn« zurückholen könnte.»Sie ist doch damals von Gudrun Ensslin da reingezogen worden. Das war doch so, wie es dann gelaufen ist, gar nicht beabsichtigt.« Tatsächlich war den Akteurinnen bei der Baader-Befreiung ein tragischer Fehler unterlaufen, für den sie nach Meinung Wallraffs dann nicht die Verantwortung übernehmen wollten und aus dem sie deshalb eine politische Frage machten. Die Befreiung Baaders fand in einer Uni-Bibliothek statt, in der er unter Bewachung eines Justizbeamten arbeiten durfte, weil er sowieso wenige Monate später entlassen worden wäre. Dabei wurde der Justizbeamte Georg Linke angeschossen und schwer verletzt.»Die Baader-Befreierinnen hätten daraufhin sagen müssen, da ist etwas Schreckliches passiert, wir bedauern zutiefst, dass wir Herrn Linke verletzt haben. Stattdessen versuchten sie es als politische Notwendigkeit zu verkaufen, und dafür brauchten sie Ulrike.« Als dann wenig später das von Ulrike Meinhof auf Tonband gesprochene RAF-Manifest durch die befreundete französische Journalistin Michelle Rey dem »Spiegel« zugespielt wird, ist Günter Wallraff entsetzt.»Bullen sind Schweine«, heißt es dort, und »natürlich darf geschossen werden.«»Ich habe dann direkt darauf mit einem offenen Brief an Ulrike Meinhof reagiert. Meine Haltung war da völlig eindeutig.« In einem Beitrag für »Konkret« kritisierte Wallraff »Ulrikes Rote Armee« heftig und prognostizierte, dass die Eskalation der Gewalt in der BRD nur den Herrschenden nutzen werde: Der Gebrauch von Gewehren provoziere den Einsatz von Handgranaten; der Einsatz von stärkeren Waffen durch

111

militante Anarchogruppen bereite das Feld vor für das Aufmarschieren der Bundeswehr gegen die Zivilbevölkerung, und eine planmäßig und straff durchgeführte Bewaffnung von Minderheiten wäre willkommener Anlass, einen Nato-Plan anzuwenden, der schließlich Zustände wie in der griechischen Diktatur beschere.« Wallraff machte sich mit seinem Appell an Ulrike Meinhof, sich der Verantwortung für die Schüsse auf Georg Linke zu stellen, wenig Freunde.»Bei vielen Linken wurde ich dadurch zum Konterrevolutionär. Denn die RAF, das waren ja Helden.« Für die rechte und konservative Presse blieb er dennoch ein »geistiger Anstifter« des Terrorismus, wie Peter Boenisch in der »Welt« formulierte.

Eine politische Verständigung über das, was die RAF tat, fand unter diesen Bedingungen nicht mehr statt, sondern wurde sowohl von der RAF, aber genauso vom größten Teil der öffentlichen Meinung der Bundesrepublik strikt abgelehnt. Mit Terroristen wird weder verhandelt noch geredet, hieß die Parole. Wer in diesem Klima zu vermitteln versuchte, erhielt Schläge von allen Seiten. Wie aufgeladen die damalige politische Atmosphäre war und welcher Hass die Republik regierte, bekam besonders Heinrich Böll zu spüren.

Nachdem die »Bild-Zeitung«, die immer massiver mit Vorverurteilungen und unterschwelligen Aufrufen zur Lynchjustiz eine geradezu hysterische Stimmung gegen die »Baader-Meinhof-Bande« schürte, am Heiligabend 1971 anlässlich eines Banküberfalls, bei dem die Polizei noch keinerlei Kenntnis über die Täter hatte, in übergroßen Lettern »Baader-Meinhof-Bande mordet weiter« getitelt hatte, veröffentlichte Heinrich Böll im Januar 1972, wenige Monate bevor er im Oktober desselben Jahres den Literaturnobelpreis zuerkannt bekam, einen Artikel im »Spiegel«: »Will Ulrike Meinhof Gnade oder freies Geleit?«

In dem Artikel plädiert Böll dafür, innezuhalten und sich einmal in Ruhe zu fragen, wie gefährlich »6 gegen 60.000.000« denn wirklich seien. Und fragt, da Ulrike Meinhof in der gegenwärtigen Atmosphäre nicht mit einem fairen Prozess rechnen könne, falls sie sich stelle, ob man ihr Gnade oder freies Geleit bieten solle – als Ausweg aus Gewalt, Hass und Gegengewalt.

Was Böll daraufhin aus der Springer-Presse, aber auch aus anderen Medien entgegenschlug, war eine bis dahin beispiellose

Kampagne, die mit Rufmord nur unzulänglich beschrieben ist. Böll wurde als Linksfaschist bezeichnet, der nicht besser sei als die geistigen Wegbereiter der Nazis, ein Propagandist des Totalitarismus, der sich in seiner Funktion als PEN-Präsident weigere, für bedrängte russische Literaten einzutreten. Kübel von Dreck wurden über Böll ausgeleert, und nur wenige stellten sich auf seine Seite. Die Erfahrungen mit dieser Auseinandersetzung verarbeitet Böll dann später in der Erzählung »Die verlorene Ehre der Katharina Blum oder: Wie Gewalt entstehen und wohin sie führen kann«. Für Günter Wallraff war die Affäre Böll ein wichtiger Anstoß für seine spätere Rolle als Hans Esser bei »Bild«.

Aufklärung für die breite Masse

Die Idee kam von Klaus Rainer Röhl. In seinem Buch »Fünf Finger sind keine Faust«, das er verfasste, nachdem er 1974 bei »Konkret« ausgebootet worden war, beschrieb er seine Vorstellung vom massenwirksamen linken Journalismus wie folgt: »Mir schien jede journalistische Agitation taktisch besser bei dem Hermelinmantel des letzten Krupp-Erben angesetzt als, wie bisher im linken Journalismus, nur bei den Häusermieten der Krupp-Arbeiter. Ich konzipierte den Plan, an dem Illustrierteninteresse der kleinen Leute, am Oberschichtenklatsch, Aufklärung über die eigene Lage und Lebensbedingungen anzuknüpfen.«

Umsetzen sollten den Plan zwei Leute, die sich durch ihre bisherige Arbeit schon bestens dazu qualifiziert hatten. Bernt Engelmann, der sich für den »Spiegel« und den NDR bereits ausgiebig mit dem Reichtum in der Republik befasst hatte und als Autor im bürgerlichen Schneekluth Verlag unverdächtig war, sollte die wichtigsten deutschen Großkapitalisten porträtieren. Günter Wallraff, der Spezialist für die Schattenseiten der Gesellschaft, sollte dann gleichzeitig in bewährter Manier unten, also dort, wo der Reichtum geschaffen wurde, dem Leser aufzeigen, was die Arbeiter alles ertragen mussten, damit beispielsweise der Krupp-Erbe von Bohlen und Halbach tausend Mark Taschengeld am Tag ausgeben konnte. Außer in den Krupp-Werken und dem Thurn-und-Taxis-

Kloster recherchierte Wallraff in den Werkshallen der Waschmitteldynastie Henkel, bei Melitta und dem Autozulieferer Fichtel & Sachs, dessen Gewinne Gunter Sachs, in der Regenbogenpresse als einziger deutscher Playboy gefeiert, besonders öffentlichkeitswirksam verpulverte.

Von 1969 bis 1972 erschienen in unregelmäßigen Abständen die Früchte dieser so genannten Zangenreportagen. Gehörten sie schon bei »Konkret« zu den Highlights, so erfüllte sich die Röhl'sche Hoffnung nach echter Massenwirksamkeit doch erst wirklich, als die Reportagen dann 1973 in erweiterter Form als Buch erschienen. »Ihr da oben – wir da unten« wurde Wallraffs erster Massenerfolg und katapultierte ihn auf einen Schlag in die deutschen Bestsellerlisten. War Wallraff bis 1973 ein innerhalb der Linken bekannter und geschätzter Autor, Star beim »Werkkreis Arbeiterliteratur« und den rebellierenden Studenten, so wurde er mit »Ihr da oben – wir da unten« zu dem, was er bis heute ist: der einzige Autor der Bundesrepublik, dem es mit einer neuartigen Dokumentarliteratur gelang, zu einem Markenzeichen zu werden, das fast jeder kennt.

Entscheidenden Anteil am Erfolg des Buches hatte eine Geschichte, die ursprünglich gar nicht mehr für die »Konkret«-Serie konzipiert war, sondern sich erst im letzten Moment, als das Manuskript schon im Druck war, ergab: die geniale Posse Wallraffs als Bote im Kölner Versicherungskonzern Gerling. Ein Jugendvertreter aus dem Gerling-Konzern, Frank Reglin, dem in dem durch und durch gewerkschaftsfeindlichen Konzern, der von dem Firmeninhaber Hans Gerling in selbstherrlicher, autokratischer Manier geführt wurde, nur Steine in den Weg gelegt wurden, fasste sich eines Tages ein Herz und wandte sich an den in Köln lebenden Günter Wallraff. Er wusste von Wallraff, dass der sich schon einige Firmen öffentlichkeitswirksam vorgenommen hatte, und hoffte, ihn für eine Gerling-Recherche zu gewinnen. Die Mission wäre fast gescheitert, denn als Frank an der Tür anklopfte, war Wallraff nicht zu Hause. Doch Birgit Wallraff nahm sich des Gerling-Jugendvertreters an und versprach, ihren Mann zu einem Treffen zu bewegen. Wenig später saßen Frank Reglin und Günter Wallraff dann an einem Tisch.

Frank ist zu diesem Zeitpunkt alles andere als ein linker Aufrührer. Er hat bei der Allianz-Versicherung eine Lehre gemacht – ein moderner Konzern, der mit der Gewerkschaft so umgeht, wie es nach dem Betriebsverfassungsgesetz geregelt ist. Nachdem Frank bei Gerling begonnen hat, merkt er schnell, dass er in einem quasi feudalen Konzern arbeitet. Gerling ist nahezu gewerkschaftsfrei. Frank versucht dann, den Jugendbereich gewerkschaftlich zu organisieren, merkt aber bald, dass er nicht weiterkommt. Weiterbildungsmaßnahmen, auch alle anderen Formen der Zusammenarbeit mit der zuständigen Gewerkschaft für Handel, Banken und Versicherungen (HBV), heute ein Teil von Verdi, wurden von seinen Vorgesetzten bei Gerling hintertrieben. Um diesen Zustand öffentlich anzuprangern, wendet er sich hilfesuchend an Wallraff. Der verspricht zunächst nichts und nimmt auch in der Folgezeit keinen direkten Kontakt mehr zu Frank auf.

Stattdessen bereitet sich Wallraff auf einen Einsatz bei Gerling vor. Er entwirft einen Lebenslauf, von dem er annimmt, dass er in der Personalabteilung des Konzerns auf Wohlwollen stößt. Er leiht sich bei einem Freund den Ausweis aus, verändert sein Aussehen dem Foto entsprechend und schafft es, als Portier und Bote angestellt zu werden. Als Bote hat er den Vorteil, alle Abteilungen, ohne Aufsehen zu erregen, betreten zu können. Die Portiersloge ist so etwas wie eine Info-Börse des Konzerns und deshalb ein guter Platz für Beobachtungen. Wallraff kommt mit vielen Gerling-Angestellten in Kontakt und erfährt so etliches über Ausbeutung und soziale Ignoranz hinter den Fassaden des Versicherungskonzerns. An einem Sonntag, als fast niemand im Haus ist, schmuggelt er dann ein schwedisches Fernsehteam – Gerling ist ehrenamtlicher Generalkonsul von Schweden – in das Allerheiligste des Konzernchefs und lässt sich auf dessen Schreibtisch sitzend mit einem Globus in der Hand filmen, eine Szene, die an Charlie Chaplins Auftritt in dem Anti-Hitler-Film »Der große Diktator« erinnert. Der Film über den Gerling-Konzern wird später im schwedischen Fernsehen gezeigt und sorgt dafür, dass Gerlings Reputation als großer Unternehmer ins Wanken gerät und er sein Amt als Generalkonsul aufgeben muss.

Die ganze Welt in einer Hand: Portier Wallraff auf dem Schreibtisch
des Firmenchefs Gerling mit dem Firmensymbol, einem von einem »G«
umschlungenen, vergoldeten Globus

Sein Bravourstück liefert Wallraff bei Gerling aber eher spontan
nach einem Gespräch mit einem guten Freund ab, der über
Wallraffs Einsatz bei Gerling Bescheid wusste. »Ich war damals zwei
Monate in dem Konzern und wollte mir, bevor ich aufhörte, noch
einen starken Abgang verschaffen. Im Gespräch kam dann die Idee
mit dem Mittagessen zustande.«

Bei Gerling gab es einen absurden, nach Hierarchie gestaffelten
Mittagstisch. »Die einfachen Angestellten aßen dicht gedrängt in
einer Kantine, in der fast die gesamte Mittagspause dafür drauf-
ging, in der Schlange zu stehen. Draußen essen durfte man aber
nicht, das wurde nicht gern gesehen und musste extra beantragt
werden. Für die mittlere Führungsebene gab es zwei weitere Speise-
säle, den Direktoren schließlich war das Casino vorbehalten.
Gerling persönlich wurde von einem Butler allein in seinem Büro
bedient, wenn er denn im Haus war, was selten vorkam. Das Essen
war für die meisten Angestellten deshalb ein ständiges Ärgernis.«
Um das zu demonstrieren, marschierte Wallraff in seiner Boten-
uniform ins Direktoren-Casino, setzte sich an einen Tisch, sagte

»Mahlzeit« und wartete auf die Bedienung. Er löste damit einen Tumult aus, der seine sofortige Entlassung zur Folge hatte und zu der Schlagzeile im Kölner »Express« führte: »Traum des Botenjungen: Einmal mit den Chefs speisen! Jetzt ist er vom Dienst suspendiert«. Der Artikel wurde zu einem Lacher in der ganzen Stadt, vor allem aber im Gerling-Konzern.

Der Unternehmerpatriarch Gerling geriet in Panik. Um rechtlich gegen eine Veröffentlichung der Erfahrungen – möglichst noch vor ihrem Erscheinen – vorgehen zu können, nahm sein Pressechef Dieter Rolfes zu verschiedenen Journalisten Kontakt auf, die versuchen sollten, durch fingierte Interview-Anfragen herauszubekommen, was Wallraff genau vorhatte. Der Zufall wollte es, dass Rolfes privat den Künstler Horst Ehlers kannte, der wiederum über Dritte einen Kontakt zu Wallraff herstellen konnte. Rolfes bot Ehlers, der in finanziellen Schwierigkeiten steckte, 100.000–150.000 Mark an, falls dieser das Manuskript der Gerling-Reportage beschaffen könnte. Ehlers ließ sich bei Wallraff einführen, bekam aber kalte Füße und offenbarte Wallraff, dass er von Gerling geschickt sei, um das Manuskript zu entwenden. Beide kamen überein, dass Ehlers das Spiel zum Schein weiterspielen, das Geld dann für einen guten Zweck zur Verfügung stellen und später Gerling hochgehen lassen sollte.

Doch Rolfes war klug genug, Ehlers nicht einfach das Geld auszuhändigen. Er ließ ihn, nachdem er das (wohlgemerkt falsche) Manuskript bekommen hatte, auf Gran Canaria in einem Hotel in Las Palmas verschwinden. Rolfes versprach, für Ehlers auf den Kanaren eine neue Existenz als Künstler aufzubauen. Weil Wallraff plötzlich von Ehlers nichts mehr hörte, befürchtete er, Ehlers könnte nun wiederum ihn betrogen haben und von Gerling erneut umgedreht worden sein. Da kam ihm ein Zufall zu Hilfe. Wallraff kannte von einer gemeinsamen Russlandreise deutscher Autoren den Kinderbuchautor James Krüss (»Timm Thaler«), der auf Gran Canaria lebte und den Ehlers dort kennenlernte. Ehlers, der mittlerweile zu Recht das Gefühl hatte, Gerling habe ihn ausgetrickst, sprach mit Krüss über seine Misere, und der riet ihm dringend, sich bei Wallraff zu melden. Ehlers willigte dann ein, seine Geschichte dem ARD-Magazin »Monitor« zu erzählen. Die drehten noch auf den Kanaren die Beichte von Hans Ehlers und landeten damit einen Coup. Gerling hatte sich endgültig desavouiert und trug unfreiwillig erheblich zur Publicity für das kurz zuvor erschienene Buch bei.

Gerling rächt sich, indem er Kurt Ziesel, Herausgeber des rechtslastigen »Deutschland-Magazins« und, wie Gerling, guter Freund von Franz Josef Strauß, dazu bringt, gegen Wallraff wegen Hausfriedensbruch und Ausweispapiermissbrauch zu klagen. Nachdem Wallraff in erster Instanz verurteilt wird, kommt es zu der Berufungsverhandlung vor dem Kölner Landgericht, bei der auch Heinrich Böll als Gutachter auftritt. Wallraff wird zwar freigesprochen, doch es ist ein Freispruch zweiter Klasse. Das Gericht hält Wallraff zugute, er habe geglaubt, nicht rechtswidrig zu handeln, obwohl es tatsächlich doch rechtswidrig gewesen sei. Wegen dieses »Verbotsirrtums«, »in blindem Drang irrend gehandelt«, wie das Gericht formulierte, wurde er freigesprochen. Allerdings mit dem ausdrücklichen Hinweis, er könne sich in Zukunft nicht mehr darauf berufen, dass es wegen eines höheren öffentlichen Interesses doch legitim sei, mit falschen Papieren einen Job in einem Unternehmen anzutreten. Das ist ein Dämpfer für Wallraff, der zunächst auch Folgen für seine Arbeit hat. Erst Jahre später, nach etlichen Prozessen Wallraffs gegen Springer, wertet der Bundesgerichtshof Wallraffs Arbeit noch einmal neu und gibt ihm in wesentlichen Punkten recht.

Zu dieser Teilniederlage vor Gericht kommt noch eine andere Debatte auf Günter Wallraff zu, die später zu einem seiner größten Probleme werden sollte. Kritiker jenseits der Unternehmen, Leute, die Wallraff politisch durchaus nahestehen, werfen ihm erstmals vor, er inszeniere mehr seine eigene Person, als dass es ihm wirklich um Aufklärung gehe. Wallraff ist mit seinen Recherchemethoden längst selbst zu einer Person des öffentlichen Lebens geworden. Man will wissen, was er macht, und wirft ihm andererseits vor, er schüre doch nur das Interesse an seiner eigenen Person. In der »FAZ« schrieb Volker Hage, Wallraffs Texte hätten etwas von »Abenteuergeschichten, in denen er selbst immer der Held ist, der für seine Leser die Welt durchstreift«. Wallraff selbst ist dieses Problem durchaus bewusst. Auf die Frage einer Journalistin, ob er nicht befürchte, dass die Leute mehr über seinen Coup erstaunt seien könnten als über die Geschichten, die er dadurch mitteilen wolle, sagte er: »Die Gefahr ist da.«

Das Ende der Patriarchen

Aber diese Kritik bleibt eine Randerscheinung, weil die Methode Wallraff und seine angebliche Personality-Show außer dem Verkaufserfolg für das Buch auch viele konkrete Veränderungen bewirkten. Gerling musste sich der Gewerkschaft öffnen, das Gewerbeaufsichtsamt schaute sich die Arbeitsbedingungen im Gerling-Konzern genauer an und ordnete etliche Veränderungen an, die die Arbeit für viele Beschäftigte erträglicher machten. Das waren sozusagen die unmittelbaren, messbaren Erfolge.

Als damals größter deutscher Industrieversicherer blieben die Konzerne Gerling zwar treu, im Privatkundengeschäft schadete die Veröffentlichung dem Image des Konzerns aber erheblich. Dass Gerling dann ein Jahr später fast am Ende war, hatte allerdings andere Gründe. Aufgrund erheblicher Fehlspekulationen am Devisenmarkt legte die Herstatt-Bank die größte Bankenpleite der westdeutschen Nachkriegsgeschichte hin. Diese Bank gehörte zu achtzig Prozent Hans Gerling. Wallraff witzelte damals, wenn er als Bote doch bloß die »Vertraulich« gestempelte Post gelesen hätte, hätte er vielleicht viele Leute vorwarnen können. Die Pleite kostete etliche Sparer zumindest einen Teil ihres Geldes.

Die Bankenpleite bedeutete für den Konzern einen Verlust von fast einer Milliarde Mark, den Gerling nur durch erhebliche Verkäufe bereinigen konnte. Er verlor die Mehrheit an seinem Unternehmen, wurde aber letztlich von seinen Freunden der Deutschland AG gerettet, die verhindern wollten, dass die Anteile am Gerling-Konzern ins Ausland gingen. Die Deutsche Bank, Mercedes-Benz und Friedrich Karl Flick sprangen in die Bresche, übernahmen Anteile und halfen Gerling aus der Patsche. Anlässlich des Todes des Patriarchen 1991 rühmte Hilmar Kopper, damals Vorstandschef der Deutschen Bank, später dann deren Aufsichtsrat, Gerling als großen »Networker«. »Er betrieb Networking auf höchster Ebene mit distinguiertem Stil. Und wie wir wissen, hat dieses Netz während des Herstatt-Zusammenbruchs gehalten und auch danach.«

Dank dieser Kontakte gelang es Gerling Mitte der 80er Jahre, die Kontrolle über seinen Konzern zurückzuerobern und wieder alleiniger Eigentümer zu werden. Doch über den Erfolg konnte er nicht mehr froh werden, weil die Tradition des Familienunternehmens nun aus einem anderen Grund zu Ende ging. Sein einziger Sohn und Alleinerbe, Rolf Gerling, mochte nicht in die Fußstapfen seines Vaters treten. Nach seinem Abitur machte er ein Praktikum bei einer Hamburger Bank und ging dann zum Betriebswirtschaftsstudium nach Zürich. Doch statt anschließend nach Köln zurückzukehren, zog es Rolf Gerling vor, in Zürich zu bleiben und im C. G. Jung Institut Tiefenpsychologie zu studieren. In einem Interview mit der »Berliner Zeitung« 1996 bestritt Rolf Gerling zwar, dass er damals vor seinem autoritären Vater geflohen sei, erzählte aber, dass sein Studium auch ein langer Weg zu ihm selbst gewesen sei.

Das Ergebnis dieses Prozesses war, dass Rolf Gerling die Geschäftsführung des Konzerns nach dem Tod seines Vaters anderen überließ, selbst lediglich den Posten des Aufsichtsratsvorsitzenden übernahm und stattdessen eine »Akademie für Risikoforschung« in Zürich gründete.

Das hatte zwar auch mit der Versicherungswirtschaft zu tun, weil es für einen Versicherungskonzern wichtig ist zu wissen, welche Umweltrisiken auf einen Konzern, der bei ihm Kunde ist, zukommen können, aber seine Arbeit ging über diesen engen Aspekt hinaus. Rolf Gerling wurde ein »Grüner Unternehmer«, der sich früh für effektiven Klimaschutz engagiert und heute mit der Bereitstellung von »Risikokapital« Forschern und Jungunternehmern Mittel bereitstellt, damit diese nach Wegen aus der Energiekrise und nach Zukunftstechnologien suchen können. Wallraff wäre einmal fast in die Verlegenheit gekommen, als Laudator Rolf Gerling einen Öko-Preis zu verleihen, war dann aber zu seinem großen Bedauern aus Termingründen verhindert.

Seinen Konzern hat Rolf Gerling im November 2005 endgültig an den Talanx-Versicherungskonzern verkauft, aus dem Aufsichtsrat hatte er sich bereits 2002 zurückgezogen. Die »Welt« schrieb dazu, es sei ein leiser Abschied gewesen, den die Mitarbeiter in der imposanten Zentrale in der Kölner Innenstadt kaum bemerkt haben dürften. »Sie bekamen Gerling sowieso kaum zu Gesicht. Sichtbarstes Zeichen seines Wirkens im Versicherungskonzern sind das Müsli-Essen in der Kantine und die Angestellten-Fahrräder auf dem Hof des Firmensitzes.«

Wie in anderen großen Konzernen im Nachkriegsdeutschland ging damit auch bei Gerling die Ära der Familienpatriarchen zu Ende. Die Firmen der Grundigs, Flicks, Gerlings sind in anonymen Aktiengesellschaften aufgegangen, die als Gegner weniger Angriffsfläche bieten und meist weltweit agieren. So ist Talanx ein Versicherungsverein auf Gegenseitigkeit, der verschiedenen Industrieclubs gehört. Statt der despotischen Launen eines Firmenpatriarchen regiert jetzt die reine betriebswirtschaftliche Effizienz, der als Erstes der pompöse Firmensitz zum Opfer fiel, weil er nicht mehr den modernen Ansprüchen an Büroraum genügte. Darüber hinaus mussten Hunderte Angestellte das Unternehmen verlassen. »Den Kölnern«, erklärte die FAZ, »gilt allein der Umzug nach Hannover als Symbol für den Untergang einer ruhmreichen Adresse der deutschen Wirtschaft.« So wie das Ruhrgebiet im Zuge des Strukturwandels zu einem Industriemuseum wurde, ist auch das »Networking« unter den deutschen Kapitalisten am Ende.

»Ihr da oben – wir da unten« erwies sich dagegen als beständiger. Zuletzt 2002 neu aufgelegt, ist es mittlerweile mehrere Hunderttausend Mal verkauft worden und längst ein Klassiker. Röhls Kalkül über massenwirksamen linken Journalismus, der aufklärt, indem er auch an den Lesebedürfnissen desjenigen Publikums anknüpft, welches sich für den Hermelinmantel des letzten Krupp-Erben interessiert, ist aufgegangen. Verantwortlich für die bleibende Wirkung des Buches ist aber etwas anderes. Wie Michael Töteberg in seinem Buch »Günter Wallraff« in der Edition Autorenbücher schon 1979 feststellte, ist Wallraffs Stärke nicht die politische Analyse, die mit den sich wandelnden Verhältnissen ja auch obsolet geworden wäre, sondern »das Sichtbarmachen von praktizierter Menschenverachtung«. »Zu Recht«, schreibt Töteberg, »hat man Wallraff einen Moralisten genannt.«

Die Jahre der Revolution
Internationale Solidarität

Es ist eines der bekanntesten Symbole einer europäischen Revolution: die rote Nelke in den Gewehrläufen der Soldaten. Sie steht für einen friedlichen, unblutigen Umsturz, obgleich es die »Bewegung der Streitkräfte« war, die im April 1974 die über 50 Jahre andauernde faschistische Diktatur beendete und die »Nelkenrevolution« in Portugal auslöste. Ging es zunächst vor allem darum, einen für Portugal immer verlustreicheren Kolonialkrieg in Afrika zu beenden und die Diktatur durch eine vom Militär kontrollierte Übergangsregierung zu ersetzen, so führte die durch die Absetzung des Diktators freigesetzte soziale Dynamik schon bald zu einer großen Volksbewegung. Binnen kurzem waren Sozialisten und Kommunisten die stärksten politischen Kräfte in den neu geschaffenen Institutionen. Eine groß angelegte Agrarreform sorgte dafür, dass nach Jahrhunderten faktischer Leibeigenschaft die armen Landarbeiter im Süden des Landes erstmals über das Land, das sie bearbeiteten, verfügen konnten. Nach den roten Nelken in den Gewehrläufen waren es die Landkooperativen im armen Alentejo, die das Bild der Revolution in Portugal prägten.

Doch so unblutig die portugiesische Revolution begann, schon bald formierten sich die zunächst überrumpelten Kräfte der herrschenden Schicht und versuchten, gewaltsam die alten Machtverhältnisse wiederherzustellen. Ihre Basis hatten diese Kräfte im Norden des Landes, wo rechtsradikale Parteien, ehemalige faschistische Militärs und besonders reaktionäre Kreise der katholischen Kirche eine unheilige Allianz bildeten. In diesem Milieu hatten sich mehrere rechtsterroristische Organisationen gebildet, eine davon war die MDLP, die so genannte »Demokratische Befreiungsbewegung Portugals«, die sich durch Bombenanschläge auf sozialdemokratische und linke Parteibüros hervortat, aber auch vor Morden an demokratischen Politikern nicht zurückschreckte. Chef dieser Bewegung war Exgeneral António de Spínola, ursprünglich erster

Präsident der »Bewegung der Streitkräfte«, der aber schon nach wenigen Monaten aus der demokratischen Bewegung ausscherte und später wegen Unterstützung zweier fehlgeschlagener Rechtsputsche des Landes verwiesen wurde.

Als Günter Wallraff Anfang 1976 nach Portugal kam, befand sich General Spínola in geheimer Mission in der Schweiz und war von dort aus damit beschäftigt, Geld und außenpolitische Protektion für einen dritten Putsch zu organisieren. Einer seiner wichtigsten Unterstützer in Deutschland war, wie Wallraff später beweisen konnte, der damalige CSU-Chef und kommende Kanzlerkandidat der Union, Franz Josef Strauß. Während die SPD vor allem Mário Soares, einen antikommunistischen Sozialdemokraten, unterstützte, neigte die CSU zu den reaktionären Kreisen. Wallraff war bereits 1975 als Journalist nach Portugal gefahren, um, wie er später in »Konkret« schrieb, vor Ort Informationen darüber zu sammeln, wer die Veränderungen bremsen wollte und wer für Selbstbestimmung und demokratischen Sozialismus eintrat. Nach seiner Reise war er von dem Land begeistert und veröffentlichte in »Konkret« als Fazit: »Wenn die Entwicklung in Portugal vom Ausland nicht behindert wird, könnte es sein, dass dort ein Sozialismus im demokratischen Sinne, nicht bürokratisch, nicht parolenhaft, sondern im Sinne der Bevölkerung aufgebaut wird.« Wieder zu Hause, beteiligte sich Wallraff an den Portugal-Unterstützungskomitees, die vor allem Geld für die neuen Landkooperativen im Süden sammelten.

Im Auftrag der Komitees fuhr Wallraff dann gemeinsam mit der Autorin Hella Schlumberger, einer Romanistin und Portugal-Expertin, mit der er auch privat eng verbunden war, wieder nach Portugal, um 76.000 Mark, die sie gesammelt hatten, einer Landkooperative im Alentejo zu überbringen. Der größte Teil des Geldes wurde für den Kauf eines Traktors und für Saatgut verwendet, mit dem die Kooperative das Land das erste Mal in größerem Stil bewirtschaften konnte. Obwohl Wallraff anschließend vom einfachen, aber klaren, sinnvollen Leben auf dem Lande schwärmte, vermutet Hella Schlumberger, dass er sich in Wirklichkeit doch bald gelangweilt habe. Die beiden brachen eher als ursprünglich geplant, nach einem guten Monat, von ihrer Landkooperative »União faz a força« in Richtung Norden auf, um sich die Situation dort anzuschauen. Doch Wallraff wäre nicht Wallraff, wenn er es bei bloßem Augenschein belassen hätte. Schnell entwickelte sich die Idee, mit rechtsradikalen Kreisen Kontakt aufzunehmen – als angebliche Sympathisanten aus Deutschland. Hella Schlumberger und Günter Wallraff veränderten ihr Outfit, Wallraff band sich sogar einen Schlips um, obgleich er bis heute Krawatten hasst, und fuhren in einen Ort, an dem es kurz zuvor einen Bombenanschlag auf das Büro der Sozialistischen Partei gegeben hatte.

»Aber wie kommt man mit Bombenlegern in Kontakt? Uns half ein deutscher Schäferhund. Es war ein Wahnsinnszufall. Ohne einen deutschen Schäferhund wäre das Ganze nicht zustande gekommen. Hella, die im Gegensatz zu mir gut mit Hunden konnte, kam bald mit dem Herrchen des Tieres ins Gespräch. Der fragte uns, was wir hier machen, und ich sagte, wir suchen Kontakt zu den mutigen Leuten, die hier für Recht und Ordnung sorgen.« Damit begann eine der riskantesten Maskeraden Wallraffs, in deren Verlauf immer wieder blitzartig improvisiert werden musste und die mit der spektakulären Aufdeckung eines geplanten Rechtsputsches endete. Notgedrungen immer dabei war Hella Schlumberger, der mehrmals angst und bange wurde und die zeitweilig gerne ausgestiegen wäre, sich von Wallraff aber dann doch zum Weitermachen überreden ließ.

»Wir kamen in der Kneipe zufällig mit einem wichtigen Mann der MDLP in Kontakt, der an den Bombenattentaten beteiligt war. Der brachte uns dann mit der nächsthöheren Ebene der Organisation in Verbindung, sodass wir zuletzt auch hochrangige Militärs trafen, die einen rechten Putsch vorbereiteten.«

Als Legende gaben die beiden an, sie seien Abgesandte einer deutschen Organisation, die die portugiesische Rechte unterstützen wollte. Auf die Frage, wer sie geschickt habe, sagte Wallraff spontan: »Es gibt bei uns nur einen Politiker, der so etwas betreiben, finanzieren und logistisch absichern kann. Aber bevor wir uns festlegen, müssen wir euren Chef treffen.« Doch der Chef, ein mysteriöser General Walter, war nicht im Lande. Wallraff beharrte dennoch auf einem Treffen mit dem Chef, bevor man über konkrete Unterstützungsmaßnahmen entscheiden könne. Als Kontaktnummer hinterließen sie die Privatnummer von Hella Schlumberger in München und fuhren nach Deutschland zurück.

Wie sich später herausstellte, funktionierte die Legende deshalb so prächtig, weil es zwischen Spínola und Franz Josef Strauß tatsächlich Kontakte gab, die Wallraff zwar vermutete, von denen er aber nichts Genaues wusste. Der Verweis auf Strauß war anfangs ein reiner Bluff, der leicht hätte auffliegen können, wenn die Portugiesen sich bei ihren Münchner Gewährsmännern nach dem Paar erkundigt hätten. Um an die Hintermänner der MDLP heranzukommen, bluffte Wallraff noch weit dreister: Er behauptete, sie seien in der Lage, Waffen aus Nato-Arsenalen zu liefern, wenn die potenziellen Putschisten ihnen ihre genaue Planung offenlegten und über ihre bisherigen Taten, quasi als Ausweis ihrer terroristischen Potenz, genauere Angaben machen würden.

Wieder zurück in Deutschland, überlegten die beiden, ob sie ihre Erlebnisse in Portugal veröffentlichen sollten oder es doch besser abzuwarten sei, ob die MDLP sich noch einmal bei ihnen melden würde. Schneller als erwartet klingelte dann das Telefon bei Hella Schlumberger, und ein Kontaktmann kündigte an, dass der »Präsident« bereits in zwei Tagen nach Düsseldorf kommen wolle, um dort alle noch offenen Fragen zu klären. »Er kommt extra euretwegen und will die Sache perfekt machen. Ihr müsst nun euren Präsidenten und eure Experten dazuholen.« »Jetzt«, erzählt Wallraff, »war allergrößte Improvisation gefragt.« »In knapp zwei Tagen musste ich eine Organisation aus dem Boden stampfen, Experten und einen Präsidenten vorzeigen können.«

Ein außenpolitischer Experte und auch ein Bekannter, der mal bei der Bundeswehr war und sich ein wenig mit Waffen auskannte, waren relativ schnell bei der Hand. »Aber wo sollte ich unseren Präsidenten herbekommen?«

»Ich rief meinen Freund Karl-Heinz Hansen an, ein linker SPD-Bundestagsabgeordneter, der für die Präsidentenrolle prädestiniert war, weil er nicht nur gedient hatte, sondern sogar Starfighter fliegen konnte. Ich sagte: ›Karl-Heinz, wir brauchen dich, wir können vielleicht einen Rechtsputsch in Portugal verhindern.‹ Aber Karl-Heinz Hansen wollte nicht. »Das war dem unheimlich, vielleicht dachte er auch, der Günter ist durchgeknallt. Er sagte, er würde ja gerne helfen, aber morgen Abend habe er einen wichtigen Vortrag in einer Polizeischule, den er unmöglich absagen könne. In einer Polizeischule in Ruppichteroth. Das werde ich nie vergessen.« Doch nicht nur Karl-Heinz Hansen war die Geschichte unheimlich. Auch Hella Schlumberger wäre am liebsten ausgestiegen, schließlich konnte aus der gespielten Rolle als Waffenhändler schnell blutiger Ernst werden. »Die hätten nicht gezögert zu schießen, wenn sie herausbekommen hätten, wie wir sie hereinlegen wollten«, sagt Hella Schlumberger rückblickend. Doch Wallraff war überzeugt, dass sie sich eine solche Chance, vielleicht einen Putsch vereiteln zu können, nicht entgehen lassen durften. »Außerdem habe ich mir die Gefahr damals eigentlich gar nicht richtig vergegenwärtigt. Die Rolle in Portugal, das war ein Spiel. Bei allem, was du spielerisch machst, überwindest du auch Ängste, und ich spiele für mein Leben gern. Der Spaß hörte natürlich irgendwann auf, als wir merkten, dass wir es mit potenziellen Killern zu tun hatten. Da wurde es unheimlich, aber da waren wir schon so weit vorgedrungen, dass ich dann nicht aussteigen wollte.«

Wallraff bekam nicht nur ein Empfangskomitee zusammen, er vereinbarte auch mit dem »Stern«, dass ein Fotograf des Magazins das Treffen heimlich dokumentieren sollte, damit anschließend eine Enthüllungsgeschichte erscheinen konnte. Am 8. April 1976 erschien der »Stern« dann mit seiner großen Geschichte »Wie eine Verschwörung aufgedeckt wurde«. Auf dem Cover sieht man einen älteren Herrn mit dunkler Sonnenbrille und hochgeschlagenem Mantelkragen aus einem Mercedes aussteigen, der von Günter Wallraff und Hella Schlumberger begrüßt wird. »Als der Präsident alias General Walter ankam, hatte ich immer noch keine Ahnung, wer der Mann eigentlich ist. Erst als wir uns im Konferenzsaal gegenübersaßen, der Mann seine Sonnenbrille abnahm und stattdessen sein legendäres Monokel vor sein rechtes Auge klemmte, fiel es uns wie Schuppen von den Augen: Das war Ex-Staatspräsident General António de Spínola höchstpersönlich«, erinnert sich Wallraff.

Die Botschaft von Spínola lautete: »Es freut Sie sicher zu hören, dass wir über hunderttausend Mann verfügen, in einem gut organisierten Netz. Diese Leute sind keine Neulinge. Unser Hauptfeind ist

Ankunft von Ex-Staatspräsident und Putschist General Spínola am Düsseldorfer Flughafen zu dem konspirativen Treffen mit Günter Wallraff und Hella Schlumberger

die Kommunistische Partei, und wir sind diejenigen, die sie offensiv bekämpfen. Die Mission unserer Bewegung auf militärischem Gebiet ist die Annullierung der ›Internationalen Brigaden.‹« »Physisch?«, fragte Wallraff. »*Si, fisicamente*«, kam die Antwort. Von ihren Unterstützern in Deutschland wollten sie 5000 Maschinenpistolen, Maschinengewehre, Granatwerfer, die zugehörige Munition und elf Millionen Mark, zahlbar auf ein Schweizer Konto. Und als Vertrauensbeweis übergaben sie eine Landkarte, auf der sie die Orte ihrer Sprengstoffattentate penibel eingezeichnet hatten.

Als der »Stern« bereits im Druck war, fiel einem der Redakteure auf, dass die Dokumente, die Wallraff von den Portugiesen erhalten hatte, nicht von António de Spínola sondern von einem gewissen António Ribeiro unterzeichnet waren. Kurzfristig kam Panik auf. War man seinerseits einer Finte aufgesessen, war Spínola gar nicht in die Sache involviert? Erst der Auslandschef des Magazins konnte den scheinbaren Widerspruch auflösen. Er hatte in Angola den General interviewt, als der Napalmbomben auf Aufständische werfen ließ. Dabei hatte er auf den Gips seines gebrochenen Armes ein Autogramm mit der Unterschrift »António Ribeiro« bekommen, dem Nachnamen der Mutter Spínolas, den dieser offenbar häufig verwendete. Das Echo auf die Enthüllungsgeschichte war vor allem in Portugal enorm. Der Bericht erschien in Lissabon in 30.000 Exemplaren, die Linke sah sich in ihren schlimmsten Befürchtungen bestätigt, während die Rechte bei den Wahlen Ende desselben Monats geschwächt antrat und die MDLP zerschlagen wurde. Die Schweiz musste Spínola wegen illegaler politischer Betätigung ausweisen; er flüchtete zu seinen Gesinnungsgenossen nach Brasilien und spielte danach in Portugal keine Rolle mehr. In München dementierte Strauß zunächst jeden Kontakt zu Spínola, musste aber später im Bundestag auf Vorhaltungen von Willy Brandt einräumen, durchaus Gespräche mit dieser »Person der Zeitgeschichte« geführt zu haben. Den Kontakt wollte er persönlich aber alsbald wieder abgebrochen haben, nur sein Referent habe noch mit Vertrauten Spínolas zu tun gehabt. Für Wallraff war die Affäre Spínola die erste direkte Konfrontation mit Franz Josef Strauß, den er für den mit Abstand gefährlichsten Politiker in Deutschland hielt. Strauß, davon war und ist Wallraff überzeugt, war eine Bedrohung der Demokratie und hätte jederzeit für eine autoritäre Lösung zur Verfügung gestanden.

Wie gefährlich es werden konnte, Leute wie Strauß und Spínola direkt anzugehen, musste Wallraff nur wenige Wochen nach seiner Enthüllung erfahren. Erst bekam er einen Drohbrief, in dem ihm eine »erforderliche Belohnung« angekündigt wurde, dann brannten in seinem Haus das Obergeschoss und der Dachstuhl. Große Teile seines umfangreichen Archivs wurden dabei zerstört, unter anderem ein Teil seiner Korrespondenz mit Heinrich Böll. Die Ermittlungen wegen vermuteter Brandstiftung blieben ohne Ergebnis, aber drei Tage nach dem Brand kam erneut ein anonymer Brief mit der Zeile: »Merken Sie sich, das war eine letzte Warnung.«

Während die Wallraff-Enthüllung über Spínolas Putschpläne im Ausland hohe Wellen schlug, blieb es in Deutschland vergleichsweise ruhig. Spínola, mäkelte die »Stern«-Konkurrenz, sei ein längst abgehalfterter Operettengeneral gewesen.

Eine Scherbe für das Museum der Hoffnung

»Ich befand mich bis zum Wochenende im Rahmen einer Studienreise durch Griechenland in Athen. Bei einem Stadtbummel am Freitag letzter Woche suchte ich auf dem mitten in der City gelegenen Syntagma-Platz ein Straßencafé auf, in dem ich, vor mir sitzend, den Kölner Schriftsteller Günter Wallraff zu erkennen glaubte. Plötzlich sprang dieser auf und lief auf die Mitte des Platzes, wo er an einem Laternenmast ein Schild mit roter Aufschrift befestigte. Etwas unsicher geworden, ob es nun wirklich der mir bekannte Schriftsteller war, ging ich näher heran und sah, dass er um den Hals eine Kette trug, die am Laternenmast befestigt war. Er verteilte in verschiedenen Sprachen verfasste Flugblätter, die sich gegen die Militärregierung richteten. Einige Griechen zerrissen die Blätter und versuchten, ihn am Austeilen zu hindern.

Plötzlich kamen drei Männer angerannt, wahrscheinlich Regierungsspitzel, die Wallraff zu Boden rissen, auf ihn einschlugen und ihn traten. Durch die Hilferufe Wallraffs aufmerksam geworden, erschienen noch mehr Leute, unter anderem ein Verkehrspolizist, der sich das Ganze anschaute, ohne einzuschreiten. Nach einiger Zeit fuhr eine Polizeistreife vor, die aber auch nichts tat. Ein Polizist nahm zwei Schaulustigen, die fotografiert hatten, die Kamera weg beziehungsweise den Film ab. Das ganze Spektakel dauerte vielleicht fünfzehn Minuten und wurde durch die Festnahme des stark blutenden Wallraff beendet, was den Polizisten wegen der schweren Kette wahrscheinlich einige Mühe bereitet hat.«

Diese Schilderung stammt von Ralf Rizzi, der sein Erlebnis in einem Leserbrief an den »Kölner Stadt-Anzeiger« schilderte. Rizzi, Mitglied der Jungen Union in Köln und bis dahin vermutlich kein aktiver Kritiker des griechischen Obristenregimes, das Griechenland von 1967 bis zum Herbst 1974 diktatorisch regierte, schrieb weiter:

»Man kann sich gar nicht vorstellen, wie bedrückend es ist, in einem Land zu sein, dessen faschistische Regierung die intellektuelle Freiheit eines jeden Menschen mit solchen grausamen Mitteln zu unterbinden sucht. Ich werde dieses Land jedenfalls nicht mehr betreten.«

Die Schilderung macht deutlich, was Günter Wallraff mit seiner Griechenland Solidaritätsaktion am 10. Mai 1974 in Athen erreichen wollte: Die deutsche und europäische Öffentlichkeit insgesamt sollte daran erinnert werden, dass Griechenland seit sieben Jahren von einem Militärregime terrorisiert wurde, das die Friedhofsruhe im Land aufrechterhielt, indem es seine politischen Gegner und Kritiker zu Tausenden in Lager und Gefängnisse steckte und durch Folter und Mord zum Schweigen brachte.

Griechenland war Wallraffs erste Aktion als linker Internationalist fern von deutschen Werkbänken. Bereits 1971 hatte er sich an der Gründung eines überregionalen, überparteilichen Griechenland-Solidaritätskomitees beteiligt und sich in den folgenden Jahren immer wieder bei öffentlichen Aktionen in Deutschland engagiert. Der Zeitpunkt für die Aktion auf dem Syntagma-Platz war denn auch nicht zufällig, sondern entstand aus Überlegungen im Griechenland-Komitee, wie man auf eine besonders brutale Verschärfung der Situation in Athen im November 1973 reagieren könne.

Ausgehend von den Studenten des Polytechnikums in Athen, die mit einem Streik an der Universität den Initialfunken für einen sich schnell entwickelten Massenprotest gegen die Junta lieferten, waren bald hunderttausend Demonstranten in den Straßen Athens und lieferten sich dort Straßenschlachten mit der Polizei. Als sich abzeichnete, dass die Leute sich dieses Mal, anders als in den Jahren zuvor, nicht mehr einschüchtern ließen, gab Armeechef Papadopoulos den Befehl, Panzer in der Stadt auffahren zu lassen und scharf zu schießen. Nach Angaben aus dem griechischen Widerstand wurden 200 Menschen getötet und mehr als 2000 verhaftet.

Dieses Massaker und die zurückhaltenden internationalen Reaktionen auf die Verbrechen der Militärdiktatur waren es, die das Griechenland-Komitee veranlassten, eine Delegation, zu der auch Günter Wallraff gehörte, nach Athen zu schicken, um politische Gefangene zu besuchen oder zumindest Informationen über ihren Zustand zu bekommen. Weil ihnen das verwehrt wurde, entschloss sich Wallraff dann zu seiner Aktion auf dem Syntagma-Platz. »Ich hatte vorher auch andere Prominente gefragt, ob sie sich an der Aktion beteiligen würden, aber letztlich wollte doch niemand mitmachen.« Bis heute, mehr als 30 Jahre danach, ist für ihn seine damalige Griechenland-Aktion »vielleicht das Wichtigste, was ich je gemacht habe«. Mit Sicherheit war es das Gefährlichste.

Denn anders, als einige Kommentatoren zu Hause ihre Leser glauben machen wollten, war es durchaus nicht so, dass man Wallraff sowieso nur ins nächste Flugzeug setzen und abschieben würde. Ganz im Gegenteil: Er hatte zuvor alle Indizien, die ihn als Ausländer hätten kenntlich machen können, entfernt – sogar die Markennamen aus seinen Hosen und Hemd – und wurde deshalb zunächst, genau wie er es wollte, für einen griechischen Dissidenten gehalten. Und genauso wurde er behandelt. Die Polizei schlug ihn brutal zusammen. Er wurde abgeführt und landete ohne Chance auf einen Anwalt sofort im Hauptquartier der Sicherheitspolizei, wo ihn zwei Folterspezialisten der Militärpolizei ESA in Empfang nahmen.

Wallraff war sich durchaus im Klaren darüber, was ihn erwarten würde. »Ich hatte panische Angst, bevor es losging. Ich erwartete natürlich schwere Misshandlungen, Folter und rechnete mit zwei oder drei Jahren Gefängnis. Wegen der erwarteten Misshandlungen hatte ich damals starke Schmerzmittel und ein Beruhigungsmittel eingenommen, trotzdem raste mein Puls, als ich die Flugblätter verteilte«, erzählte er später. »Polizei und Gendarmerie gingen sofort brutal auf mich los. Ich wurde mit Stahlruten geschlagen, mein Kopf immer wieder vor die Bordsteinkante geschleudert«, schildert er selbst anschließend die Umstände seiner Festnahme. Wallraff hatte einen befreundeten Fotografen am Rande des Syntagma-Platzes postiert, der die Ereignisse mit verdeckter Kamera dokumentierte. Ein Foto aus dem Film, auf dem Wallraff am Boden liegt, von Polizei umringt, die teilweise immer noch auf ihn einschlägt, hat Klaus Staeck später anlässlich einer Kunstausstellung im Rheinland zu einem Plakat mit der Aufschrift »Die Kunst der 70er Jahre findet nicht im Saale statt« verarbeitet.

Wallraff beschreibt eindringlich die schweren Misshandlungen, denen er durch die Folterspezialisten der Militärpolizei ausge-

Die Kunst der 70er Jahre findet nicht im Saale statt

10. Mai 1974, 14.25 Uhr Athen Platz der Verfassung Geheimpolizisten haben den Kölner Schriftsteller und Journalisten Günther Wallraff während einer Flugblattaktion zu Boden geschlagen. Sein Gesicht ist völlig zugeschwollen. Er blutet aus einer klaffenden Wunde am Hinterkopf.

setzt war, solange diese noch davon ausgingen, tatsächlich einen Griechen vor sich zu haben. Noch heute verliert er periodisch einen Fußnagel, der ihm damals herausgerissen wurde. Dann sollte er durch psychischen Druck dazu gebracht werden, die Namen seiner vermeintlichen griechischen Hintermänner preiszugeben. In ihrer Angst vor dem wachsenden Widerstand in der Bevölkerung waren die Militärs so überzeugt davon, dass Wallraff Mitglied eines Widerstandsnetzes war, dass sie ihn nicht abschoben, sondern ihm den Prozess machten. Wallraff machte sich diese Paranoia für sein Anliegen zunutze. Statt seinen Anwalt hinter den Kulissen einen Deal mit dem Ziel einer schnellen Abschiebung aushandeln zu lassen, begriff er den Prozess als Möglichkeit, öffentlichkeitswirksam das brutale Vorgehen gegen die griechischen Demokraten anzuprangern.

Er nutzte über die Plattform, die das Regime ihm bot, und machte auch dem Gericht gegenüber keinen Hehl daraus. In seiner Verteidigungsrede sagte er: »Ich danke Ihnen vorweg, dass Sie mir als Ausländer, als Gast sozusagen, dieses Ihr Militärtribunal als eindringlich-realistische Kulisse zur Verfügung stellen. Ich hatte schon befürchtet, dass Sie mir keine Gerechtigkeit widerfahren lassen, sondern kurzen Prozess mit mir machen und mich abschieben würden.« Zu den Vorwürfen selbst sagte er:

»In Ihrer Anklageschrift werfen Sie mir vor, dass ich gegen Paragraph 1 Ihrer Militärverfassung verstoßen hätte. Darin heißt es: Es ist nicht erlaubt, Propaganda gegen die griechische Nation zu machen, Informationen zu veröffentlichen, die geeignet sind, die griechische Bevölkerung in Unruhe zu versetzen. Indem ich die Flugblätter verteilt habe, hätte ich Angst und Unruhe bei den griechischen Bürgern verbreitet mit der gleichzeitigen Absicht, staatsfeindliche Propaganda zu betreiben. Irgendwo liegt hier eine Begriffsverwirrung, ein Missverständnis vor. Hatte ich doch vor, auf meine Art einen kleinen Beitrag zur deutsch-griechischen Freundschaft zu leisten. Wenn daraus ein Anschauungsunterricht in Sachen Faschismus geworden ist, so ist das nicht meine Schuld. [...]

Ich wollte mit meiner Aktion den Aufhänger schaffen, damit wieder mehr geredet, geschrieben und daraus resultierend auch gehandelt wird gegen die Diktatur in Griechenland. Je länger Sie mich einsperren – legen Sie sich deshalb keine Zurückhaltung auf, nehmen Sie das Höchstmaß wie bei einem anonymen Griechen –, umso eher wird es zu Touristenboykottaktionen und anderen Widerstandsmaßnahmen kommen. Die Zeit arbeitet gegen Sie! Ihre Militärjunta hat außer Panzern und Gewehren nichts im Rücken, allenfalls die amerikanische CIA als Zuhälter, aber das griechische Volk geschlossen gegen sich, weil Sie außer pompösen Militäraufmärschen nichts an Ideen zu bieten haben.«

Wallraff nutzt die Gelegenheit, um die Situation der anderen Gefangenen darzustellen:

»Ich habe mit politischen Gefangenen sprechen können, die der bei Ihnen obligatorischen Folter unterworfen wurden, Elektroschocks, tagelanger Schlafentzug, halbtot geprügelt, um Geständnisse aus ihnen herauszupressen über von Ihnen erhoffte Hintermänner, Drahtzieher oder weitverzweigte Organisationen. Ihre eigene pervertierte Moral projizieren Sie in Ihre Opfer hinein. Sie können sich überhaupt nicht mehr vorstellen, dass jemand aus eigenem Antrieb, nicht ferngesteuert, ohne materielle Anreize ein Risiko auf sich nimmt, das unter Umständen mit Lebensgefahr verbunden ist. Die Militärs sind unfähig, bei ihrer Umgebung etwas anderes als ihre eigenen Gefühle und Motive zu erwarten. [...] Wie hier Urteile zustande kommen, dafür kurz folgendes Beispiel: Ein Zwanzigjähriger wird in einem fünfminütigen Schnellverfahren zu zwei Jahren Gefängnis verurteilt. Er wagt nach der Urteilsverkündung zu fragen: ›Ja, aber weshalb denn?‹ Richter: ›Vier Jahre.‹ ›Ja, aber wieso denn?‹ Richter: ›Sechs Jahre!‹ Der auf diese Weise verurteilte heißt Nico und sitzt mit mir im gleichen Gefängnis. Ich habe während meiner viertägigen Untersuchungshaft in einem dunklen Loch Studenten kennengelernt, die ohne Haftbefehl, ohne Angabe von Gründen, von der Straße oder von zu Hause einkassiert wurden und die ohne Benachrichtigung ihrer Angehörigen oder eines Anwalts auf ihre Verschleppung in Militärstraflager warten. Man hat den Eindruck, dass selbst der letzte Schimmer von Legalität inzwischen fallen gelassen wird, um durch derartige Terroraktionen Einschüchterung und Angst zu verbreiten, um jeden Widerstand schon im Keim zu ersticken.«

Abschließend sagt Wallraff: »Ich wusste, was mich erwartet. Zu welcher Strafe Sie mich auch verurteilen oder was Sie sonst noch mit mir anstellen mögen, Sie kommen nicht daran vorbei, dass Sie heute hier – in Ihre Uniform eingezwängt – als Symbole des Faschismus vor der Weltöffentlichkeit auf der Anklagebank sitzen.« Das Gericht tat Wallraff den Gefallen und gab ihm keinen Prominentenbonus. Er wurde zu 14 Monaten Haft verurteilt.

Der Prozess fand Ende Mai 1974 statt. Nur knapp vier Monate später, im August desselben Jahres, nachdem die Junta noch einen Putsch auf Zypern angezettelt hatte, der dann durch den Einmarsch türkischer Truppen vereitelt wurde, brach die Militärdiktatur zusammen. Mit allen anderen politischen Gefangenen wurde Günter Wallraff auf den Händen begeisterter Griechen aus dem Gefängnis getragen. Günter Wallraff sah sich bestätigt. Als Motto steht über seinem »Griechenland-Bericht«: »Selbst wenn es nichts weiter war als eine Scherbe für ein Museum der Hoffnung, war es nicht umsonst.«

Der denunzierte Action-Held

Wallraff schreibt in seinem anschließenden »Griechenland-Bericht« über seine Absichten: »Es ist immer besser, etwas zu tun, als alles hinzunehmen und sich nur auf Lippenbekenntnisse zu beschränken. In diesem Sinne war die Aktion eigentlich eine Fortsetzung meiner bisherigen Arbeit, vielleicht mit etwas mehr Pathos, natürlich auch mit mehr Risiko verbunden, es war auch ein größerer Zeitabschnitt, in dem ich mich total dieser Situation aussetzen wollte. Ich habe nichts weiter gemacht, als mich als anonymer Grieche auszugeben. Als Grieche wollte ich den Faschismus in Griechenland erleben; den bei uns manchmal schon inflationär entwerteten Begriff Faschismus ins ganz Konkrete übersetzen. Denn wofür sich ein Einzelner verbürgt, was er selbst bezeugt, damit können sich viel mehr Menschen identifizieren, und der Wille zur Veränderung wird viel eher angestachelt, als wenn man nur mit einer abstrakten Faschismusanalyse aufwartet.«

Trotz dieser leicht nachvollziehbaren Begründung für seine Aktion in Griechenland sah er sich dieses Mal nicht nur mit Kritik aus dem rechten Lager konfrontiert. Der überwiegende Teil der deutschen Presse reagierte mit einer Mischung aus Ignoranz oder offener Ablehnung. Die rechte und konservative Presse mokierte sich darüber, dass Wallraff seine Aktion im befreundeten Nato-Staat Griechenland startete, statt auf dem doch viel näher liegenden Ostberliner Alexanderplatz für die Freiheit zu demonstrieren. Die FAZ kommentierte: »Kein politischer Akt. Etwas Spektakel, etwas literarische Reklame.« Auch viele Linke argwöhnten, dass die Aktion vielmehr der Publicity für Wallraff diente als der Solidarität mit den politischen Gefangenen in Griechenland. Besonders scharf ätzte sein damaliger Kölner Kollege Henryk M. Broder: In der »Frankfurter Rundschau« schrieb er: »Dieser PR-Gag eines Sensationsdarstellers hat plötzlich die Fronten verkehrt; während Wallraff vorhatte, sich mit dem griechischen Widerstand zu solidarisieren, solidarisiert sich nun der griechische Widerstand mit Wallraff. Von den Knüppeln, die auf namentlich nicht bekannte Köpfe täglich in Griechenland einschlagen, ist keine Rede, es geht nur noch um Wallraffs Platzwunden.«

Als Antwort auf seine Kritiker schrieb Wallraff nach seiner Freilassung: »Die Aktion war für Griechenland bestimmt, dort wurde sie verstanden und nutzbar gemacht. Die Symbole, die gewählt waren, gingen von griechischen Verhältnissen aus: Lichtmast, Ketten, Platz der Verfassung. Bei Aktionen in der Bundesrepublik würde ich mehr mit Ironie, mit Unterkühlung arbeiten, aber dem offenen Faschismus gegenüber waren das adäquate Mittel, und sie wurden ja auch von den Erfüllungsgehilfen des Militärregimes richtig verstanden, wie Verhaftung, Folter, Prozess und Inhaftierung zeigen sollten.«

Abgesehen davon, dass der Vorwurf, Wallraff hätte mit seiner Aktion mehr Aufmerksamkeit auf sich als auf die politischen Gefangenen in Griechenland gelenkt, schon faktisch falsch war, fragt man sich im Nachhinein, warum diese Wut, dieser Hass auf Wallraff? Die konservative Presse, so schrieb Gerd Kröncke in dem Buch »Unser Faschismus nebenan«, nutzte den vermeintlich unangemessenen Auftritt Wallraffs in Athen für eine Generalabrechnung, auf die sie offenbar schon längst gewartet hatte.

Im »Kölner Stadt-Anzeiger« stand: »Wallraff war kein echter Portier, kein echter Beichtstuhlbesucher. Er ist auch kein echter Widerstandskämpfer.« Die örtliche Konkurrenz stieß ins selbe Horn: »Wer aber Wallraffs deutsche Aktivitäten kennt, der zweifelt an der Leidenschaft, Seriosität und Wirksamkeit seiner griechischen Passion«, kommentierte die »Kölnische Rundschau«. Und die »Welt« versuchte, Wallraff gleich endgültig abzuservieren, indem sie ihren Lesern mitteilte: »Sein Stil ist ohne Glanz, als Moral wird am Ende immer wieder die alte kommunistische Schose aufgetischt.«

Es ist nicht zu übersehen, dass hier aus allen politischen Lagern mit einem Autor abgerechnet wurde, der mit »Ihr da oben – wir da unten« einen publizistischen Erfolg hingelegt hatte, der in dieser Form in der BRD bis dahin einmalig war. Die Rechten mussten zähneknirschend zugeben, dass die dort beschriebenen sozialen Zustände wahrhaftig zum Himmel stanken, und die in kommunistischen Sekten organisierten Linken mussten sich fragen, warum erst ein Mann ohne Abitur und Universitätsabschluss kommen musste, damit ihre Kapitalismuskritik die Massen erreichte.

Die Kritik, die sich an Wallraffs Griechenland-Aktion, zumindest in den ersten Tagen nach seiner Festnahme, in Deutschland artikulierte, war so etwas wie ein Vorspiel zu dem Drama, das dann gut zehn Jahre später, nach dem Welterfolg von »Ganz unten«, stattfand. Dass die konservativen Medien Wallraff zu denunzieren versuchten, konnte schon damals nicht verwundern. Zu erfolgreich hatte er nicht nur das schöne Bild vom Wirtschaftswunder für alle angekratzt, sondern darüber hinaus auch Säulenheilige des westdeutschen Kapitalismus wie Hans Gerling persönlich angegriffen. Komplizierter war da schon die Kritik von links. In der bundesdeutschen Linken dominierte damals die Idee von der überlegenen Kraft des Kollektivs. Linke Stars waren verpönt, das revolutionäre Subjekt war das Kollektiv. Auch »Konkret« war zu der Zeit offiziell ein Kollektiv, auch wenn tatsächlich einige Leute wesentlich mehr zu sagen hatten als andere. Wallraff aber erzielte nicht nur große Erfolge, er wurde geradezu als Einzelkämpfer berühmt. Unterstützung, die er bei seiner Arbeit durch das »Konkret«-Kollektiv oder auch von anderen Freunden bekam, wurde öffentlich nicht wahrgenommen. Wallraffs Popularität beruhte ja zum großen Teil darauf, dass er über Thyssen oder Gerling keine gelehrten soziologischen Aufsätze schrieb, sondern sich allein, teilweise durchaus auch unter Inkaufnahme körperlicher Risiken, in die Höhle des Löwen begab und am eigenen Leib erfuhr, worüber er anschließend schrieb. Allein dieser Ansatz machte ihn in Teilen der damaligen Linken suspekt.

Dafür war die Zustimmung anderer umso enthusiastischer. »Wallraffs Aktion in Athen ist die Fortsetzung seiner Arbeit mit anderen Mitteln. Sie hat mit Schaustellung nichts gemein, sondern ist vielmehr als so mutiger wie aktiver Protest in Solidarität mit den griechischen Antifaschisten zu verstehen«, schrieb Ernst Bloch ein halbes Jahr vor seinem Tod. Und Helmut Gollwitzer, Theologieprofessor in Berlin und enger Freund Rudi Dutschkes, sagte damals: »Günter Wallraff hat seinen Leib hingehalten. Er, der Fremde, der Unbeteiligte, wollte den Griechen ein Grieche sein, ihr Leiden auf sich nehmen, um es einer gleichgültigen Welt sichtbar zu machen. So weit in der Solidarität ist keiner von uns gegangen.

Unter vielen Namen, deren Träger jetzt Grund zur Scham haben, ist sein Name ein Ehrenname des deutschen Journalismus geworden.« Besonders gefreut aber hat sich Günter Wallraff vor allem über die Anerkennung, die ihm in Griechenland nach dem Ende der Diktatur entgegengebracht wurde. Einfache Ladenbesitzer erkannten ihn und dankten ihm für sein Engagement, Kneipenbesitzer bestanden darauf, dass er ihr Gast war. Für den 1967 von den Militärs gestürzten griechischen Ministerpräsidenten und Philosophen Panagiotis Kanellopoulos war er schlicht ein »Leuchtzeichen am finsteren Himmel der Diktatur«.

Der Internationalist

Es ist 23:10 Uhr am 27. Februar 1986, als sich das Ehepaar Olof und Lisbeth Palme nach einem Kinobesuch in der Stockholmer Innenstadt zu Fuß auf den Heimweg macht. Sie haben ungefähr 20 Minuten zu laufen, doch sie kommen nur 350 Meter weit. Aus einer engen Gasse, die von der Hauptstraße nach links abbiegt, krachen plötzlich zwei Schüsse. Die erste Kugel trifft Olof Palme in den Rücken und zerschlägt seine Herzschlagader. Die zweite streift seine Frau Lisbeth, ohne sie ernsthaft zu verletzen. Ein vorbeifahrender Taxifahrer schlägt Alarm, während zwei Krankenschwesternschülerinnen verzweifelt versuchen, an Ort und Stelle Erste Hilfe zu leisten.

Wenige Minuten nach Mitternacht, am 28. Februar 1986, stirbt der schwedische Ministerpräsident Olof Palme in einem nahe gelegenen Krankenhaus. Was der Kennedy-Mord für die Amerikaner, ist der Palme-Mord für die Schweden: ein nie aufgeklärter Alptraum, Anlass für vielfältigste Verschwörungstheorien und bis heute andauerndes politisches Trauma.

Von Beginn an häuften sich die Pannen: die Straßensperren zu spät, die Spurensicherung am Tatort dilettantisch, die forensische Untersuchung eine Katastrophe. Alle nur denkbaren Theorien über die Täter spielten im Verlauf der jahrelangen Untersuchungen eine Rolle: angefangen von dem verrückten Einzeltäter über den sowjetischen oder wahlweise amerikanischen Geheimdienst, südafrikanische Rassisten oder schwedische Rechtsradikale – alles wurde in Erwägung gezogen. Eine Spur, die der erste Ermittlungschef Hans Holmer anfangs sogar für die wahrscheinlichste hielt, führte in den Nahen Osten. Ein Killerkommando der kurdischen Arbeiterpartei PKK, glaubte die Polizei, könnte für die Tat verantwortlich sein. Holmer stützte sich dabei auf abgehörte Telefonate, die ein PKK-Mitglied von Schweden aus mit PKK-Chef Abdullah Öcalan in Syrien geführt hatte. Darin hieß es,»die Hochzeit solle bald durchgeführt werden«. Holmer glaubte, die Hochzeit sei das Codewort für das Attentat.

Olof Palme war der prominenteste schwedische Premier der Nachkriegszeit. Kein anderer schwedischer Ministerpräsident vor oder nach ihm hat international eine so wichtige Rolle gespielt. Gemeinsam mit Willy Brandt leitete der Sozialdemokrat Palme die Nord-Süd-Kommission der UNO, die Vorschläge zur Beseitigung der weltweiten Armut machen sollte. Palme hatte sich mit seiner scharfen Kritik am Vietnamkrieg bei der westlichen Vormacht USA sehr unbeliebt gemacht, hielt aber auch zu den Sowjets Distanz. Nach Ende des Vietnamkrieges setzte er sich in den 80er Jahren vor allem für die Abschaffung der Apartheid in Südafrika ein. Klar, dass sich die unterschiedlichsten Geheimdienste für ihn interessierten, aber was hätte die kurdische Separatistenbewegung PKK veranlassen sollen, ihn zu ermorden?

Abdullah Öcalan war Anfang der 80er Jahre nach dem Militärputsch in der Türkei die Einreise nach Schweden verweigert worden. Palme wollte angeblich nicht, dass Öcalan, der damals bereits in Syrien war, in Stockholm ins Exil ging. Dazu kam, dass sich einige ehemalige PKK-Mitglieder, die von Öcalan als Verräter gebrandmarkt worden waren, nach Schweden abgesetzt hatten. Einer von ihnen, Çetin Güngör, war erst wenige Monate zuvor, im November 1985, von einem PKK-Killerkommando in Stockholm ermordet worden. Sein Mörder wurde gefasst und einen Tag vor dem Mord an Palme von einem Gericht in Stockholm verurteilt.

Doch reicht das für einen Mord an einem weltweit bekannten linksliberalen Politiker? Einige ehemalige PKK-Funktionäre meinen ja. Einer von ihnen ist Selim Cürükkaya. Er will von einem Freund aus dem engsten Kreis der PKK-Führung gehört haben, dass Öcalan den Befehl zum Palme-Mord gab. Günter Wallraff lernte Cürükkaya 1994 kennen. Cürükkaya, ein PKK-Aktivist der ersten Stunde, war, nachdem er über zehn Jahre im berüchtigten Militärgefängnis in Diyarbakir, dem kurdischen Zentrum im Südosten der Türkei, verbracht hatte, nach Syrien gekommen, um seine alten Freunde und seine Frau wiederzutreffen und sich erneut dem Kampf der PKK anzuschließen. Dabei musste er feststellen, dass die Organisation sich vollkommen verändert hatte. Ende der 70er Jahre war die PKK in der Türkei eine illegale kurdische Organisation neben anderen, die sich dadurch auszeichnete, dass sie besonders militant um Einfluss in den kurdischen Gebieten der Türkei kämpfte. Nach Darstellung Cürükkayas war Öcalan, genannt Apo, zwar damals nach außen hin die Vorzeigefigur der PKK, in der Organisation selbst habe jedoch eine kollektive Parteiführung geherrscht.

Das änderte sich nach dem Militärputsch vom 12. September 1980. Die PKK-Führung setzte sich nach Syrien ab, und Öcalan schwang sich in kürzester Zeit unter der Protektion des syrischen Geheimdienstes zum Alleinherrscher innerhalb der Organisation auf. Cürükkaya und etliche andere Aussteiger haben später beschrieben, welche bizarren, gemeingefährlichen Formen diese Alleinherrschaft Öcalans zuweilen annahm. Mit knapper Not setzte Cürükkaya sich aus einem PKK-Lager in Syrien ab und floh nach Beirut. Hier begann er, seine Erfahrungen aufzuschreiben, um später ein Buch über die »Diktatur des Abdullah Öcalan« zu verfassen. Mit Hilfe von Freunden gelang es ihm, ein Visum für Deutschland zu bekommen und in Köln politisches Asyl zu beantragen.

Cürükkayas Abrechnung erschien zunächst als Broschüre im Selbstverlag und sorgte unter Kurden und Türken in Deutschland für Furore. Wallraff erfuhr davon, dass Cürükkaya wegen seines Berichts von der PKK mit dem Tode bedroht wurde. In den Publikationen der Partei wie »Serxwebun« und anderen, die Selim Cürükkaya in einem früheren Leben einmal selbst geleitet hatte, rief Öcalan unverhohlen dazu auf, den Verräter zu liquidieren. Wallraff bot Cürükkaya an, dass er bei ihm untertauchen könne. Während Selim Cürükkaya und seine Frau sich bei ihm versteckt hielten, versuchte Wallraff einen deutschen Verlag für das Buch zu finden, um den Bericht über Öcalan auch über kurdische Exilkreise hinaus bekannt zu machen. In seinem Vorwort zu dem Buch, das nach langem Drängen Wallraffs schließlich im Fischer Verlag erschien, schildert er, wie schwer es war, einen Verlag zu finden. »Immer mit der Begründung: für deutsches Publikum zu kompliziert und/oder zu riskant, wurde das Buch überall abgelehnt. Dass ein Autor, der wegen eines kritischen Buches mit dem Tode bedroht wird, schon allein deshalb veröffentlicht werden muss, scheint alles andere als eine Selbstverständlichkeit zu sein.«

Doch Wallraff begnügte sich nicht damit, Cürükkaya eine Publikationsmöglichkeit zu verschaffen. Er wollte Öcalan treffen, um mit ihm über den Mordbefehl gegen Selim Cürükkaya und, wo möglich, auch gegen andere Dissidenten und eventuell auch den Mord an Palme zu reden. Denn Wallraff hielt und hält es noch immer für möglich, dass Öcalan tatsächlich hinter dem Mord an Palme stecken könnte. Er ist Olof Palme und seiner Frau Lisbeth mehrfach begegnet. Wallraff besitzt in Schweden, vielleicht mehr noch als in Deutschland, Kultstatus. Alle seine Bücher sind in Schweden in hoher Auflage erschienen. Schon die ersten Industriereportagen Wallraffs wurden in Schweden geradezu gefeiert, zu einer Zeit, als er in Deutschland noch von »Bild« als »kommunistischer Untergrundterrorist« angegriffen wurde. So war es fast selbstverständlich, dass Wallraff auch vom Ministerpräsidenten und prominentesten Sozialdemokraten des Landes mehrfach eingeladen wurde und dadurch das Ehepaar Palme persönlich kennenlernte. Die Beschreibung, die Lisbeth Palme nach dem Mordanschlag über den Attentäter machte, konnte seiner Meinung nach auf einen Täter aus den Reihen der PKK durchaus zutreffen. Erst recht seit seinem Besuch bei Öcalan ist Günter Wallraff überzeugt, dass dem Mann ein Auftragsmord an Palme zuzutrauen ist.

Günter Wallraff gehört unter Türken und Kurden zu den bekanntesten deutschen Autoren. Seit sein Buch »Ganz unten« zum Klassiker für die Beschreibung der Leiden und Demütigungen der Arbeitsmigranten aus der Türkei geworden ist, hat er mehrfach deren Herkunftsland besucht und wurde dabei sowohl ganz unten wie auch ganz oben begeistert empfangen. Er setzte sich für die

Freilassung politischer Gefangener ein, kritisierte die Unterdrückung der Kurden und das menschenrechtswidrige Vorgehen der Militärs in den kurdischen Regionen des Landes, machte aber gleichzeitig auch keinen Hehl aus seiner Auffassung, dass auch die PKK sich der Verantwortung für den blutigen Krieg stellen muss.

Das dann Ende Dezember 1996 durch Vermittlung des kurdisch-iranischen Politikers Ali Ghazi in Syrien erfolgte Zusammentreffen mit Öcalan war sicher eines der bizarrsten politischen Treffen, die Wallraff jemals erlebt hat.

Öcalan begrüßte ihn in Anspielung auf sein Buch »Ganz unten« mit »Hallo, Ali«. Das Treffen fand an einem geheimen Ort in einem Ausbildungscamp der PKK statt. Der Hauptteil der Diskussion fand in einer Runde von hundert bewaffneten PKK-Soldaten statt, darunter etwa ein Drittel Frauen. Auf einem Video sieht man, wie Wallraff auf einer Wiese zwischen großen Bäumen mitten in einer Gruppe PKK-Mitglieder sitzt, während Öcalan wie im Schulunterricht vor der Gruppe doziert. Mehrfach versucht Wallraff, zu Wort zu kommen, doch der große Vorsitzende lässt sich ungern unterbrechen. Zwischen den Ausführungen Öcalans erscheint plötzlich Eva Juhnke, eine in der PKK engagierte und später in der Türkei verhaftete Deutsche, die brav berichtet, wie demokratisch es innerhalb der PKK zugehe.

Wallraff hat in dem später veröffentlichten Teil des Gesprächs vor allem die Aussagen wiedergegeben, in denen es um Selim Cürükkaya ging. Während Öcalan versuchte, Wallraff für sich zu vereinnahmen – zweifellos hatte er dem Treffen in der Hoffnung zugestimmt, Wallraff für sich und die PKK instrumentalisieren zu können –, insistierte sein Besucher auf konkreten Aussagen zu Cürükkaya. Wallraff wollte erreichen, dass Öcalan vor seinen Leuten erklärte, Selim Cürükkaya und seine Frau würden nicht länger bedroht. Öcalan reagierte darauf mit den Worten: »Der tötet sich selber. Die haben sich selber in so eine Lage gebracht. Das Subjekt, das er retten will, ist leider kein Subjekt, das den Kurden viel Gutes bringt. Ich sage nicht, dass es für uns sehr schädlich, sehr gefährlich ist. Ich habe auch Respekt vor Günters Freundschaft, und wenn er will, falls es einen Mordbefehl gibt, dann werden wir ihn aufheben.«

Das Treffen dauerte mehrere Stunden, in denen Öcalan vor allem über seine politische Strategie monologisierte. Zum Abschied begleitete Öcalan Wallraff und seinen Dolmetscher persönlich zu deren Auto. Fast beiläufig sagt er dann: »Bring beim nächsten Mal Selim mit. Er hat unsere heiligsten Werte angegriffen. Wenn er das zurücknimmt und Selbstkritik übt, kann er wieder mit uns zusammen sein. Wenn nicht, kann ich auch nichts dafür, wenn ihm ein Unfall passiert.«

Treffen mit PKK-Führer Öcalan in dessen Hauptquartier in Syrien

Nach seiner Rückkehr wurde Günter Wallraff von PKK-Vorfeldorganisationen in Deutschland vorgeworfen, er habe die Worte des großen Führers falsch wiedergegeben. In einem Gespräch mit der »taz« nahm er zu diesen Vorwürfen Stellung und erläuterte noch einmal ausführlich, warum er sich überhaupt auf ein Treffen mit Öcalan eingelassen hatte.

»Ich bin zu Öcalan gereist mit dem erklärten Ziel, einen Mordbefehl aufzuheben. Es schien zunächst so, als ob das auch gelingen könnte, wurde dann aber bei der Verabschiedung wieder zurückgenommen. Ich werde Öcalan so lange zusetzen, bis die Morddrohung vom Tisch ist!«

Dazu kam es jedoch nicht. Zunächst einmal wurde Wallraff selbst unter Polizeischutz gestellt, weil es Drohungen gegen ihn gab. Cürükkaya dagegen blieb weiterhin unter Druck, bis sich die Situation schließlich vollkommen veränderte, als Abdullah Öcalan im Februar 1999 in einer Gemeinschaftsaktion von CIA und türkischem Geheimdienst in Kenia festgenommen wurde. Vorausgegangen war seine Ausweisung aus Syrien, nachdem die

Türkei mit einer militärischen Intervention im Nachbarland gedroht hatte.

In dem Gespräch mit der »taz« kritisierte Wallraff, dass die Linke in Deutschland zu lange über die unmenschlichen Methoden innerhalb der PKK hinweggesehen habe und bereit sei, auch schlimmste Menschenrechtsverletzungen als Teil des PKK-Befreiungskampfes gegen die türkische Armee zu akzeptieren. Er beklagt »Denkverbote« und eine Befangenheit in »ideologisiertem, stalinistisch-dogmatischem Klischeedenken«.

Diese Befangenheit war zuvor von der konservativen Presse häufig auch Wallraff vorgeworfen worden, vor allem im Zusammenhang mit seinen früheren Aktionen in Griechenland und Portugal. Obwohl diese Vorwürfe oft polemisch aufgebauscht wurden, gibt es bei Wallraff jedoch tatsächlich einige bemerkenswerte Veränderungen in der Beurteilung der internationalen Situation.

Diese Veränderung beginnt mit einem konkreten Datum: dem 9. November 1989, dem Tag, an dem in Berlin die Mauer fiel. »Für mich«, sagt Wallraff, »war der Fall der Mauer eine Befreiung. Bis dahin sah ich mich verpflichtet, hauptsächlich auf Menschenrechtsverletzungen im Westen aufmerksam zu machen, eben weil der größte Teil der Medien so tat, als gebe es nur im Einflussbereich der Sowjetunion Unterdrückung, Lagerhaft, Folter und Mord an politischen Dissidenten, und im Westen sei alles in Butter. Ich, wir alle, waren nach dem Fall der Mauer von diesen Zwängen des Kalten Krieges befreit.«

Das Buch »Unser Faschismus nebenan«, das er zusammen mit Eckart Spoo 1987 herausgab, erscheint im Rückblick wie das letzte Manifest Wallraffs zu Zeiten des Kalten Krieges. Es ist eine Abrechnung mit der Unterdrückungspolitik der Nato und ihrer Vormacht USA rund um den Globus. Es ist ein richtiges und wichtiges Buch, dem man nur einen Vorwurf machen kann: Es ignoriert die Entwicklungen, die sich zu dem Zeitpunkt durch die Veränderungen im Reiche Gorbatschows bereits ankündigten und die durch die islamische Revolution im Iran bereits eingetreten waren. Allerdings gehörte Wallraff in Deutschland mit zu den ersten, die bereit waren, sich mit den Auswirkungen des iranischen »Islamexports« auseinanderzusetzen.

Was bleibt zurück?

»Als ich ein junger Mann war, war Religion im Wesentlichen am Ende. Leute, die von Religion sprachen, waren sozusagen Idioten. Es schien undenkbar, dass es ein Revival der Religion als zentrale Kraft in der Weltpolitik geben könne. Religion war uncool. Dummerweise haben, während wir damit beschäftigt waren, cool zu sein, die Uncoolen die Welt übernommen.« Dieses Zitat stammt nicht von Günter Wallraff, sondern von Salman Rushdie, doch etwas anders formuliert könnte es durchaus von Wallraff sein. Das trifft auch auf das Lebensmotto des britisch-indischen Schriftstellers zu, der immer wieder betont: »Redefreiheit ist das Entscheidende, um sie dreht sich alles. Meinungsfreiheit ist das Leben.« Es ist kein Zufall, dass Günter Wallraff in Deutschland zu den entschiedensten Unterstützern Rushdies zählte, als dieser im Februar 1989 durch eine Fatwa des iranischen Revolutionsführers Ayatollah Chomeini zum Tode verurteilt wurde und die iranische Republik ein Kopfgeld auf Rushdie aussetzte.

Anlass für diesen Mordaufruf war der ein Jahr zuvor erschienene Roman »Die satanischen Verse«, in dem Rushdie einen seiner Protagonisten in alptraumartigen Sequenzen als Satan darstellt, der anstelle des Erzengels Gabriel dem Propheten Mohammed seine Koranverse eingibt. Zuerst empörte sich nach Erscheinen des Buches ein Teil der britischen Muslime, später griff dann Chomeini diese Empörung auf und machte sie zu einer Angelegenheit der Islamischen Republik Iran. Von heute aus gesehen, scheint die Empörung über Rushdie wie ein Vorspiel zum so genannten »Karikaturenstreit« des Jahres 2006.

Was später jedoch von Ideologen und Scharfmachern auf beiden Seiten zum Kampf der Kulturen zwischen dem Westen und der islamischen Welt hochgepuscht wurde, blieb damals noch ein Einzelschicksal. Die Uncoolen, wie Rushdie heute sagt, zu denen er nicht nur Osama Bin Laden, sondern auch George W. Bush zählt, hatten noch nicht die Weltherrschaft übernommen. Das Wiedererstarken der Religion war kaum abzusehen.

Da von der Fatwa aus dem Iran nicht nur Rushdie selbst, sondern auch alle Förderer des Buches, also insbesondere Verlage und Übersetzer, betroffen waren, wurde es schwer, das Buch zu publizieren. Der ursprüngliche deutsche Verlag der »Satanischen Verse«, Kiepenheuer & Witsch, reagierte einige Tage verunsichert, und die Übersetzerin des Buches geriet so in Panik, dass sie ihre Übersetzung auch nicht anonym zur Verfügung stellen wollte. Erst als eine deutsche Ausgabe der »Satanischen Verse« deshalb völlig zu scheitern drohte, schlossen sich viele Verlage, darunter Kiepenheuer & Witsch, mit Autoren, unter anderem Günter Wallraff, zusammen, um gemeinsam das Buch zu publizieren. Vier Übersetzer nahmen sich des Buches an, was, wie Wallraff meint, »ihm nicht unbedingt gutgetan hat. Rushdie ist zu Recht unzufrieden mit der deutschen Ausgabe.«

Persönlich lernte Günter Wallraff den damals gezwungenermaßen versteckt und isoliert lebenden Rushdie im Jahr 1993 kennen. Vorangegangen war ein unglücklicher Konflikt zwischen Rushdie und dem türkischen Schriftsteller und Satiriker Aziz Nesin, mit dem Wallraff befreundet war. Der mittlerweile verstorbene Aziz Nesin war damals einer der bekanntesten kritischen Schriftsteller der Türkei, der sowohl gegen staatliche Repression wie auch gegen den aufkommenden islamischen Fundamentalismus im Land ankämpfte. Günter Wallraff hatte ihn auf seiner ersten Türkeireise nach dem Erscheinen von »Ganz unten« kennen- und schätzen gelernt.

Verwirrt und entsetzt musste er plötzlich im Sommer 1993 lesen, wie sich zwei Schriftsteller, die ihm beide am Herzen lagen, gegenseitig öffentlich beschimpften. Vorausgegangen war ein Attentat, dem Aziz Nesin fast zum Opfer gefallen war. Im Mai hatte er ein Treffen alevitischer Intellektueller in der mittelanatolischen Stadt Sivas besucht. Die Aleviten sind eine muslimische Minderheit, die in der Türkei traditionell eher links eingestellt ist und konservativen Sunniten als häretisch gilt. Das Hotel, in dem das Treffen stattfand, wurde von einem organisierten sunnitischen Mob angegriffen und angesteckt. Etliche Menschen starben, Aziz Nesin konnte nur mit Mühe gerettet werden. Offenbar in Unkenntnis der tatsächlichen Zusammenhänge, warf Rushdie in einem Artikel im »Observer« Nesin daraufhin vor, er habe diesen Angriff dadurch provoziert, dass er, ohne von ihm dazu autorisiert worden zu sein, Teile von »Die satanischen Verse« übersetzt und in der Zeitschrift

»Aydinlik«, deren Chefredakteur er sei, veröffentlicht habe. Verärgert schlug Nesin zurück. »Erstens«, schrieb er, »hat der Angriff in Sivas nichts mit Rushdies Buch zu tun gehabt.« Außerdem sei er nicht Chefredakteur von »Aydinlik« (ein linkes Wochenblatt) und habe die Veröffentlichung deshalb auch nicht veranlasst. Im Übrigen habe er sein Vertrauen in Rushdie sowieso verloren, nachdem dieser sich bei Chomeini entschuldigt habe. »Das kommt mir alles verlogen vor«, schrieb er.

Aziz Nesin spielte damit auf ein Interview an, das Rushdie zwei Jahre zuvor unter dem Eindruck des Mordes an einem seiner Übersetzer im »Guardian« gegeben hatte, in dem er sich für sein Buch entschuldigte und seine Rückkehr zum Islam bekanntgab. Rushdie hatte diesen Schritt schon bald als größten Fehler seines Lebens bezeichnet. Er sei in Panik gewesen und von den britischen Behörden unter Druck gesetzt worden, die wollten, dass er etwas tue, um die Situation zu entschärfen.

Wallraff setzte sich ans Telefon, erreichte schließlich auch die beiden Kontrahenten und lud beide zu einem Treffen nach Köln ein, damit die Missverständnisse zwischen ihnen im persönlichen Gespräch ausgeräumt werden können. Doch das Vorhaben erwies sich als unerwartet schwierig zu realisieren. Während Aziz Nesin nach einigem Hin und Her sein Visum für Deutschland bekam, musste Wallraff feststellen, dass es für den britischen Staatsbürger Rushdie zwar keine Visaprobleme, dafür aber enorme Transportprobleme gab. Keine Fluggesellschaft wollte ihn an Bord nehmen, weil alle Angst hatten, sich damit auch den Zorn der iranischen Fundamentalisten zuzuziehen. Wallraff startete eine Unterschriftenliste, um die Lufthansa unter Druck zu setzen, damit sie Rushdie nach Deutschland flog. Doch die Leitung der Airline blieb stur, und auch die Bundesregierung wollte sich nicht für die Mobilitätsrechte von Rushdie starkmachen. Schlussendlich charterte Wallraff auf eigene Kosten einen privaten Flieger, dessen Pilot erst während des Fluges klar wurde, wen er an Bord hatte.

Unter starkem Polizeischutz trafen sich die drei Schriftsteller dann in Unkel, einem mittelalterlichen Städtchen am Rhein, und klärten bei einer Schiffsfahrt ihre Missverständnisse. Wallraff war es nicht nur aus persönlichen Gründen wichtig, dass Rushdie und

Nesin sich nicht fälschlicherweise beschuldigten, er wollte vor allem erreichen, dass zwei wichtige Schriftsteller nicht gegeneinander arbeiten, sondern sich stattdessen in ihrem Kampf unterstützen. In einem Interview mit der Schweizer »Wochenzeitung« (WoZ) sagte er anschließend:»Die Versöhnung hat den Aufwand gerechtfertigt. Sowohl Rushdie wie Nesin sind außergewöhnliche Schriftsteller und darüber hinaus große moralische Instanzen. Es gibt wenige, die sich so mit ihrem Werk verbürgen und auch als Menschen dafür geradestehen. Ich sehe in Nesin wie in Rushdie personifizierte Bastionen gegen einen religiösen Faschismus, der heute nicht nur den Iran, sondern auch die Türkei bedroht.« Dieses Engagement Wallraffs wurde in konservativen Blättern wie der »Bunten« so kommentiert:»Günter Wallraff hört einfach nicht auf, uns auf die Nerven zu gehen. So unerschrocken wie untalentiert schleicht er sich Jahr für Jahr in Bereiche ein, in denen er a) nichts zu suchen hat und von denen er b) nichts versteht. Jetzt geht er bei den Söhnen Mohammeds Klinken putzen. Brachte die zerstrittenen Autoren Salman Rushdie und den großen türkischen Journalisten Aziz Nesin zusammen. Und uns Günter mittendrin. Und so viel Publizität wieder. Uns Günter, ein Held.«

Salman Rushdie blieb, nachdem es schon so schwierig für ihn war, erst einmal nach Deutschland zu kommen, anschließend noch eine Zeit lang als Gast von Günter Wallraff in Köln. Er nahm seine Gastfreundschaft ein Jahr später nochmal in Anspruch, als Wallraff für ihn Treffen mit deutschen Politikern arrangierte. Im Gegensatz zum damaligen nordrheinwestfälischen Ministerpräsidenten Johannes Rau, der Rushdie dann auch aktiv unterstützte, sah sich Helmut Kohl trotz wiederholter Anfragen aus »politischen Gründen« nicht in der Lage, Rushdie zu empfangen. Erst fünf Jahre später, als der damalige iranische Präsident Mohammad Chatami vor der UN-Vollversammlung »die Angelegenheit Rushdie als völlig erledigt« erklärte, konnte Salman Rushdie sich eine Zeit lang wieder einigermaßen frei bewegen. Im Jahr 2007 verschärfte sich die Lage wieder, als Rushdie in England zum Ritter erhoben wurde und sich neuen, ernstzunehmenden Drohungen ausgesetzt sah.

Nicht nur Salman Rushdie, auch Günter Wallraff ist seinem Engagement für die freie Meinungsäußerung gegenüber religiösen Empfindlichkeiten treu geblieben und hat sich damit vor allem in den letzten Jahren wieder zwischen alle Stühle gesetzt. Als im Dezember 2005 ein großer Teil der islamischen Welt in Aufruhr geriet, weil eine rechte dänische Zeitung eine Seite mit Karikaturen über den Propheten Mohammed druckte, verteidigte Wallraff, wohl das erste Mal in

Versöhnung auf dem Rhein: Die Schriftsteller Salman Rushdie und Aziz Nesin (mit Günter Wallraff und seiner dritten Frau Barbara)

seinem Leben gemeinsam mit Springers »Welt«, die Meinungsfreiheit. Selbst wenn die Karikaturen mit der Absicht publiziert worden wären, die muslimische Gemeinde in Dänemark zu provozieren, sagt er heute, seien die weltweiten Reaktionen doch völlig überzogen und unangemessen gewesen.

Fand sich Wallraff, der sein Leben lang den Idealen von Aufklärung, sozialer Gerechtigkeit und dem Schutz von Minderheiten treu geblieben ist, ein Linker, der im Gegensatz zu vielen anderen nicht irgendwann im patriotischen, neoliberalen Lager landete, mit seiner seit dem Ende der 80er Jahre vertretenen Auffassung über die Gefahr des religiösen Fundamentalismus plötzlich Seite an Seite mit Springer wieder?

In der »taz« hatte er 1993 noch gesagt, er führe die Erfolge der Islamisten durchaus auch darauf zurück, dass die Menschen in den betreffenden Ländern sich vom Westen im Stich gelassen fühlten, dass sie das Gefühl hätten, als minderwertig eingestuft zu werden. Dass deshalb selbst Intellektuelle plötzlich sagten, wir wollen mit dem Westen nichts mehr zu tun haben. Gleichzeitig definiert er diese Haltung aber als Rückgriff auf eine Tradition, die er für einen Feind der Aufklärung hält. »Eine Religion, die sich nicht mehr erneuert, die den Menschen Denkverbote auferlegt, ist zivilisati-

Beim Tischtennis keine Chance: Salman Rushdie während seines
Aufenthalts in Wallraffs Haus

onsfeindlich, fortschrittsfeindlich und ein Rückfall in Formen, die
dem Katholizismus nicht fremd waren.« Wallraff will diese
Entwicklung aber nicht dem Westen anlasten. »Das Aufkommen
des Islamismus jetzt dem Westen in die Schuhe zu schieben, halte
ich allerdings für sehr verkürzt. Das ist auch wiederum nur durch
Denkverbote zu erklären.«

Günter Wallraff teilt mit vielen Linken das Problem, dass er
weder die Politik der westlichen Führungsmacht, den amerikanischen »Raubtierkapitalismus, wo alle Werte sich dem jeweils größten Kapital unterzuordnen haben«, unterstützen will, aber erst
recht nicht »die islamistische Revolte, die dagegen zur Zeit im
Gange ist«. Er will sich dem Lagerdenken entziehen, sieht sich
zwischen den Stühlen sitzend. »Meine Position liegt in einer
zukünftigen Möglichkeit, dabei ist auch ein Stück Utopie. Nicht die
bestehende Form des Konflikts zu akzeptieren, sondern auf ein
denkbares Mögliches hinzuarbeiten.«

Das Problem ist, dass die Hoffnung auf die mögliche zukünftige
Überwindung des Konflikts nicht von der Notwendigkeit entbin-
det, sich zu den aktuellen Fragen politisch zu verhalten. Für Günter

Wallraff war zwar der US-Einmarsch im Irak ein verhängnisvoller Fehler, »doch sollte der Krieg jetzt nicht als Vorwand genutzt werden, neues Unrecht zu veranstalten«.

Die entschiedenste linke Gegenposition zu dem Dilemma, das Wallraff beschreibt, vertritt der britische Alt-68er Tariq Ali, der 1968 in Großbritannien eine ähnliche Rolle hatte wie der heutige grüne Europaabgeordnete Daniel Cohn-Bendit damals in Frankreich. Ali beschreibt in seinem Buch »Bush in Babylon« den vermeintlichen Kulturkampf zwischen dem Westen und dem Islam als den Versuch einer Rekolonisierung des Orients. Der heutige Herausgeber der »New Left Review« hält die gängige Definition der Gewalt im Irak als »islamistischen Terror« für grundfalsch. In einem Interview sagte er: »Wenn ein Land besetzt ist, dann entwickelt sich früher oder später Widerstand. Wir können uns nicht aussuchen, wie dieser Widerstand aussieht. Besatzung produziert Widerstand, und je hässlicher die Besatzung, desto hässlicher der Widerstand. Wo gibt es einen hübschen Widerstand? Zumal der säkulare Widerstand im Nahen Osten nicht ohne Zutun der USA während des Kalten Krieges im Bündnis mit den Islamisten ausgerottet wurde.«

Ali ist der Auffassung, dass deshalb die säkularen Kräfte, die eine soziale Vision vertreten könnten, in absehbarer Zeit im Nahen Osten keine Chance mehr haben. »Ich denke, unglücklicherweise ist es so, dass die Leute erst die Erfahrung machen müssen, wie es ist, wenn die religiösen Typen an der Macht sind, bevor andere gesellschaftliche Kräfte wieder eine Chance haben.«

Die große Ausnahme ist für ihn der Iran. Dort, so Ali, seien 75 Prozent der Bevölkerung unter 35 Jahren. Sie alle hätten nichts anderes erlebt als ein Leben unter den Klerikern. Die allermeisten hätten davon genug. Im Iran sei eine neue Entwicklung weg vom Islamismus, hin zu einer säkularen, sozialen Bewegung möglich, »wenn der Westen das Land in Ruhe lässt«.

Am Beispiel des Iran werden die Konsequenzen der unterschiedlichen politischen Einschätzungen darüber, was internationale Solidarität heute bedeuten sollte, zwischen Wallraff und Ali am deutlichsten. Während Günter Wallraff aus seiner bisherigen Auseinandersetzung mit dem Islamismus eine Atombombe in der

Einweihung der von Wallraff gestifteten Mädchenschule im Norden
Afghanistans (an seinem 60. Geburtstag)

Verfügungsgewalt der Mullahs für das größte anzunehmende Übel
hält, sieht Ali im Gegenteil den wachsenden westlichen Druck auf
den Iran als größte Gefahr dafür an, dass die einzige Gesellschaft
des Nahen Osten, die in absehbarer Zeit den militanten Islamismus
aus sich selbst heraus überwinden könnte, zur Solidarität mit
den Mullahs gedrängt werden könnte. »Wenn der Westen das
Land bedroht, wird es einen nationalistischen Reflex geben. Also,
Hände weg.«

Der Konflikt um die richtige Reaktion auf das iranische Atom-
programm ist die derzeit dramatischste Zuspitzung, wenn es gilt,
eine Position im Umgang mit dem Islamismus zu beziehen.
Wallraffs Position ist klar: »Ich bin überzeugt, dass die iranischen
Machthaber die Bombe bauen wollen. Der Iran hat keine Energie-
probleme, sondern im Gegenteil so viel Öl und Gas wie kaum ein
anderes Land. Außerdem hat es einen Präsidenten, der erklärt, dass
er Israel auslöschen möchte. Man muss diese Aussage ernst
nehmen. In einem Land wie Iran, in dem es keine demokratischen
Kontrollen gibt, genügen letztlich zwei, drei Fanatiker, um die
Entscheidung über den Einsatz der Bombe zu fällen. Das ist eine

enorme Bedrohung für Israel. Wenn alle anderen Mittel ausgeschöpft sind, wenn alle Versuche, Iran gewaltlos am Bau der Bombe zu hindern, gescheitert sind und wenn es die Möglichkeit gibt, durch bunkerbrechende Bomben die Atomanlagen aus der Luft zu zerstören, kann das eine Menschheitskatastrophe verhindern helfen.«

Am Ende, glaubt Günter Wallraff, wird der Islamismus überwunden werden, weil er auf die Probleme der Menschheit keine Antwort gibt.»Nur, wie viele Menschen bleiben dabei auf der Strecke, was wird da alles niedergemacht, und was bleibt zurück?«

»Bild«-Störung
Der Kampf gegen Springer

Es ist 19.30 Uhr, der große Saal im Gewerkschaftshaus in Ulm ist gerammelt voll. Statt der 500 Menschen, die normalerweise hier Platz haben, drängen sich über 800 im Saal, und rund 200 stehen noch vor der Tür. Die ersten seien schon zwei Stunden vor Veranstaltungsbeginn gekommen – einen solchen Andrang im Gewerkschaftshaus habe er noch nie erlebt, erzählt der Hausmeister konsterniert. Die Stimmung ist erwartungsvoll gespannt, es wird spekuliert, wie der Star wohl auftreten wird. Als Günter Wallraff dann, sichtlich abgehetzt, eine schwarze Aktentasche unter dem Arm geklemmt, durch den Bühneneingang den Saal betritt, wird es für einen Moment ganz still, bevor der Beifall losprasselt. Anfangs noch etwas desorientiert, schließlich sitzt er jeden Abend auf einem anderen Podium, hört sich Günter Wallraff die Eröffnungsrede von Horst Müller, dem örtlichen Vertreter der IG Metall an. Während der Mann ihn noch willkommen heißt, sucht er aus seinem Aktenstapel, den er permanent mit sich herumträgt, schon einmal ein paar Seiten heraus, aus denen er gleich vortragen wird.

Günter Wallraff ist auf Tournee mit seinem zweiten »Bild«-Buch »Zeugen der Anklage. Die ›Bild‹-Beschreibung wird fortgesetzt«. Während Wallraff redet, wirkt er plötzlich gar nicht mehr fahrig, sondern konzentriert. Seine Stimme ist fest, schon nach wenigen Sätzen findet er Formulierungen, die die Leute aufhorchen lassen und gefangennehmen.

Man spürt förmlich, wie sich bei den Leuten etwas tut. Obwohl die meisten davon überzeugt sind, »dass im Drecksblatt ›Bild‹ nur Scheiße steht«, spiegeln die Gesichter im Verlauf der Veranstaltung ihre Betroffenheit. Wallraffs Darstellungsweise macht die Hilflosigkeit und Ohnmacht der von »Bild« Gedemütigten nachvollziehbar.

Wallraff ist, obwohl dies im persönlichen Gespräch oft nicht so scheint, ein großer Volksredner. Ein Freund, der ihn seit Jahren kennt, nennt ihn »einen begnadeten Selbstdarsteller und Aufklärer in einer Person«. Obwohl er bereits seit Wochen unterwegs ist und jeden Abend in einer anderen Stadt einen Auftritt hat, ist sein Engagement, seine Empörung schon nach wenigen Sätzen authentisch und keine Spur routiniert. »Der öffentliche Auftritt«, sagt derselbe Freund, »ist für ihn wie ein Elixier.« Dabei hilft, dass der Springer-Verlag parallel zu Wallraffs Vortragsreise immer wieder für neue Aufreger sorgt, die Wallraff auch wirklich immer wieder aufs Neue provozieren. Sei es eine neuerliche Klage gegen das Buch, sei es ein bekannt gewordener Versuch, Zeugen unter Druck zu setzen, oder Neuigkeiten aus dem politischen Betrieb in Bonn, wo die Verlagsspitze versucht, politisch zu intervenieren. Wallraff gelingt es, seine eigene Empörung seinen Zuhörern zu vermitteln. Fast immer springt der Funke über, selten dauert es länger als eine halbe Stunde, bis der Saal kocht. Vor allem, wenn er einige der besonders perfiden Beispiele der »Bild«-Berichterstattung referiert, wie das von der Hausfrau, die sich angeblich aus Angst vor dem Frühjahrsputz mit dem Hammer erschlagen haben soll. Die psychisch kranke Frau hatte nach mehreren vergeblichen Versuchen Selbstmord begangen und wurde anschließend von »Bild« so schamlos durch den Dreck gezogen, dass der trauernde Ehemann sich wenige Tage später aus Verzweiflung ebenfalls das Leben nahm. Was man in anderen Fällen nur vermuten konnte, wurde in diesem Fall durch Abschiedsbriefe des Mannes schriftlich dokumentiert. An seine Kinder schrieb er:

»Nach dem Tod von Mutti war mein Schmerz unsagbar groß, wir hatten noch viele gemeinsame Pläne, euch wollten wir natürlich auch noch unterstützen. Ich hatte mir fest vorgenommen, mit Dieter [dem 15-jährigen Sohn, J.G.] weiter durchs Leben zu gehen. Aber seit der Geschichte mit ›Bild‹ bin ich total zerbrochen. Ich wollte zuerst den Verbrecher, der Kathmann heißt [der Schreiber der Geschichte, J.G.], umbringen, aber ihr sollt keinen Mörder als Vater haben. Durch meinen Tod ist er zum Mörder geworden. Ich konnte so einfach nicht mehr unter die Leute gehen. Ich klage die ›Bild-Zeitung‹ des Mordes an. Wer etwas Anstand und Ehrgefühl hat, sollte dieses Lügenblatt nicht kaufen!«

»Wer etwas Anstand und Ehrgefühl hat, sollte dieses Lügenblatt nicht kaufen.«

Was wie ein Remake des Böll-Romans »Die verlorene Ehre der Katharina Blum« wirkt, in dem die Protagonistin Katharina Blum den Boulevardjournalisten tatsächlich erschießt, ist nach den Recherchen von Günter Wallraff das Ergebnis der ganz normalen Einschleich- und Überrumpelungstaktik eines geschulten »Bild«-Reporters: Garlich Kathmann hatte über Tippgeber bei der Polizei von dem scheinbar ungewöhnlichen Selbstmord der Frau erfahren, die sich, bevor sie sich selbst erdrosselte, noch mit einem Hammer verletzt hatte, und suchte deshalb den trauernden Ehemann zu Hause auf. Er gab sich dabei als Angestellter eines Instituts aus, das Selbstmorde untersucht, um anderen suizidgefährdeten Personen besser helfen zu können. Eine Stunde lang quetschte er den Mann aus, dann hatte er genug Material zusammen, um eine Story zu dichten, in der das Schicksal der kranken Frau ins Abstruse verzerrt wurde.

Kathmann war über den Selbstmord des Mannes auch nicht etwa schockiert, sondern versuchte im Gegenteil noch, aus dem Tod des Mannes weiteren Profit zu schlagen, indem er »die neue Story« einer Illustrierten anbot, mit dem Argument, das sei nun wirklich »einmalig, als Grund sich umzubringen«. Wallraffs Fazit: »Das Entsetzliche an dem ganzen Fall ist, dass Garlich Kathmanns Methode, über Leichen zu gehen, überhaupt nicht einmalig ist. Es ist das Handwerkszeug, oder besser, die publizistische Tatwaffe der meisten gestandenen und erfolgreichen ›Bild‹-Reporter.« Als Wallraff diese Erkenntnis in Ulm vorträgt, hat er das Publikum längst auf seiner Seite. Die Veranstaltungen zu dem zweiten »Bild«-Buch sind weniger Lesungen als vielmehr Versammlungen zur organisatorischen Verbreiterung des Anti-»Bild«-Protestes. Wallraff sammelt Unterschriften für einen »Bild«-Boykott, er richtet einen Rechtshilfefond ein, der »Bild«-Geschädigten kostenlos juristischen Beistand bei Gegendarstellungen und Schadensersatzprozessen gewährt, und er versucht, Aktivistengruppen zu initiieren, die »KILLT«, eine Anti-»Bild«-Zeitung produzieren, die »Bild« äußerlich ähnelt, inhaltlich aber karikiert. Nach dem Ende des offiziellen Teils der Veranstaltung wird Wallraff umlagert von Leuten, die ihn unterstützen wollen oder aber, was fast häufig vorkommt, ihm ein persönliches Problem vortragen. Der Star, den seine Fans am liebsten alle einmal persönlich sprechen wollen, versucht denn auch, allen gerecht zu werden, und verzettelt sich dabei hoffnungslos. So viele Versprechungen, wie Günter Wallraff jeden Abend während seiner Tour macht, kann er sich gar nicht merken, geschweige denn einlösen. Wenn die Veranstalter ihn dann endlich zum späten Imbiss in eine Kneipe gelotst haben, ist er regelmäßig so erschöpft, dass er fast am Tisch einschläft.

Zum Glück für Günter Wallraff gab es damals noch keine Handys, doch auch so ist er im Herbst 1979 rund um die Uhr mit »Bild« beschäftigt. Er hetzt von Termin zu Termin, trifft sich mit »Bild«-Geschädigten, ehemaligen »Bild«-Angestellten, Politikern, Gewerkschaftern, Anti-»Bild«-Initiativgruppen und immer wieder mit seinen Anwälten, um sich der Prozesslawine entgegenzustellen, die der Springer-Verlag gegen ihn in Gang gesetzt hat. Vor allem aus dieser Zeit stammt das Bild, das die bundesdeutsche Öffentlichkeit von dem Schriftsteller und Enthüllungsjournalisten Günter Wallraff hat. Seit der Rollenspieler im Dienst der Aufklärung von Anfang März bis Anfang Juli 1977 für vier Monate als Hans Esser im Hannoveraner Lokalteil der »Bild« angeheuert hatte und seine

Audimax Hannover: Station auf der Lesereise nach der Veröffentlichung von
»Der Aufmacher«

Erfahrungen an der journalistischen »Bild«-Front anschließend in
dem Buch »Der Aufmacher« veröffentlichte, war Wallraffs Leben
für lange Zeit fast ausschließlich durch den Kampf gegen den größten deutschen Pressekonzern geprägt. In fünf Jahren veröffentlichte er, angefangen vom »Aufmacher« im Herbst 1977 über »Zeugen
der Anklage« im Oktober 1979 bis zur »Bild-Störung« 1981, drei
Bücher über die größte Boulevardzeitung Europas und die Macht,
die dieses Blatt darstellt.

Viel massiver noch als heute war »Bild« in den 60er und 70er
Jahren des vergangenen Jahrhunderts ein politisches Totschlag-
instrument. »Bild«, 1952 von Axel Springer nach dem Vorbild
englischer Boulevardblätter gegründet, hatte nach nur einem Jahr
bereits eine Auflage von 400.000 Exemplaren und verkaufte Ende
1953 bereits über eine Million – eine Auflagensteigerung, die
weder davor noch danach jemals wieder einer deutschen Zeitung
gelang. Zehn Jahre später hatte »Bild« dann bereits den Zenit
erreicht und verkaufte an manchen Tagen fünf Millionen Exemplare. Die »Bild«-Masche hat sich seit den 50er Jahren kaum

verändert. Scheinbar unpolitische menschliche Themen, gezielte Emotionalisierung, die klare Aufteilung der Welt in Gut und Böse und das alles unter dem von Axel Springer formulierten Motto: »Ich war mir seit Kriegsende klar, dass der deutsche Leser eines auf keinen Fall wollte, nämlich nachdenken.«

Während es anfangs in »Bild« noch mehr menschelte, wandelte sich das Blatt nach dem Mauerbau in Berlin 1961 in ein aggressives antikommunistisches Kampfblatt. Von dieser Grundhaltung ausgehend, ließ Axel Springer seinen »Kettenhund«, wie er »Bild« auch zu nennen pflegte, dann Mitte der 60er Jahre auch gegen die aufbegehrenden Studenten los, die sich anmaßten, gesellschaftliche Autoritäten in Frage zu stellen, und vor allem die Unverschämtheit besaßen, die amerikanischen Retter wegen des Kriegs in Vietnam zu kritisieren.

Als die Auseinandersetzungen vor allem in Westberlin eskalieren und der Student Benno Ohnesorg am 2. Juni 1967 während einer Demonstration gegen den zu Besuch weilenden Schah von Persien von einem Polizisten erschossen wird, entfacht »Bild« eine regelrechte Pogromstimmung gegen die bekanntesten Sprecher der Studentenschaft. Das bleibt nicht ohne Wirkung. Am 11. April 1968 wird Rudi Dutschke von dem Hilfsarbeiter und bekennenden »Bild«-Leser Josef Bachmann angeschossen und lebensgefährlich verletzt. Für die wütenden Studenten und alle anderen Anhänger der außerparlamentarischen Opposition ist sofort klar, wer der eigentliche Hintermann des Attentats ist: Axel Springer und seine »Bild-Zeitung«. Wolf Biermann dichtete damals: »Drei Kugeln auf Rudi Dutschke, ein blutiges Attentat, [...] die Kugel Nummer eins kam aus Springers Zeitungswald ...«

In Dutzenden deutschen Städten kommt es in den folgenden Tagen zu wütenden Demonstrationen und Tumulten, als Tausende versuchen, die Druckereien zu blockieren und die Auslieferung des Blattes zu verhindern. Als Ostern 1968 auch die »Bild«-Druckerei in Frankfurt belagert wird, ist unter anderem der bis dahin vor allem in linken Kreisen bekannte Schriftsteller Günter Wallraff mit dabei. In Berlin fliegen Molotow-Cocktails, Springer-Autos brennen, und es kommt zu regelrechten Straßenschlachten mit der Polizei.

Wenig später, als aus der Erbmasse der APO unter anderem auch die RAF entstand, die durch Anschläge auf US-Militäreinrichtungen und später auch gezielte Morde an Politikern und Wirtschaftsbossen für die Befreiung der Dritten Welt im Zentrum des Kapitalismus zu kämpfen vorgab, entwickelte sich die »Bild-Zeitung« zum dröhnenden Fahndungsorgan gegen die »Baader-Meinhof-Bande«. Schriftsteller, Journalisten und Professoren, die es wagten, danach zu fragen, warum die RAF tat, was sie tat, wurden zu »Sympathisanten des Terrors« erklärt und als geistige Anstifter verunglimpft. Dazu gehörten Heinrich Böll, aber auch Günter Wallraff. Der ehemalige »Bild«-Chefredakteur Hans-Hermann Tiedje, der von 1989 bis 1992 das Blatt leitete, erklärt heute den damaligen Furor von »Bild« neben der politischen Ausrichtung auch mit der persönlichen, oft schon paranoiden Angst vieler Springer-Journalisten vor der RAF, nachdem diese im Mai 1972 drei Bomben im Springer-Hauptquartier in Hamburg gezündet hatte und dabei 17 Menschen verletzte.

Als Antwort auf die Hetze von »Bild« gab es jedoch nicht nur Demonstrationen, sondern bereits 1968 erstmals den Versuch, mit einer eigenen Tageszeitung der Springer-Weltsicht etwas entgegenzusetzen. Das scheiterte zwar 1968 schon nach wenigen Wochen, weil Hauptsponsor Rudolf Augstein sein Geld wieder zurückzog, doch zehn Jahre später, als Wallraff auf seiner Anti-»Bild«-Tour war, wurden gleich zwei Zeitungen gegründet, die an den ersten Versuch von 1968 anknüpften. Fast zeitgleich gingen die »Neue« und die »tageszeitung« an den Start. Die »taz« blieb neben »Bild« lange die einzige erfolgreiche Tageszeitungsneugründung der Bundesrepublik. Intensiv wurde Ende der 60er, Anfang der 70er Jahre innerhalb der Gewerkschaft und linken SPD-Kreisen darüber diskutiert, ob man nicht auf gesetzlichem Weg, Willy Brandt war damals Kanzler der sozialliberalen Koalition, eine Demokratisierung der Presse, mehr innere Pressefreiheit und notfalls eine Enteignung Springers, den viele als echte Gefahr für die bundesdeutsche Demokratie ansahen, durchsetzen könnte.

Es gab also viele Gründe für einen bundesdeutschen Linken in den 70er Jahren, sich gegen »Bild« zu engagieren. Mit seinem Buch »Der Aufmacher« und mehr noch mit der anschließenden, fast existenziellen Auseinandersetzung mit dem Riesenkonzern Springer wurde Wallraff zum Leitstern der Anti-»Bild«-Bewegung und einer Presse, die von immer weniger Großkapitalisten dominiert zu werden drohte. Die fünf Jahre seines Lebens, die Wallraff sich fast ausschließlich mit »Bild« beschäftigte, haben sein Bild in der Öffentlichkeit entscheidend geprägt. Auch wenn der Erfolg der »Bild«-Bücher, gemessen an der Auflage von »Ganz unten«, erst an zweiter Stelle in seinem Werk kommt, verbindet sich mit dem Namen Wallraff bis heute doch in erster Line seine Auseinandersetzung mit »Bild«. Auch die politische Wirkung der Anti-»Bild«-Kampagne ragt aus dem Gesamtwerk heraus. Wallraff und »Bild« ist eines der prägenden Gegensatzpaare der Bundesrepublik, eine David-gegen-Goliath-Geschichte, die immer auch Züge einer persönlichen Auseinandersetzung hatte und die bis heute, auch viele Jahre nach dem Tod des Verlegers Axel »Caesar« Springer noch anhält. Die alte Garde von Springer hasst Wallraff nach wie vor und weigert sich, über seine Kritik an den Methoden der »Bild-Zeitung« überhaupt zu reden. Andererseits macht auch Günter Wallraff keinen Hehl daraus, dass sich auch für ihn manche Feindschaften nicht einfach durch die Zeitläufte erledigen. »Bild«, davon ist er überzeugt, »hat sich bis heute nicht wesentlich in seinen Methoden geändert.«

Esser wie Messer

Wie so oft bei Günter Wallraff war seine Aktion bei »Bild« nicht von langer Hand geplant, sondern entwickelte sich aus einer bestimmten Situation heraus. Ursprünglich begann alles ganz harmlos. Der WDR hatte ihm, zusammen mit dem Dokumentarfilmer Jörg Gfrörer, den Auftrag gegeben, einen »Bild«-Film zu machen, in dem einzelne »Bild«-Geschichten nachrecherchiert und so der Wahrheitsgehalt beziehungsweise der phantasievolle Umgang mit der Wahrheit dargestellt werden sollten. »Wir merkten aber bald«, so Wallraff heute, »dass ein Film, der lediglich ein paar ›Bild‹-Lügen enttarnt, doch recht oberflächlich ist. Jeder wusste doch irgendwie, dass ›Bild‹ lügt, wir wollten genauer wissen, wie das eigentlich zustande kommt.»Die Bekanntschaft mit dem Hannoveraner Alf Breull bot dann die Möglichkeit, aus dem Wunsch, die Produktionsverhältnisse von»Bild«von innen kennenzulernen, Wirklichkeit werden zu lassen:»Warum fängst du nicht einfach bei ›Bild‹ an, dann weißt du es!«Alf Breull hatte zwei Jahre zuvor, nachdem er als Journalist seinen Job verloren hatte, aber als junger Familienvater auf ein regelmäßiges Einkommen angewiesen war, bei»Bild«angeheuert. Maximal zwei Jahre, so schwor er sich, wollte er bei»Bild«bleiben, um Schulden abbezahlen zu können. Tatsächlich blieb Breull seinem Schwur treu und stieg bei»Bild«nach zwei Jahren aus, obwohl ihm eine Festanstellung und ein hohes Gehalt angeboten wurden. Doch Alf Breull wollte sich nicht länger verbiegen.

Stattdessen bot er Wallraff an, ihn als seinen Nachfolger bei»Bild«Hannover vorzuschlagen und ihm so einen Einstieg zu ermöglichen. Nachdem die Entscheidung gefallen war, bereitete sich Wallraff intensiv auf eine Rolle als»Bild«-Journalist vor. Er studierte das Blatt, und er versuchte, sein Äußeres so zu verändern, dass es den Vorstellungen von einem forschen»Bild«-Mann entgegenkam. Eine Gesichtsoperation redete ein befreundeter Arzt ihm allerdings aus und riet ihm stattdessen, seine Körpersprache entsprechend zu verändern. Er solle zackig und selbstsicher auftreten. Der Bruder eines Freundes, den er in Portugal kennengelernt hatte, lieh ihm seinen Namen: Hans Esser. Als»Esser wie Messer«konnte sich Wallraff dann bei seiner Bewerbung empfehlen und damit gleich den richtigen Eindruck hinterlassen. Mit Alf Breull übte er intensiv sein Vorstellungsgespräch mit dem Leiter der Hannoveraner»Bild«-Redaktion, Lothar Schindlbeck, der im Buch als Schwindmann firmiert. Wallraff legte sich eine Legende zurecht, von der er hoffte, dass sie Schindlbeck beeindrucken würde. Im Vorstellungsgespräch sollte später dann vor allem sein Hinweis, nach einem Psychologiestudium bei der Bundeswehr eine Zeit lang als Leutnant in psychologischer Kriegsführung aktiv gewesen zu sein, für Begeisterung sorgen.

Wie Breull vermutet hatte, suchte»Bild«Hannover tatsächlich händeringend nach Leuten, die mithelfen konnten, den täglichen Bedarf an»Bild«-typischen Geschichten zu decken. Die Haare auf

Als Hans Esser bei seinem ersten Einsatz als »Bild«-Reporter

Bundeswehrlänge gestutzt, die Augenfarbe durch Kontaktlinsen verändert und ansonsten mit der empfohlenen veränderten Körpersprache, marschierte Wallraff gemeinsam mit Breull an einem sonnigen Märztag »hochnervös« in die »Bild«-Redaktion Hannover, damals noch im selben Gebäude untergebracht wie die »Hannoversche Allgemeine«, das führende Lokalblatt aus dem Verlag Madsack. Schindlbeck alias Schwindmann versuchte zunächst, Alf Breull doch noch zum Bleiben zu überreden, doch als das scheiterte, war er offenbar froh, dass Breull gleich einen Ersatzmann mitgebracht hatte. Wallraff gab sich als Werbefachmann aus, der sich gerne mal als Journalist versuchen würde. Bei gelegentlicher Mitarbeit an Drehbüchern fürs Fernsehen tauche er als Autor später nie auf, beschwerte er sich gegenüber dem »Bild«-Chef, der ihm gleich versicherte, in »Bild« käme er immer mit voller Namensnennung zum Zug. Schindlbeck war von Wallraffs Vorstellung so begeistert, dass er ihm gleich einen Auftrag für den nächsten Tag gab.

Wallraff arbeitete dann die kommenden vier Monate als Freier, das heißt ohne Vertrag und ohne regelmäßiges Einkommen, bei

»Bild« Hannover. Bezahlt wurde er pro abgelieferter Geschichte. Je besser dem Bürochef die Geschichte gefiel, umso mehr Honorar erhielt der Schreiber. Da die meisten »Bild«-Mitarbeiter in Hannover wie Wallraff als Freie arbeiteten, immer in der Hoffnung auf eine Festanstellung, konnte Schwindmann sie leicht unter Druck setzen und gegeneinander ausspielen. Der einzige Vorteil für Wallraff an diesem System war, dass er nicht in die Verlegenheit kam, mit falschem Namen einen Vertrag unterschreiben zu müssen. So konnte ihm der Springer-Verlag in den folgenden Prozessen um das Buch zum Verdruss der hauseigenen Rechtsabteilung nie eine falsche Unterschrift und deshalb nie eine Urkundenfälschung nachweisen.

Zunächst aber ist Wallraff, wie andere »Bild«-Mitarbeiter auch, durch seinen niedrigen Status der Willkür des Bürochefs Schindlbeck vollkommen ausgeliefert. Er bekommt das auch bald an seinem persönlichen Verhalten zu spüren. Schneller, als er es vorher je für möglich gehalten hat, passt er sich an. Gearbeitet wurde in der Hannoveraner »Bild«-Redaktion in einem Großraumbüro, was aus Sicht des Büroleiters zur Disziplinierung der Mitarbeiter sehr hilfreich war. »Wenn einem ein Artikel vor versammelter Mannschaft zerrissen wird, dann kommst du abends ziemlich niedergeschlagen nach Hause. Du kannst den Menschen nicht in eine Freizeit- und eine Produktionshälfte trennen. Da, wo du deine Bestätigung bekommst, da passt du dich auch an. Wenn mich der Redaktionsleiter gelobt hat, ›na spitze, Esser, war klasse‹, dann bin ich abends hoch erhobenen Hauptes nach Hause, dem konnte ich mich nicht entziehen«, beschreibt Wallraff seine Verwandlung zu Hans Esser.

Um den größten Konflikten auszuweichen, machte Wallraff sich rar, wenn es um politische Themen ging. »Da wollte ich nicht zum Mittäter werden und hab mich deshalb mehr auf Wald-und-Wiesen-Themen verlegt.« Doch auch Wallraff blieben die »Bild«-typischen Einsätze nicht erspart. Er lernte schnell, seinen Geschichten den »Bild«-typischen Dreh zu geben und die Wahrheit nach »Bild«-Sicht zu formen. Seine veränderte Wahrnehmung beschrieb er so:

»Wenn ich vom Redaktionsleiter rausgeschickt werde, vor Ort, um Geschichten aufzureißen, begegne ich Menschen wie Ausbeutungsobjekten. Lasse sie nicht ausreden, wenn sie von ihren Nöten und Problemen erzählen. Alles in meiner Umwelt wird auf unmittelbare Ausschlachtung für ›Bild‹ selektiert. Ich höre mich selbst wie einen ausgefuchsten ›Bild‹-Schreiber reden. Alles um mich herum gerinnt und erstarrt zur verkürzten ›Bild‹-Floskel-Geschichte. Ich stelle fest, dass mir bei Geschehnissen gleich Überschriften und Artikelanfänge einfallen. Selbst bei einer privaten Auseinandersetzung mit meiner Freundin versuche ich, sie mit der ernsthaft vorgebrachten Formulierung abzublocken: Lass mich endlich in Ruhe damit, da sehe ich die Geschichte nicht. Nach eineinhalb Monaten weist sie mich darauf hin, dass ich das erste Mal von ›wir‹ spreche, wenn von der ›Bild-Zeitung‹ die Rede ist.

Das Klima in der Redaktion ist bestimmt von Einschüchterung und Angst. Es herrscht eine ganz eiskalte Stimmung von Druck und Zwang. In diesem Klima lebt man nicht, man funktioniert nur noch. Mit einmal eingespeicherter Marschrichtung wirst du in Gang gesetzt. Was du speicherst, wird ständig abgerufen und geprüft. Du hast dein Programm drin, und den Code hat der Redaktionsleiter Schindlbeck, und dessen Code hat Chefredakteur Prinz [der damalige ›Bild‹-Chef, J. G.] und dessen wiederum Springer, der irgendwo unsichtbar über den Wolken schwebt.

Du arbeitest in der Intensivstation der Massenträume. Bösartiger, unwirklicher, ablenkender Träume. Die Traumfabrikanten, die Macher, ziehen sich selbst an ihren eigenen Geschichten hoch. Über das Gedruckte im Blatt werden sie sich erst ihrer eigenen Existenz bewusst. Ich bin im Blatt, also gibt es mich.

Selbst mir geht es schon so. Eine beängstigende Anpassung in so kurzer Zeit.«

Wallraff beschreibt seine vier Monate im Dienst von »Bild« Hannover als eine einzige Gratwanderung. Auf der einen Seite wollte er gute Geschichten abliefern, weil er hoffte, dass sein Redak-

Vorbereitung für die Reportage »Der Gartenzwerg wird 100 Jahre alt«

tionsleiter ihn für die Zentralredaktion in Hamburg empfehlen würde, wo Wallraff hoffte, dann mehr über die zentralen Entscheidungsinstanzen des Blattes zu erfahren und dessen Kontakte zu Politik, Geheimdiensten und Industrie besser recherchieren zu können. Auf der anderen Seite wollte er unbedingt verhindern, dass der Einsatz bei »Bild« ihn selbst zu sehr veränderte, wollte, dass die Mechanismen der Anpassung ihm bewusst blieben. Zu Hause half ihm seine Freundin, seine spätere zweite Ehefrau Dorlies Pollmann: »Ist ja mal wieder typisch Esser, wenn das der Wallraff wüsste«, sagte sie, wenn er nicht aus der Rolle fand.

Im Büro verwendete er eine subtile Taktik der Distanzierung. Als Beispiel erzählt er, wie er sich damals das Rauchen abgewöhnt hat. »Schindlbeck alias Schwindmann gab mir den Auftrag, ein Stück über einen Wunderheiler zu machen, der mit einem ominösen Lichtblitz die Sucht angeblich binnen Sekunden kurieren konnte. Jeder wusste zwar, dass das Schwindel war, aber es galt als gute Geschichte. Ich ging dann also hin. Der hatte so ein ominöses Blitzgerät, damit machte er einmal Blitz, und dann sollte man seine Rauchersucht los sein. Zurück in der Redaktion, schrieb ich meine

Geschichte über die wunderbare Entwöhnungsmethode. Plötzlich kam Schindlbeck, hielt mir seine Zigarettenpackung vor die Nase und sagte: Los, Esser, hier, rauchen Sie eine. Ich sagte: Herr Schindlbeck, das wirkt, ich rauche nicht mehr. Der dachte, ich bin bescheuert. In den nächsten Tagen kam er immer wieder zu mir: Komm, Esser, rauchen Sie eine, aber ich bestand darauf, dass der Blitz immer noch wirkt. Seitdem habe ich tatsächlich aufgehört zu rauchen. Damals zunächst, um mich von diesem Gruppenkonsens innerhalb der Redaktion nicht vereinnahmen zu lassen und meinen eigenen Status zu behalten. Damit hab ich gleichzeitig das Image hergestellt: ›Der Esser, der ist so naiv, der glaubt noch an seine eigenen Geschichten.‹ Später dann, weil ich aus der Arbeit bei ›Bild‹ wenigstens ein positives Moment mitgenommen haben wollte.«

Verraten, verkauft, verfolgt

Doch trotz aller Anpassung und zunehmender Begeisterung seines Redaktionsleiters wurde Wallraffs Karriere bei »Bild« jäh gestoppt. Er hatte sich für einige Tage krankgemeldet – auch eine Methode, um den Spagat zwischen Sein und Schein länger aushalten zu können –, als ihn eines frühen Morgens im Juli ein Telefonanruf eines Hamburger Freundes erreichte. »Holla, Günter, pass auf, setz dich ab, du bist aufgeflogen.« In »Das da«, einer zu der Zeit nur noch notdürftig politisch verbrämten Sex-Postille, die der ehemalige »Konkret«-Herausgeber Klaus Rainer Röhl verantwortete, war eine kurze Notiz erschienen, wonach Wallraff im Moment bei der »Bild-Zeitung« inkognito am Werke sei. »Bild«, so Röhl, wisse bereits Bescheid.

Bis heute ist Wallraff sich nicht sicher, durch wen er damals eigentlich aufgeflogen ist. Dass ausgerechnet Röhl seine Undercover-Tätigkeit bei »Bild« öffentlich machte, überraschte ihn schon damals nicht besonders. »Röhl war stark nach rechts abgewandert. Er bewegte sich zügig in Richtung rechteste FDP.« Aber wer hat Röhl die Information gesteckt? Die eine Variante ist, dass einer der Freunde, die Bescheid wussten, es einmal zu viel unter dem Siegel der Verschwiegenheit weitererzählt hatte. »Das passiert ja nach dem Schneeballsystem und ist nicht wirklich zu kontrollieren.« Außer Wallraffs engstem familiären Umfeld wussten Freunde wie Wolf Biermann und andere, die ihm bei den Vorbereitungen zu dem »Bild«-Job geholfen hatten, Bescheid. Außerdem war die damalige »Konkret«-Redaktion um den neuen Chef Hermann Gremliza eingeweiht und damit schon einmal ein Teil der Hamburger Journalistenszene. Es kann aber auch ganz anders gewesen sein. »Ich denke immer noch, dass die Info damals wahrscheinlich vom Verfassungsschutz kam«, sagt Wallraff heute. Wallraff hat dafür keine Beweise – Akteneinsicht beim Verfassungsschutz ist für ihn im Gegensatz zu den Stasiopfern auch nach 30 Jahren noch nicht möglich –, aber viele, viele Indizien, die einen solchen Schluss nahelegen. Erstmals 1970 war Wallraff damit konfrontiert worden, dass der Verfassungsschutz ihn intensiv observierte. Als er damals unter anderer Identität im Mindener Melitta-Werk für eine Industriereportage arbeitete und recherchierte, wurde er nach zwei Monaten plötzlich gefeuert. Der Firmeninhaber, Horst Bentz, ehemaliger Obersturmbannführer der SS und auch in der Bundesrepublik noch in rechtsradikalen Zirkeln aktiv, brüstete sich in einem späteren Gespräch mit Wallraff, dass er den Hinweis auf Wallraffs Anwesenheit in seinem Betrieb vom Verfassungsschutz erhalten habe. Überwacht wurde Wallraff damals schon wegen vermeintlicher Unterstützung der Baader-Meinhof-Gruppe, was er aber erst sehr viel später im Zuge der gerichtlichen Auseinandersetzung um seine angebliche Zusammenarbeit mit der Stasi erfuhr. Der Verdacht, Wallraff sei ein aktiver Unterstützer der RAF, wurde von den Geheimdiensten und der politischen Polizei über lange Jahre aufrechterhalten und mit immer neuen, abstrusen Behauptungen gestützt. Ganz offiziell erfuhr Wallraff nur von zwei Observationen, die Mitte der 70er Jahre gegen ihn durchgeführt wurden. Von der zweiten wurde er erst fünf Jahre nach ihrem Abschluss dank des damaligen Innenministers Gerhart Baum in Kenntnis gesetzt. Der Grund für die Überwachungsmaßnahme war so konstruiert wie typisch für alle damaligen Bemühungen, Wallraff in die Terroristenecke zu drängen. Angeblich soll er sich damals mit dem RAF-Mitglied Margrit Schiller getroffen haben.

Schiller gehörte zur ersten Generation der RAF und war bereits 1971 verhaftet und zu zwei Jahren Gefängnis verurteilt worden. Als sie 1973 wieder freikam, ging sie erneut in den Untergrund, wurde aber zumindest phasenweise vom Verfassungsschutz überwacht. Einer ihrer Verfolger will dabei gesehen haben, wie sie aus einer Regionalbahn auf einem Bahnhof im Rheinland einem Mann in einem anderen Zug, der auf einem gegenüberliegenden Bahngleis hielt, mit einem Buch ein Zeichen gegeben hatte. Ihr Bewacher bezeichnete den Kontaktmann als »Typ linker Rechtsanwalt«, auf dem Buch wollte er als Titel irgendwas von »Oben« und »Unten« entziffert haben. Daraus schloss der Geheimdienst messerscharf, bei dem Buch müsse es sich um das Wallraff-Werk »Ihr da oben – wir da unten« gehandelt haben, und der Mann, dem Frau Schiller zugewunken habe, könne deshalb nur Günter Wallraff gewesen sein. Wallraff kannte zwar Margrit Schiller nicht und hatte sie bis zu einem Treffen, das ein Journalist 1979 organisierte, auch noch nie gesehen, aber Zufall oder nicht, genau in dem besagten Zeitraum, in dem sein Telefon überwacht wurde, war er gerade dabei, seinen Einsatz in Griechenland vorzubereiten.

Als Wallraff nach seiner Festnahme in Griechenland dann von Mitarbeitern des dortigen Militärgeheimdienstes beim Verhör misshandelt wurde, zeigte ihm einer seiner Vernehmer eine Visitenkarte eines BKA-Beamten und brüstete sich bester Kontakte zu bundesdeutschen Sicherheitsdiensten.

Die längste Observation durch die politische Polizei, die Wallraff bekannt ist, begann im Juni 1975 und dauerte 15 Monate. Anlass war zum einen eine Anzeige durch einen Mitarbeiter der politischen Polizei Köln, der erneut in einer vagen Denunziation Wallraff der vermeintlichen Terrorunterstützung bezichtigte. In seiner Strafanzeige fantasiert er von einem »in mir aufgekommenen Tatverdacht« gegen Günter Wallraff, weil Wallraff über besondere Beziehungen zu Schweden verfüge und Schweden doch bekanntermaßen ein beliebtes Rückzugsgebiet der RAF sei. Tatsächlich zögerte der Polizeipräsident in Köln daraufhin nicht, ein Ermittlungsverfahren gegen Wallraff wegen des Verdachts der Unterstützung der RAF einzuleiten. Um auch eine Telefonabhöraktion rechtfertigen zu können, wandte die Kölner Polizei sich dann auf dem

Wege der Amtshilfe an den BND, der auch prompt behauptete, »einer unbestätigten Information aus dem Jahre 1969 zufolge, soll W. Verbindungen zu spanischen Terroristen, die anarchistischen und trotzkistischen Gruppen angehören, haben. Angeblich versorgt er diese Gruppe mit Waffen und Sprengstoff.«

Die Kölner Staatsanwaltschaft verwandelte die »unbestätigten Informationen« in Erkenntnisse des BND, und so bekam die Telefon-Abhöraktion ihre juristische Legitimation. Rund um die Uhr wurde Wallraff daraufhin abgehört und von Angehörigen der politischen Polizei überwacht und bespitzelt. Ein Vorderrad seines Autos wurde so manipuliert, dass es sich, glücklicherweise bei langsamer Fahrt, selbstständig machte. Etliche Besucher Wallraffs gerieten nur deshalb ebenfalls ins Fadenkreuz von Ermittlungen, weil sie losen Kontakt zu ihm hatten. Weil nach dreimonatigem Abhören nichts herausgekommen war und die Aktion nach dem Gesetz hätte abgebrochen werden müssen, wurde die Aktion noch ein Jahr lang illegal fortgesetzt. Erst als auch nach 15 Monaten keine Erkenntnisse vorlagen, wurde es der Kölner Generalstaatsanwaltschaft zu bunt. Sie zog das Verfahren an sich, stellte es sofort ein und leitete ein Verfahren gegen den Chef des Dezernats ein. Wallraff erfuhr davon aus der Zeitung.

Da der Wohnungsbrand im Anschluss an seine Enthüllung über den Putschversuch der Rechten in Portugal just zu der Zeit der Observation stattfand, die am Tatort gefundenen Hinweise auf Brandbeschleuniger später bei der Polizei aber spurlos verschwanden, konnte Wallraff auch nur mutmaßen, dass dieser Brand nicht ohne Wissen deutscher Dienste zustande gekommen war.

Diese ständige Observierung Wallraffs war in den 70er Jahren nicht so ungewöhnlich, wie es heute scheinen mag. Seit die RAF 1970 ihre ersten Attentate verübt hatte und in Berlin zuerst Oppositionsführer und CDU-Chef Lorenz entführt und wenig später der Kammergerichtspräsident Günter von Drenkmann erschossen worden waren, herrschte im Staatsapparat eine Art Dauerhysterie, die dazu führte, dass Verfassungsschutz, Bundesnachrichtendienst und politische Polizei die gesamte bundesdeutsche Linke unter den Generalverdacht der Unterstützung terroristischer Organisationen stellte und BKA und Verfassungsschutz

Tausende Linke per Rasterfahndung speicherten und Hunderte, zumeist ohne konkreten Tatverdacht, observierten. Wallraff war bei weitem nicht der Einzige, der immer wieder in die Mühlen der Geheimdienste geriet, aber er gehörte sicher zu denjenigen, die mit am intensivsten ihren Nachstellungen ausgesetzt waren. Als Günter Wallraff sein Buch »Der Aufmacher« präsentierte, hatte die RAF-Hysterie ihren Höhepunkt erreicht. Nie zuvor und nie wieder danach stand die Bundesrepublik so nah am Ausnahmezustand wie in den Septembertagen 1977, nachdem ein RAF-Kommando den Arbeitgeberpräsidenten Hanns Martin Schleyer entführt und dabei vier seiner Begleiter erschossen hatte.

Erstmals wurden im Nachkriegsdeutschland Nachrichtensperren verhängt, die Kommuniqués der Entführer, die einen Austausch mit den RAF-Häftlingen forderten, durften in deutschen Zeitungen nicht gedruckt werden. »Bild« betätigte sich als führendes Fahndungsorgan, und wer »Bild« kritisierte, galt deshalb schon fast automatisch als »Terroristenhelfer«. Nicht umsonst heißt der erste Satz im Vorwort des ersten »Bild«-Buchs »Der Aufmacher«: »Ich verabscheue Gewalt und Terror. Ich verurteile die Morde an Drenkmann, Bubak [Generalbundesanwalt, J. G.] und Ponto [Vorstandsvorsitzender der Dresdner Bank, J. G.] und den vier Begleitern Schleyers.« Schleyer selbst erwähnte Wallraff im Vorwort nicht, weil er bei Erscheinen des Buchs noch lebte. Günter Wallraff erklärt auch gleich, warum er sein Buch so beginnt: »Weil zur Zeit in diesem Land ein Klima herrscht, in dem demokratische Kritik diffamiert und in Terroristennähe gerückt wird. Ich z. B. wurde, nachdem ich mir erlaubt hatte, ›Bild‹ von innen her kennenzulernen, in diesem Blatt dreimal als Untergrundkommunist diffamiert, was auf Neudeutsch so viel heißt wie Terrorist.«

Doch Wallraffs Verdacht, dass der Verfassungsschutz oder ein anderer westdeutscher Geheimdienst ihn bei »Bild« hatte auffliegen lassen, ging nicht nur von dem damaligen Klima und der damit umfassenden Überwachungsmanie aus, sondern stützte sich auf einen ganz konkreten Vorfall ein halbes Jahr zuvor. Als Wolf Biermann nach seinem legendären Konzert in Köln im November 1976 wenige Tage später vom SED-Politbüro die Staatsbürgerschaft entzogen und er von einem Tag auf den anderen ausgebürgert wurde, lebte er in den ersten Monaten seines neuen Lebens in der Bundesrepublik bei Günter Wallraff. In dieser Zeit ging es besonders hektisch zu. Hunderte Freunde und Sympathisanten aus dem In- und Ausland riefen an, Solidaritätsaktionen wurden verabredet, private Gespräche zwischen Biermann und seiner Frau in Ostberlin wurden über Wallraffs Telefon geführt. Und »Bild« war immer dabei. Über eine so genannte Parallelschaltung wurde Wallraffs Leitung abgehört, und zwar nicht nur vom Geheimdienst, sondern auch von der Kölner »Bild«-Redaktion. Wie Georg Bönisch, heute Journalist beim »Spiegel«, damals noch bei der »Kölnischen Rundschau«, später vor Gericht aussagte, hatte ihm gegenüber ein Mitarbeiter der Kölner BND-Stelle zugegeben, dass der Bundesnachrichtendienst eine Schaltung so gelegt hatte, dass die »Bild«-Leute alle Gespräche von Günter Wallraffs Privatanschluss aus mithören konnten. Wallraff, der damals schon befürchtete, abgehört zu werden, erfuhr diesen Zusammenhang einige Jahre später durch einen ehemaligen Kölner »Bild«-Redakteur. In einem Gerichtsverfahren wurden die Anschuldigungen bestätigt und zwei »Bild«-Redakteure wegen illegalen Abhörens fünf Jahre danach zu Geldstrafen verurteilt. Allerdings blieb der BND-Hintergrund unaufgeklärt, weil der Ex-»Bild«-Redakteur, der Wallraff die Abhöraktion gestanden hatte, unter mysteriösen Umständen verstorben war und Georg Bönisch seinen Informanten vor Gericht nicht offenbaren wollte.

Ob Wallraff aber auch während seiner »Bild«-Mission abgehört wurde und ob der Verfassungsschutz so von Hans Esser wusste, ist bis heute unklar. Auch ehemalige Verfassungsschutzmitarbeiter, wie der frühere Bremer Verfassungsschutzchef Lothar Jachmann, wollen oder können nichts dazu sagen. Jachmann erinnert sich dagegen an ein anderes Detail: »In den 70er Jahren hatte der Verfassungsschutz selbst große Angst, dass sich Wallraff unerkannt als Mitarbeiter anstellen lassen könnte. In jedem Landesamt lagen deshalb bei den Amtschefs Warnungen aus dem Kölner Bundesamt mit einschlägigen Hinweisen, wie Wallraff zu erkennen sei.«

Das Imperium schlägt zurück

Als »Der Aufmacher« dann Ende September 1977 erschien, wurde das Buch binnen weniger Wochen zu einem sensationellen Erfolg. Erheblich dazu beigetragen hatte der »Stern« mit einer großen Vorveröffentlichung, der damit auch die publizistische Frontlinie bestimmte. Auf der einen Seite der Springer-Konzern und die konservative Presse, auf der anderen »Stern«, »Spiegel«, »Konkret« und linksliberale Tageszeitungen wie die »Frankfurter Rundschau«.

Dass der »Stern« sich damals so eindeutig auf die Seite von Günter Wallraff stellte, war in erster Linie dem damaligen stellvertretenden Chefredakteur Manfred Bissinger zu verdanken. Bissinger erinnert sich, dass damals im Vorfeld der Veröffentlichung ein geheimes Treffen zwischen ihm, Wallraff und Chefredakteur Henri Nannen stattfand, bei dem Nannen sehr skeptisch war. »Er sah in der Beschreibung des Redaktionsalltags bei ›Bild‹ durchaus Ähnlichkeiten zum ›Stern‹«, so Bissinger, ein Vorwurf, den der Anti-Wallraff-Beauftragte von Springer, Wolf Schneider, später auch immer wieder erhob.

Trotzdem stimmte Nannen der Veröffentlichung zu, und die »Stern«-Leser dankten es ihm. Fast alle Leserbriefschreiber waren begeistert, nur wenige mäkelten über den vermeintlich doch längst bekannten »Bild«-Aufguss. Wieder bestätigte sich auch, was schon bei früheren Veröffentlichungen eine entscheidende Rolle gespielt hatte: Es war nicht nur die Information als solche, sondern vor allem auch die Aktion Wallraffs, die seine Geschichten so spektakulär machten. »Das war schon ein wahnsinniger Coup, sich bei ›Bild‹ einzuschleichen«, meint Hans-Christian Ströbele, heute Bundestagsabgeordneter der Grünen und damals Anwalt von RAF-Gefangenen, noch immer anerkennend. »So etwas hätten wir ja nicht für möglich gehalten.« Selbst Ex-»Bild«-Chefredakteur Hans-Hermann Tiedje sagte in einem Streitgespräch mit Wallraff, das die »Frankfurter Rundschau« 2001 veranstaltete: »Natürlich kannte ich auch das Foto von Hans Esser; dennoch habe ich mich immer gefragt: Wie war das möglich? Denn jenseits der sachlichen Auseinandersetzung war das zunächst doch vor allem ein Lacherfolg.«

Die damals im Springer-Konzern Verantwortlichen können allerdings bis heute über Wallraffs Coup nicht lachen. Sie spuckten Gift und Galle und versuchten mit allen Mitteln, Wallraff fertigzumachen. Nachdem die »Bild-Zeitung« in einer ersten Reaktion zunächst Empörung über den »falschen Kollegen«, der demnächst »wohl einen Kübel Jauche über uns ausgießen wird«, artikulierte, ließ sie ihrer Wut freien Lauf, als das Buch im September erschien. Sonderkorrespondent Will Tremper erhielt von der Chefredaktion den Auftrag, »die Lügen Wallraffs zu widerlegen«. Was folgte, war eine Serie, die nach der vermeintlichen »Aufdeckung« von 16 Lügen plötzlich abbrach, obwohl »Bild« zunächst verkündet hatte, allein bei einer ersten Durchsicht des Buches seien schon 26 Lügen aufgefallen. Obwohl »Bild« keinen Aufwand scheute und mehrere Recherchetrupps losschickte, die, angefangen von Wallraffs Mutter und deren Nachbarn in Köln-Mauenheim über seine früheren Lehrer bis hin zu ehemaligen Kollegen, überall nach möglichen Verfehlungen des Autors fahndeten, kam dabei für »Bild« nichts Verwertbares heraus. Auch die Kollegen aus der Hamburger Zentrale, die in Hannover alles noch einmal durchkämmten, konnten Tremper nicht viel Futter liefern. Der verlegte sich deshalb vor allem darauf, Wallraff persönlich zu beleidigen. Wallraff sei »ein Psychopath, wie aus einem Lehrbuch der Psychiatrie entsprungen«, er habe »sein bleiches Fanatikerantlitz mit Höhensonne vermenschlicht«, in Wirklichkeit sei Wallraff der »Faschist« und nicht diejenigen, von denen er das immer behaupte. Die Lieblingsvokabel für alle Springer-Blätter, wenn sie denn über Wallraff schrieben, war »Untergrundkommunist«, eine Formulierung, die Franz Josef Strauß im CSU-Blatt »Bayernkurier« erfunden hatte.

Doch Springer verlässt sich nicht nur auf seine Medienmacht. Wolf Schneider, Ex-»Welt«-Chefredakteur, ein Mann, den jüngere Journalistenjahrgänge hauptsächlich als Verfasser von Sprachstil-Fibeln kennen, wurde als oberster Anti-Wallraff-Kämpfer von allen anderen Aufgaben freigestellt. Zwei Jahre lang reiste Schneider Wallraff hinterher, um in jeder öffentlichen Veranstaltung, an der Wallraff teilnahm, Springers Sicht der Dinge zu vertreten. Für Schneider verrieten die Vorwürfe Wallraffs nur, dass er keine Ahnung habe, wie man eine erfolgreiche Boulevardzeitung mache.

Über jedes Massenblatt weltweit könne man über Arbeitsstil und Redaktionsklima dasselbe schreiben, wie Wallraff es über »Bild« geschrieben habe. Das sei völlig normal, der Mann wisse eben nicht, wie solche Blätter funktionieren. Wenn Schneider auch die wenigsten Besucher bei den Veranstaltungen überzeugen konnte, sorgte er doch dafür, dass die Position Springers in der öffentlichen Auseinandersetzung auch außerhalb der Springer-Medien nicht zu kurz kam.

Um diese Argumente nachhaltig unter das interessierte Publikum zu bringen, stellte Springer unter dem Sammelnamen »Hans Bessermann« ein Autorenkollektiv zusammen, das innerhalb von zwei Jahren ein ganzes Anti-Wallraff-Buch auf die Beine stellte. Unter dem Namen »Der Fall Günter Wallraff« wurde im Verlag Hase & Koehler – ein Haus, das sich ansonsten der Pflege der Erinnerung deutscher Soldatenheldentaten widmete und die Memoiren des ersten BND-Chefs Gehlen publizierte – 1979 ein 170-Seiten-Opus publiziert, das wahre Aufklärung über den vermeintlichen Aufklärer versprach. Fazit des Buches: Der »Untergrundkommunist« ist ein nützlicher Idiot des Ostens, der wissentlich oder unwissentlich die Interessen des Kremls vertritt. Das Buch wurde in Hunderten Exemplaren kostenlos in konservativen Kreisen, bei Polizei und Militär verteilt.

Da das aber alles nicht reichte, um Wallraff hinreichend zu diskreditieren und ihn zum Aufgeben zu bringen, heuerte Springer über seine Sicherheitsfirma Hoyer & Jonatis einen Detektiv an, der sich dann im tatsächlich klassischen Sinn bei Wallraff einschlich. Als Pressefotograf getarnt, gelang es Philipp Schimaniak, nach und nach das Vertrauen Wallraffs zu gewinnen. Weil Wallraff schon immer ein offenes Haus führte, wohnte Schimaniak sogar zeitweilig bei ihm und konnte seinen Auftraggebern so haarklein berichten, was Wallraff vorhatte, mit wem er sich traf und wer Wallraffs Informanten waren. Vor allem die Frage, wo das neue Buch »Zeugen der Anklage« gedruckt werden sollte, nahm in den Spitzelberichten einen großen Raum ein. Nach fast zwei Jahren offenbarte sich Schimaniak gegenüber Wallraff und gab ihm eine Abschrift der Protokolle, die er zuvor für seine Auftraggeber angefertigt hatte.

Weniger Mühe als mit dem Buch hatte der Springer-Konzern mit dem Film, den Jörg Gfrörer über Wallraffs Einsatz bei »Bild« gedreht hatte. Der Film, mit dem ja eigentlich alles begonnen hatte, war vom WDR in Auftrag gegeben und bezahlt worden. Zuständig dafür war in letzter Instanz Chefredakteur Werner Höfer, der in groben Zügen auch über den Charakter des Projekts Bescheid wusste. Als der Film fertig war, hatte die Chefredaktion im WDR gewechselt. Höfer war in den Ruhestand getreten, und sein Nachfolger Heinz Werner Hübner war nicht gewillt, sich für den Film einzusetzen. Im Gegenteil, Springers Juristen, die damit argumentierten, die Szenen in der Redaktion seien unter Vorspiegelung falscher Tatsachen gedreht worden, fanden bei Hübner offene Ohren. Der Film verschwand im Giftschrank und ist im öffentlich-rechtlichen Fernsehen in Deutschland nie gezeigt worden: Der WDR hält ihn bis heute unter Verschluss. Ganz anders im Ausland: Da die ARD den Film nicht zeigen wollte, hatte er seine Premiere mit großem Erfolg in Stockholm. Von Schweden aus eroberte der Film viele weitere Länder Europas.

Nach einiger Zeit fuhr »Bild« die Berichterstattung über Wallraff stark zurück. Da sich der Verlag nicht entscheiden konnte, ob das Buch von Wallraff »einfach nur lächerlich sei« oder aber ein »schlimmer Verstoß gegen die guten Sitten des Journalismus«, entschied er, die Auseinandersetzung über die Gerichte zu führen.

Für Wallraff begann nun eine Auseinandersetzung, die ihn mehrmals an den Rand des Zusammenbruchs brachte. Der Springer-Verlag klagte in mehr als einem Dutzend Verfahren gegen den »Aufmacher«. Rund 60 Passagen in dem Buch wurden verboten, nicht weil sie falsch waren, sondern weil das Hamburger Gericht sich die Springer-Sicht zu eigen machte, dass diese Informationen illegal erworben worden seien.

Diese Verfahren waren für Wallraff nicht nur eine schwere physische und psychische Belastung, sie waren auch finanziell ruinös. Der Streitwert in den Verfahren konnte bis zu 500.000 DM betragen, Gerichts- und Anwaltskosten beliefen sich auf über 200.000 DM.

Erste Anlaufstelle für alle »Bild«-Prozesse war Richter Engelschall am Landgericht in Hamburg. Engelschall gab Springer grundsätzlich recht und sagte:»Das Buch ist ein Skandal und hätte nie erscheinen dürfen.« Nachdem er die Verbotsurteile gefällt hatte, erhielt seine einzige Tochter eine Stelle als»Bild«-Redakteurin. Und einige Jahre nach den Prozessen stieg er in eine renommierte Anwaltskanzlei mit Schwerpunkt Presserecht ein, die der Sohn des damaligen»Bild«-Chefredakteurs Prinz leitet.

Doch auch beim Hamburger Oberlandesgericht erging es Wallraff nicht viel besser. Viele Schlüsselszenen aus dem Buch blieben verboten, und Wallraff sah sich so genötigt, sein Buch ständig umzuschreiben. Mit jeder neuen Auflage mussten einige Passagen gestrichen werden, und im Gegenzug fügte Wallraff neue Passagen ein.»Der Aufmacher« dürfte deshalb das einzige Buch der deutschen Nachkriegsgesichte sein, von dem 20 unterschiedliche Versionen existieren. In Wallraffs Buchregal steht eine ganze Kassette mit den unterschiedlichen Ausgaben, in denen man das Buch als»work in progress« Schritt für Schritt weiterverfolgen kann. Als die teilweise verbotene Originalausgabe im Handel nicht mehr aufzutreiben war, erschien das Buch als Raubdruck mit dem Vermerk»1. Unzensierte Originalausgabe«.

Zu den presserechtlich umstrittensten Fragen gehörte, ob Wallraff den Verlauf einer Redaktionskonferenz bei»Bild« Hannover schildern durfte. Mit Unterstützung des Verlags klagte Wallraff schließlich bis zum Bundesgerichtshof. Das Urteil des Bundesgerichtshofes vom 20. Januar 1981 war eine kleine Sensation. Denn anders als in den Vorinstanzen in Hamburg erklärte der BGH, nicht alle von Wallraff bei»Bild« erworbenen Erfahrungen schon deshalb für unveröffentlichbar, weil sie»illegal«, also unter Vorspiegelung falscher Tatsachen, erworben wurden, sondern machte sich im Gegenteil zum Anwalt des allgemeinen öffentlichen Interesses. Über Betriebsinterna, so der BGH, dürfe Öffentlichkeit hergestellt werden, wenn sie der Wahrheit entsprächen und darüber hinaus gewichtige Interessen der Allgemeinheit ansprächen. Dies sei bei dem»Aufmacher« der Fall, weil dort»Fehlentwicklungen des Journalismus und einschneidende Folgen der Meinungsmanipulation« beschrieben würden.

Das Urteil ist eine inhaltliche Bestätigung für Günter Wallraff, die von dem als konservativ geltenden BGH nicht zu erwarten gewesen war: Die »Bild-Zeitung« ist eine »Fehlentwicklung des deutschen Pressewesens«. Nach fünf Jahren Anti-»Bild«-Kampagne ein Gütesiegel, welches deutlich macht, wie viel Günter Wallraff in diesen Jahren bewegt hat. Der juristische Triumph erhält allerdings einen Dämpfer, als Springer als allerletzte Instanz das Bundesverfassungsgericht einschaltet. Von vier Fragen, die Springer dem Bundesverfassungsgericht vorlegt, werden drei im Sinne Wallraffs entschieden. Während der BGH aber Wallraffs Arbeit unter dem Gesichtspunkt beurteilt hatte, was ein beliebiger Arbeitnehmer über einen beliebigen Betrieb öffentlich machen darf und was als Betriebsgeheimnis zu gelten hat, urteilt das Verfassungsgericht vom Gesichtspunkt der verfassungsrechtlich besonders geschützten Presse aus. Ergebnis: Informantenschutz und die besondere Rolle der Presse gebieten es kategorisch, dass eine Redaktionskonferenz vertraulich bleibt. Die Schilderung einer Redaktionskonferenz bei »Bild« Hannover bleibt deshalb verboten, es sei denn, dort würden regelrecht kriminelle Verabredungen getroffen.

In den Worten des Bundesverfassungsgerichts: Wallraff darf seine Methode weiterhin anwenden, »wenn etwas darauf hindeutet, dass es sich um Missstände von erheblichem Gewicht handelt, an deren Aufdeckung ein überragendes öffentliches Interesse besteht«.

Der Gigant wankt

»Wallraff hat bei uns eingeschlagen wie eine Bombe. Der Aufmacher ging wie eine Schockwelle durch die ›Bild‹-Redaktionen.« Mit Grausen erinnert sich Udo Röbel, »Bild«-Reporter seit Anfang der 70er Jahre, an die erste Zeit nach dem Erscheinen von Wallraffs Hans-Esser-Buch über das Innenleben bei »Bild«. »Als ›Bild‹-Reporter«, erzählt er, »warst du durch die Veröffentlichung ganz persönlich betroffen. Kein Mensch wollte dir mehr ein Stück Brot geben. Kollegen anderer Medien haben dich wie einen Aussätzigen behandelt. Es gab eine echte Krise, kein Mensch wollte mehr zu ›Bild‹.« Vor allem eine Episode steht Udo Röbel noch deutlich vor Augen:

»Ich war damals ein echter Musikfreak. Nach einem langen Arbeitstag kam ich abends in eine Kneipe, wo ein Typ einen Live-Auftritt mit seiner Gitarre hatte. Die Musik gefiel mir, nach einiger Zeit hab ich mitgemacht, getrommelt, auch ein paar Takte auf der Gitarre gespielt, wir verstanden uns prächtig. Bis der Typ mich nach dem Gig am Tresen fragte, was ich denn beruflich so mache, und ich wahrheitsgemäß sagte, ich sei bei der ›Bild-Zeitung‹. Dem entglitten die Gesichtszüge, er nahm sein Bierglas und schüttete es mir über den Kopf.«

Udo Röbel, von 1998 bis 2001 Chefredakteur von »Bild«, war damals ein junger Reporter in der »Bild«-Außenstelle Essen-Kettwig. Sechs Jahre zuvor, 1971, war er in Frankfurt zur »Bild-Zeitung« gekommen und begeistert darüber, wie schnell man dort einsteigen konnte. »Du brachtest ein paar gute Geschichten, und schon warst du drin.« Obwohl nach wie vor überzeugter Boulevard-Journalist, hatte Röbel zu dem Zeitpunkt, als Wallraff in der Hannoveraner »Bild«-Redaktion Hans Esser war, auch die Schattenseiten der »Bild«-Produktion längst leidvoll erfahren. »Die Konkurrenz zwischen den einzelnen Außenredaktionen war brutal. Wenn München zwei Tote hatte, brauchtest du mindestens drei Tote, um ins Blatt zu kommen. Oder eben einen besonderen Dreh. Zum Beispiel ›Mord im Schatten des Kölner Doms‹, auch wenn der Mord tatsächlich etliche Kilometer außerhalb Kölns stattfand.«

Röbel führt einen großen Teil der Skandale, Falschmeldungen und Verdrehungen in der damaligen »Bild«-Berichterstattung auf die Konkurrenz untereinander und auf die Art und Weise der Produktion des Blattes zurück. »Zuerst kam immer die Schlagzeile. Wenn du als Leiter einer Außenredaktion deine Themen nach Hamburg durchgegeben hattest, machten die dort eine Schlagzeile daraus, und du musstest dann dafür sorgen, dass die Story zur Schlagzeile passte, egal, ob das inhaltlich dann stimmte oder nicht.« Aus Sicht der »Bild«-Leute in den Lokalredaktionen war »Der Aufmacher« letztlich sogar sehr nützlich, meint Röbel im Rückblick. »Wallraff hatte da für uns auch etwas Befreiendes. Nach dem Wirbel um das Buch konnten wir viele Zumutungen aus der Hamburger Zentrale ablehnen, was vorher nicht möglich gewesen wäre. Es war dann leichter möglich zu sagen, also was ihr euch da ausgedacht habt, das geht so nicht. Das System wurde transparenter, die Leute an der Front wurden mutiger, zu ihren Geschichten zu stehen.«

Röbel ist einer der wenigen ehemaligen »Bild«-Leute, die sich vom Saulus zum Paulus gewandelt haben. Der Ex-»Bild«-Chef managt heute eine Website, www.fairpress.biz, auf der man gegen ein entsprechendes Salär so genannte »Gegenreden« veröffentlichen kann. Das sind Entgegnungen auf Artikel, zum Beispiel in der »Bild-Zeitung«, in denen Darstellungen zeitnah korrigiert werden können, weil förmliche Gegendarstellungen oft erst Monate nach dem inkriminierten Artikel erscheinen und sich die Behauptungen in dem Artikel in der Öffentlichkeit längst festgesetzt haben. Andere Ex-Chefredakteure haben weniger Probleme mit ihrer Vergangenheit. Während Hans-Hermann Tiedje, Chefredakteur von 1989 bis 1992, zumindest einräumt, dass die »Bild-Zeitung« in den 70er Jahren »öfter und definitiv deutlich über die Grenzen des Zulässigen hinausging«, hat der damalige Chefredakteur Günter Prinz auch heute keinerlei Probleme mit den Totschlagzeilen von ehemals.

Als Prinz »Bild« 1971 von Peter Boenisch übernahm, war die Auflage von Spitzenwerten, die an guten Tagen bis an fünf Millionen heranreichte, auf fast drei Millionen gesunken. Prinz, der so lange wie kein anderer Chef des Boulevardblattes blieb, steigerte die Auflage auf stabile fünf Millionen, und dafür war ihm jedes Mittel recht. Prinz gilt noch heute als der härteste Antreiber, den »Bild« je gehabt hat. »Für uns«, erzählt Röbel, »war Prinz als Chefredakteur völlig unsichtbar. Er hatte keinen Kontakt zur Redaktion, Diskussionen gab es nicht. Prinz war ein Diktator. Seine einzige Maxime war Auflage, Auflage, Auflage, und die wurde durch die Schlagzeilen gesteigert. Prinz war ein rigoroser Antreiber, der alle gegeneinander ausspielte.«

Auch heute noch kann Prinz darin keinen Fehler erkennen. In einem Interview mit dem Berliner »Tagesspiegel« anlässlich des 50. »Bild«-Geburtstages im Juni 2002 rechtfertigt er seine damaligen Methoden ohne einen Hauch von Selbstkritik. Auf die Frage nach Wallraffs »Bild«-Kritik als Hans Esser sagte Prinz lakonisch:

Prinz: »Ja, was hat Wallraff denn festgestellt? Dass die ›Bild-Zeitung‹ manchmal übertreibt. Das stimmt, das tat sie damals, das tut sie heute noch. Das machen alle Massenblätter.«

Tagesspiegel: »Wenn der Chefredakteur so fordernd ist, wie Sie es waren, sodass jeder Redakteur versucht, die tollsten Geschichten heranzuschaffen und die dann so spektakulär zu verkaufen, wie es nur geht, dann trägt der Chefredakteur doch mit die Verantwortung ...«

Prinz: »Natürlich, aber er muss nicht damit rechnen, dass ihm Lügen verkauft werden.«

Tagesspiegel: »Sie hätten merken können, wenn eine Geschichte allzu unwahrscheinlich ist, Sie hätten sie überprüfen können.«

Prinz: »Das ist doch utopisch. Was verlangen Sie vom Chefredakteur einer aktuellen Zeitung, über dessen Schreibtisch in einer Stunde Hunderte von Geschichten gehen. Jeder Chefredakteur erwartet, dass die Geschichten, die ihm seine Leute bringen, auch stimmen.«

Prägend für seine Zeit war »der Terrorismus in Deutschland«, wie er in dem »Tagesspiegel«-Interview formulierte. Gemeint damit war die Hetze und Lynchstimmung, die »Bild« damals gegen alles, was das Blatt für links hielt, schürte und für die vor allem Prinz mit Unterstützung seines Verlegers Axel Springer verantwortlich war. »An der großen politischen Linie, den Schlagzeilen damals, konnte man als einfacher Redakteur überhaupt nichts machen«, beschreibt Röbel die damalige Situation. »Gerade für uns im sozialdemokratischen Ruhrgebiet war die politische Linie aus Hamburg nicht immer einfach. Aber darüber gab es keine Diskussionen. Wenn es dir nicht passte, konntest du nur kündigen.«

Ein einziges Mal in der Geschichte der »Bild-Zeitung« probte die Redaktion den Aufstand. Dabei ging es nicht um eine besonders widerliche Schlagzeile, sondern um ein Interview, das der »Zeit«-Autor Ben Witter im Dezember 1980 mit Axel »Cäsar« Springer auf dem Höhepunkt der durch Wallraff ausgelösten Kritikwelle an »Bild« führte. In einem ganzseitigen Beitrag, der auf einem sechsstündigen Gespräch mit Springer basierte und in dem Witter den Verleger mehrfach auf die durch Wallraff ausgelöste Kritik an

»Bild« ansprach, hieß es wörtlich:»Ich leide wie ein Hund darunter, dass manches in meinen Blättern steht, womit ich überhaupt nicht einverstanden bin. Und wie oft leide ich, wenn ich morgens die ›Bild-Zeitung‹ lese. In Hunderten von Briefen beschwor ich die Chefredaktion, alles zu unterlassen, was gegen die Würde des Menschen verstößt …«

Witter zufolge war Springer sogar einverstanden, sich mit Wallraff zu treffen:»Ich bin bereit, mich mit meinen entschiedensten Kritikern zu treffen, mit Herrn Wallraff kann es beginnen.« Später wurde dieses Angebot dann aber mit so viel Bedingungen befrachtet, dass aus dem Gespräch nie etwas wurde.

Dennoch waren die»Bild«-Leute zunächst völlig verstört ob dieses Dolchstoßes ihres Verlegers. Der brancheninterne»Kress Report« berichtete, im ersten Zorn seien Prinz und seine leitenden Redakteure entschlossen gewesen»hinzuschmeißen«. Dann wollten sie zwei Tage streiken, kein Blatt machen, sondern stattdessen nach dem Verbleib der»Hunderte von Briefen« des Verlegers forschen. Statt aufzugeben oder zu streiken, schickten sie schließlich einen Protestbrief an Axel Springer, unterschrieben von 140»Bild«-Redakteuren, einschließlich der Chefredaktion.

Daran mag Prinz sich allerdings heute so nicht mehr erinnern. Dem»Tagesspiegel« sagte er, Springer habe nicht gesagt, er leide wie ein Hund, wenn er morgens die»Bild-Zeitung« lese, sondern er leide an den Nachrichten der ganzen Welt und nicht an der Machart seiner Blätter.»Springer«, so Prinz,»war ein weicher, ein zweifelnder Mann, ein Mann, der Harmonie suchte.«

Springer ruderte nach dem Aufstand seiner Redakteure zurück und wollte alles so nicht gesagt haben. Ein dem Verleger nahestehender Insider erklärte laut»Kress Report« jedoch, Springer habe die durch das Interview erzeugte Wallung doch als ganz heilsam empfunden. Oft sei eben bei»Bild« doch allzu unbedenklich grobes Geschütz aufgefahren worden, um auch den letzten Käufer zu mobilisieren.»Wohl wahr!«, kommentierte der konservative»Kress Report« damals.»Die Frage ist, ob der Verleger seinen christlichen Segen gibt, wenn bei weniger Geschrei die Auflage schrumpft und das Anzeigengeschäft mit ihr.«

Tatsächlich hat es damals viele Diskussionen darüber gegeben, ob durch die Anti-»Bild«-Kampagne von Wallraff die Auflage des Boulevardblattes gefallen ist oder ob er doch nur diejenigen erreicht hat, die von vornherein mit ihm in der Ablehnung von Springer übereinstimmten und sowieso nie Bild gekauft hätten, wie seine Kritiker lästerten. Wallraff erklärte dazu auf seinen Veranstaltungen, Insider aus dem Verlag hätten ihm versichert, dass die Auflage von »Bild« signifikant zurückgehe. Offiziell behauptete Springer, die Auflage sei stabil, ja steige eher. Udo Röbel erinnert sich da etwas anders. »Wallraff hatte eine enorme Breitenwirkung. Die Kampagne hat einen Imageschaden verursacht, den ›Bild‹ über viele Jahre nicht wieder loswerden konnte. ›Bild lügt‹, war sozusagen zum Allgemeingut geworden. Geändert hat sich das erst durch einen Generationswechsel und die Einführung des Privatfernsehens. Mit den Privaten wurden Boulevardthemen ja insgesamt viel mehr ausgebreitet und in gewisser Weise auch gesellschaftsfähiger. Die heutige Jugend erinnert sich nicht mehr an die Anti-›Bild‹-Kampagne der 70er und 80er Jahre.« Röbel bestätigt auch, dass die Auflage damals tatsächlich stark unter Druck geriet. »›Bild‹ konnte seine Auflage nur durch einen Trick retten: Erstmals wurde mit ›Bingo‹ ein Glücksspiel eingeführt, bei dem für damalige Verhältnisse wertvolle Gewinne ausgeschüttet wurden. Nur mit ›Bingo‹ konnte ›Bild‹ seine Auflage retten.«

Auch ein zweiter Effekt der Kampagne hatte lange vorgehalten. Der »Bild«-Boykott von Politikern aus SPD und Grünen, von Intellektuellen, Künstlern und Schriftstellern hielt bis in die 90er Jahre. Erst Gerhard Schröder hat »Bild« für die SPD wieder hoffähig gemacht. Als einer der letzten Springer-Boykotteure hat sich Günter Grass erst im Frühjahr 2006 wieder bereit erklärt, mit einem Springer-Vertreter zu reden. Nach langem Drängen stimmte er einem Gespräch mit Springer-Vorstandschef Matthias Döpfner zu. Grass bestand allerdings darauf, dass das Gespräch, moderiert von seinem Vertrauten Manfred Bissinger, nicht in einer Springer-Zeitung, sondern bei der Konkurrenz, im »Spiegel«, gedruckt wurde.

»Bild« als Zentralorgan der Unterleibsrecherchen

Hat Günter Wallraff es aber nun geschafft, »Bild« wirklich nachhaltig zu verändern, die Macht, die rund zehn Millionen Leser dem Blatt verleihen, wenigstens ein wenig zu zähmen? Ein alter Feind von Springer, der grüne Bundestagsabgeordnete Hans-Christian Ströbele, glaubt, ja. »Bild«, so sein Eindruck, »ist moderater geworden. Politisch weniger ideologisch, insgesamt weniger aggressiv.« Der Presseanwalt Johnny Eisenberg, der häufig Klienten gegenüber »Bild« vertritt, kann das nicht bestätigen. »›Bild‹ ist so schlimm wie immer, das Blatt hat sich nicht verändert. Verändert hat sich vielmehr die Gesellschaft, die weniger kritisch ist, und die Politiker, die glauben, ohne ›Bild‹ nicht auskommen zu können.«

In einer unscheinbaren Ladenwohnung im Berliner Szenebezirk Kreuzberg lässt sich vielleicht am ehesten eine empirisch gesicherte Antwort auf die Frage bekommen. In Sichtweite der Hochbahn, kurz vor der Spree, wird hier Tag für Tag die »Bild-Zeitung« seziert. Das Ergebnis ist »Bildblog.de«, die Fortsetzung von Wallraffs Anti-»Bild«-Kampagne mit anderen Mitteln.

Jeden Tag stellen die beiden Journalisten Stefan Niggemeier und Christoph Schultheis hier die dümmsten Fehler von »Bild« und »Bild.de« ins Netz, erklären die Hintergründe von »Bild«-Kampagnen und recherchieren »Bild«-Geschichten nach. Nicht nur die ganz spektakulären Geschichten, sondern auch das alltägliche Brot, mit dem »Bild« seine Leser füttert. Ein typisches Beispiel dafür ist eine Titelgeschichte im Februar 2007: »Endlich alle 12 Sternzeichen erforscht: So wirken die Sterne auf Ihre Gesundheit«! Die Mischung aus Astrologie, Gesundheitsberatung und Panikmache schien der »Bild«-Chefredaktion so gut, dass sie daraus einen Aufmacher fabrizierte. Als Quelle der Geschichte war die Studie des kanadischen Wissenschaftlers Peter C. Austin angegeben. »Bildblog.de« fragte nach und bat Professor Austin um Auskunft. Die Antwort aus Kanada sagt viel über die Recherchemethoden von »Bild«. Austin und sein Team wollten beweisen, dass man mit statistischen Methoden scheinbar jede These belegen kann, auch wenn sie tatsächlich völlig absurd ist. Austin zu

»Bildblog.de«: »Das Ziel der Untersuchung war es, anhand eines amüsanten Beispiels das statistische Prinzip zu illustrieren, dass man, wenn man häufig genug sucht, schließlich immer Muster entdecken kann, wo es in Wahrheit gar keine gibt.« Die beiden Medienjournalisten Niggemeier und Schultheis begannen mit ihrem »Bildblog« im Juni 2004, zunächst nur nebenbei und weil es ihnen Spaß machte, den Riesen zu piesacken. Mittlerweile ist eine Vollzeitbeschäftigung daraus geworden, und ihre Website wird so häufig angeklickt, dass sie von der Bannerwerbung nicht mehr nur ihre Unkosten decken können, sondern demnächst auch ihren eigenen Unterhalt damit bestreiten werden. Jeden Tag machen Dutzende Leser die beiden auf die alltäglichen kleinen »Bild«-Skandale aufmerksam. »Die ›Bild-Zeitung‹«, so das Fazit der »Bildblog«-Macher, »wird wieder kritischer gelesen, nachdem sich vor allem in den 90er Jahren zunächst die Auffassung durchgesetzt hatte, dass Blatt sei doch nicht mehr so schlimm.«

Die vorübergehende Entwarnung in Sachen »Bild« führt der Kommunikationswissenschaftler Professor Horst Pöttker darauf zurück, dass die Zeitung seit dem Tod des Verlegers Axel Springer im September 1985 ihre ideologische Schärfe eingebüßt habe und ausschließlich unter kommerziellen Gesichtspunkten geführt werde. Chefredakteure wie Hans-Hermann Tiedje, Claus Larass und Udo Röbel verhielten sich politisch neutraler als ihre Vorgänger und passten sich darüber hinaus dem politischen Meinungsklima an, nachdem 1998 die rot-grüne Koalition die Macht übernommen hatte. Gegenüber Michael Sontheimer, der 1994 für eine »Spiegel«-Reportage die Hamburger »Bild«-Zentrale besuchte, sagte der damalige Chefredakteur Larass: »Ich persönlich habe die Macht, die ›Bild‹ zugeschrieben wird, nie empfunden.« Für Sontheimer klang der Satz ebenso »ehrlich wie beängstigend«.

Die eher unideologische Haltung von »Bild« änderte sich wieder, als der amtierende Chefredakteur Kai Diekmann im Januar 2001 die Geschäfte von Udo Röbel übernahm. Diekmann ist ehrgeizig, machtbewusst und ein erklärter Fan des Langzeitkanzlers Helmut Kohl, über den er eine Biographie schrieb und dessen Memoiren er später redigierte. Unter Diekmann begann »Bild« Rot-Grün massiv anzugreifen. Zu einer der größten Pleiten der Zeitung wurde der

Versuch, den damaligen Umweltminister Jürgen Trittin mit einem manipulierten Foto aus seiner Jugend als Gewalttäter zu denunzieren. Mit Diekmann ist »Bild« an die politische Front rechtsaußen zurückgekehrt. Arbeitsproben sind die Kampagne gegen die angeblichen Sozialschmarotzer, die sich wie »Florida-Rolf« in der sozialen Hängematte im sonnigen Florida auf Kosten des »ehrlichen Steuerzahlers« ausruhen, die Denunziation der türkischstämmigen Schauspielerin Sibel Kekilli als Pornodarstellerin, nachdem sie für die Hauptrolle in dem preisgekrönten Film »Gegen die Wand« ausgezeichnet worden war, und nicht zuletzt die Hetze gegen die RAF-Gefangenen Brigitte Mohnhaupt und Christian Klar, die den Vergleich zu den journalistischen Tiefschlägen zu Prinz-Zeiten in den 70er Jahren nicht mehr zu scheuen braucht.

Doch wie Erfahrungen aus der Vergangenheit der »Bild«-Zeitung gezeigt haben, tut zu offensichtliche rechte Propaganda der Auflage nicht gut. Von den einstmals stolzen fünf Millionen »Bild«-Käufern sind noch rund 3,2 Millionen übrig geblieben, Tendenz fallend. Diekmann verweist im Gegenzug darauf, dass das Blatt trotzdem so profitabel ist wie nie zuvor. Doch der Auflagenschwund wurmt ihn offensichtlich: In einem Interview mit der Online-Ausgabe der »FAZ« versuchte er, im September 2005, die Auflagenhöhe als irrelevante Größe erscheinen zu lassen. Diekmann: »Wer glaubt, dass die IVW-gemeldeten Auflagenzahlen für publizistischen oder gar wirtschaftlichen Erfolg stehen, hält die Erde auch für ein Wurstbrot.« Ausschlaggebend sei vielmehr, dass »Bild« immer noch die Zeitung sei, die zu 80 Prozent den Verkauf an den Kiosken der Republik dominiere.

Um die Auflage trotzdem zu steigern, setzt Diekmann auf die alte Weisheit »Sex sells«. Die blanken Busen im Blatt vermehren sich dramatisch, und keine Promi-Sex-Geschichte ist zu schmuddelig, als dass sie nicht in »Bild« ausgebreitet würde. Im »FAZ«-Interview tut er so, als sei dies das Selbstverständlichste der Welt: »Sex ist überall. Erotik ist heute glücklicherweise eine selbstverständliche Sache, ist Teil der Unterhaltung.«

Was Diekmann so locker sieht, wenn es um andere geht, gilt in eigener Sache nicht. Als die »taz« im Mai 2002 Diekmanns Weisheiten satirisch an ihm selbst probierte und unter dem Titel

»Sex-Schock! Penis kaputt?« enthüllte, dass Diekmann in Florida eine Penisverlängerung mit Leichenteilen habe vornehmen lassen, die Operation aber unglücklich verlaufen und, leider, leider, einer Kastration des Patienten gleichgekommen sei, sah Diekmann diese Satire nicht als selbstverständlichen Teil medialer Unterhaltung an, sondern klagte auf Unterlassung und Schadensersatz.

Die beiden Prozesse, die er in dieser Sache anstrengte und die er später als den größten Fehler seines Lebens bezeichnete, sind der beste Hinweis darauf, wie »Bild« seit Anfang der 80er Jahre konstant in der bundesdeutschen Öffentlichkeit gesehen wird. Salopp gesagt, urteilte das Landgericht Berlin nach dem Motto: Wer anderen eine Grube gräbt, darf sich nicht wundern, wenn er selbst hineinfällt. Im Kern bestätigte zuerst das Landgericht und später auch das Kammergericht Berlin den durch Günter Wallraff 1981 vor dem Bundesgerichtshof erstrittenen Spruch: »Bild« sei eine Fehlentwicklung des bundesdeutschen Journalismus. Im April 2003 lehnte das Berliner Kammergericht eine Entschädigung für Diekmann mit folgender Begründung ab: »In manchen Fällen wird der Kläger sogar Initator der Rechtsverletzungen sein. Durch sein Unterlassen bzw. sein aktives Tun befördert er so nicht nur den Umsatz und die Einnahmen des Verlages der Bild-Zeitung, sondern auch seine persönlichen Einkünfte. Denn diese werden – zumindest auf mittlere Sicht – davon abhängig sein, welche Einnahmen der von ihm geführte Verlag erzielt. Es kann im Übrigen auch kein Zweifel daran bestehen, dass dem Kläger diese Zusammenhänge bewusst sind. Die Kammer hält dafür, dass derjenige, der – wie der Kläger – bewusst seinen wirtschaftlichen Vorteil aus der Persönlichkeitsrechtsverletzung anderer sucht, weniger schwer durch die Verletzung seines eigenen Persönlichkeitsrechtes belastet wird. Denn er hat sich mit Wissen und Wollen in das Geschäft der Persönlichkeitsrechtsverletzungen begeben und wird daher – nach allgemeinen Regeln menschlichen Zusammenlebens – davon ausgehen, dass diejenigen Maßstäbe, die er anderen gegenüber anlegt, auch für ihn selbst von Belang sind.«

Was mehr als dieses Urteil keineswegs besonders fortschrittlicher Richter des Berliner Kammergerichts könnte die bleibende Wirkung der von Wallraff angestoßenen Anti-»Bild«-Kampagne bis heute belegen?

Deutsche Fragen
Die Suche nach Wahrheit

Es ist der 16. November 1976. Ein grauer Wintertag mit gelegentlichem Nieselregen, an dem schon am frühen Nachmittag das Tageslicht schwindet. Wolf Biermann, der bekannteste Liedermacher der DDR, am Tag zuvor 40 Jahre alt geworden, sitzt im Auto auf dem Weg von Köln nach Bochum. Er ist guter Stimmung, am Abend soll in Bochum das zweite Konzert seiner Westtournee stattfinden. Drei Tage zuvor, am 13. November, hatte Biermann sein legendäres Kölner Konzert gegeben. Nach elf Jahren Auftrittsverbot im real existierenden Sozialismus, elf Jahren, in denen er lediglich in seiner Wohnung in der Ostberliner Chausseestraße vor sich hin dichtete und komponierte, elf Jahren, in denen er seine Lieder nur im Westen veröffentlichen konnte, war plötzlich die Ausreisegenehmigung zu einer Konzertreise ins andere, westliche, kapitalistische Deutschland gekommen. Das erste Konzert in Köln, vier Stunden wie im Rausch. Biermann wird gefeiert wie ein Held.

»Ich fühlte mich nach diesem Kraftakt am 13. November wie ein glücklich erschlagener Sieger«, erzählt er 25 Jahre später in seinem Beitrag für das Buch »Die Ausbürgerung«:

> »In der einen Hand die Gitarre, in der anderen den roten Nelkenstrauß, ließ ich mich feiern nach viereinhalb Stunden Singerei vor siebentausend hinreißend lebendigen Menschen. Die elf Verbotsjahre konnten mich also doch nicht verschleißen, im Gegenteil, sie hatten mich gestachelt und eher gestärkt. [...] Als ich nun aber drei Tage danach auf der Autobahn im Dienstwagen des Chefredakteurs der IG-Metall-Zeitung Jakob Moneta, saß, dessen Fahrer mich nach Bochum zum zweiten Konzert dieser kurzen Westtournee brachte, da spielte ich am Autoradio rum und hörte die Nachrichten mit der Meldung: Biermann ausgebürgert ... Ich war gelähmt, mir wurde übel vor Angst. Aus! Alles aus! Leben vorbei.

Ausgesungen! Ausgedichtet! Aus der Traum! Da weinte ich vor lauter Selbstmitleid ein paar echte Tränen, die mich gegen die Krokodilstränen wappnen sollten, die nun aus Ost und West wie Wellen über mir zusammenschlagen würden. Mir dämmerte, dass ich großer Tagesheld auch nur Staub bin im Wind der Weltgeschichte. Ich sagte das Konzert ab und verkroch mich wieder in Köln.«

Einen vorläufigen Unterschlupf nach dem Schock der Ausbürgerung fand Biermann in dem Haus seines Freundes Günter Wallraff in Köln-Ehrenfeld. Die beiden kannten sich von gelegentlichen Besuchen Wallraffs in der Chausseestraße in Ostberlin. Das letzte Treffen hatte nur einen Monat zuvor, im Oktober, stattgefunden. Beide hatten lange über ihre unterschiedlichen Rollen in der BRD beziehungsweise der DDR diskutiert und sich dabei so gut miteinander verstanden, dass sie angefangen hatten, über ein gemeinsames Buch zu sprechen: Dissidenten, Kritiker in Ost und West. Die Erinnerung daran noch frisch im Kopf, rief Biermann bei Wallraff an und fragte, ob er erst einmal bei ihm bleiben könne. Noch schien ja alles offen. Noch konnte es ja möglich sein, dass die Greise im Politbüro ihre Entscheidung revidierten, wenn sie erst einmal feststellen mussten, welche großen Proteste die Ausbürgerung auslöste und welchen Schaden sie sich damit selbst zufügten.

An den ersten Tagen nach der Ausbürgerung steht das Telefon in Wallraffs Haus nicht still. Von Funk, Fernsehen und Zeitungen bis zu Familie und Freunden aus Ost und West melden sich alle bei Wallraff, um mit Biermann zu sprechen. Wallraff beginnt damit, Unterschriften für eine Solidaritätskampagne zur Rücknahme der Ausbürgerung zu sammeln, auch in DKP-Kreisen, weil er sich davon die größte Wirkung erhofft. Amüsiert erzählt er, wie er den Schriftsteller Peter Schütt aus Hamburg, der damals im Vorstand der DKP war, zur Unterschrift unter das Protestschreiben bewegen konnte.»Ich habe ihm erzählt, höchste DDR-Stellen hätten inoffiziell schon durchblicken lassen, dass die Ausbürgerung demnächst wieder zurückgenommen würde, er handle also quasi im geheimen Einverständnis mit Ostberlin. Nachdem ihn sich dann seine

Nach Biermanns Ausbürgerung: Gemeinsamer Auftritt mit Günter Wallraff und Rudi Dutschke in Bochum

Spitzengenossen zur Brust genommen hatten, zog er seine Unterschrift schnell wieder zurück.«

Andere DKP-Vertreter, die standhaft blieben, sahen sich schnell im politischen Niemandsland. Ganze Ortsvereine wurden über Nacht aus der Partei ausgeschlossen, nachdem sie es gewagt hatten, sich mit Biermann zu solidarisieren. Wie es in der DKP aussah, beschreibt Helge Malchow, heute Verleger von Kiepenheuer & Witsch, damals selbst Mitglied eines Ortsvereins in Köln. So befreiend auch für ihn und viele andere Biermanns Auftritt gewirkt habe, man unterwarf sich trotzdem nach außen der Parteilogik: Wolf Biermann spiele mit seinem Auftritt »rechten« Kräften in die Hände, die die DDR schwächen wollten. Für Helge Malchow kam der Parteiausschluss zwar erst etwas später, doch Biermanns Ausbürgerung und die Schizophrenie der Argumentation geriet zum Anfang vom Ende seiner Bewunderung für den »realen Sozialismus«.

Die DKP war aufs höchste verwirrt, und nach Ansicht von Günter Wallraff trennte sich im Anschluss an die Biermann-Ausbürgerung in der westdeutschen Linken die Spreu vom Weizen:

»Sage mir, wie du zur Ausbürgerung Biermanns stehst, und ich sage dir, ob du einen Sozialismus mit menschlichem Antlitz anstrebst.« Das sei damals die Trennlinie innerhalb der Linken gewesen. Schnell zeigte sich auch, wer auf welcher Seite stand. Das am 16. November abgesagte Konzert in der Bochumer Ruhrlandhalle wurde einige Tage später nachgeholt. Nicht mehr nur als Konzert, sondern als große Solidaritätsveranstaltung. Auf dem Podium saßen neben Günter Wallraff unter anderen Heinz Brandt, ein aufrechter linker Gewerkschafter, der schon Jahre zuvor die DDR hatte verlassen müssen, und die damalige Juso-Vorsitzende Heidemarie Wieczorek-Zeul. Nachdem die ersten Protestnoten verlesen waren, trat Wolf Biermann auf. Als Höhepunkt des Abends stürmte später noch Rudi Dutschke die Bühne, umarmte Wolf Biermann und hielt eine flammende Rede gegen die Ausbürgerung.

Der Rausschmiss Biermanns war für den größten Teil der westdeutschen Linken – wenn sie denn überhaupt noch einen Bezug zum anderen Deutschland hatten – der endgültige Abschied von der Hoffnung, in der DDR könne womöglich doch noch der bessere, der sozialistische deutsche Staat entstehen. Tatsächlich wurde diese Hoffnung schon damals außerhalb der DKP kaum noch von einer linken Gruppierung geteilt. Anders als für Ulrike Meinhof, Klaus Rainer Röhl und die »Konkret«-Redaktion Mitte der 60er Jahre war die DDR für die Nach-68er-Generation schon längst nicht mehr der reale Sozialismus, sondern ein real existierender Nachbarstaat, in dem zwar auch Deutsch gesprochen wurde, der aber Ausland war – mit der BRD weniger verbunden als Österreich, wo auch Deutsch gesprochen wurde, man aber wenigstens nach Italien durchfahren konnte, ohne an der Grenze belästigt zu werden.

Die DDR war schlicht abschreckend, uninteressant und trotz der räumlichen Nähe so weit weg, dass sie kaum mehr wahrgenommen wurde. Selbst der überwiegende Teil der Studenten, die in den 70er Jahren aus Westdeutschland nach Westberlin kamen, besuchte Ostberlin ein- oder maximal zweimal und hatte dann genug von den Grenzschikanen und der anschließenden Trostlosigkeit eines DDR-Sonntags, den die Werktätigen in ihren Datschen verbrachten, weswegen der Alexanderplatz immer wie ausgestorben wirkte.

Die organisierte Nach-68er-Linke hatte sich aufgesplittert in diverse Politsekten, angefangen von Maoisten über Trotzkisten bis hin zu Sponti-Gruppen, die mit den autoritären Strukturen in den anderen Politvereinen nichts anfangen konnten und lieber sofort nach Nischen für ein befreites Leben suchten, statt auf eine irgendwann vielleicht stattfindende Revolution zu hoffen. Daneben gab es dann noch die DKP, in Westberlin als SEW, Sozialistische Einheitspartei Westberlin, organisiert, die als hoffnungslos spießig und vertrottelt galt, weil sie doch nur das machte, was ihnen ihre Funktionäre aus Ostberlin sagten.

Als Biermann aus der DDR wegen ideologischer Unvereinbarkeit mit der offiziellen Linie ausgebürgert wurde, verstand er sich durchaus als Kommunist. Anders als die meisten SED-Funktionäre, die sich längst im »real existierenden DDR-System« eingerichtet hatten, hoffte er, der als 16-Jähriger aus Hamburg in die DDR übergesiedelt war, um beim Aufbau des Sozialismus mitzuhelfen, nach wie vor auf den Durchbruch des »Sozialismus mit menschlichem Antlitz«. Die Hoffnungen von Biermann und vielen anderen ruhten zu der Zeit vor allem auf den westeuropäischen kommunistischen Parteien in Italien und Frankreich, die angefangen hatten, sich aus der Bevormundung durch die Sowjetunion zu lösen, und über einen »Eurokommunismus« diskutierten, der die Vorzüge westlicher Demokratien mit den Idealen der kommunistischen Weltbewegung vereinen sollte. Biermann war deshalb auch für die Bundesrepublik ein schwer zu schluckender Brocken. Statt sich von den bundesdeutschen Rechten und Konservativen umarmen und als Kronzeugen gegen die DDR herumreichen zu lassen, bestand er auf seiner antikapitalistischen Haltung. Sein Spruch, er sei »vom Regen in die Jauche« gekommen, wurde ihm von einem großen Teil der bundesdeutschen öffentlichen Meinung sehr übel genommen.

»Bild« begann, nur wenige Wochen nachdem Biermann in seine »Heimat vertrieben worden war«, wie Heinrich Böll es auf einer Pressekonferenz ausdrückte, in bekannter Manier mit einer Schmutzkampagne gegen Biermann, die denen des »Neuen Deutschlands« kaum nachstand. »In 6 Wochen 300.000 Mark verdient!«, titelte »Bild«, um den Kommunisten Biermann als verkappten Kapitalisten zu denunzieren, der mit der Beschimpfung der demokratischen Bundesrepublik auch noch zum Millionär würde. Biermann, das zeigte die »Bild«-Schlagzeile, war kurz nach seiner Ausbürgerung mitten im westdeutschen Politkampf gelandet. Noch unerfahren im Gewirr der politischen Fußangeln auf westdeutscher Seite, muss er froh gewesen sein, neben anderen Günter Wallraff als Freund an seiner Seite gehabt zu haben, der mit ihm politisch übereinstimmte und ihn als Navigator in seiner Anfangszeit als Neu-BRD-Bürger durch die Fallen des westdeutschen Politdschungels hindurchlotsen konnte.

Stasi-Vorwürfe

Schon in Erinnerung an diese Zeiten muss es auch für Wolf Biermann eine Irritation gewesen sein, als das vom Burda-Verlag in den ostdeutschen Bundesländern herausgegebene Boulevard-Blatt »Super!« am 12. Februar 1992 in Riesenlettern fragte: »Auch Wallraff von der Stasi gelenkt?«

Anfang 1992, gut zwei Jahre nach dem Fall der Mauer in Berlin, ist das wiedervereinigte Deutschland im Stasifieber. In keinem anderen Land wurden die Aktivitäten eines zuvor gefürchteten Geheimdienstes so weit offengelegt wie in Deutschland. Das begann in dem kurzen, berauschenden Winter der Anarchie nach dem 9. November 1989 mit dem Sturm auf die Stasizentrale in der Normannstraße in Ostberlin, setzte sich fort mit den Bürgerrechtler-Komitees der Runden Tische, die für wenige Monate so etwas wie eine demokratische Kontrolle der provisorischen Modrow-Regierung der DDR bildeten und im eigenen Auftrag begannen, die Akten der Stasi zu sichten, und mündete schließlich in die Gründung der so genannten Gauck-Behörde, der Bundesbehörde für die Aufarbeitung der Stasiunterlagen, die jedem ehemaligen DDR-Bürger seine Stasiakte, so es eine gab, zugänglich machen sollte, damit er sich selbst ein Bild darüber machen konnte, was die Stasi über ihn wissen wollte beziehungsweise mit ihm angestellt hatte.

Dabei zeichnete sich nach und nach ein erschreckendes Bild

über die nahezu flächendeckende Überwachung der DDR-Bevölkerung durch die Stasi ab: Unzählige Menschen erfuhren nicht nur, dass die Stasi sie überwacht hatte, sondern mussten oft schmerzhaft erfahren, dass vermeintlich gute Freunde sie für die Stasi bespitzelt hatten. Das blieb natürlich nicht auf den kleinen DDR-Bürger beschränkt. Schon in der ersten Aufklärungswelle wurden Personen, die in der Bürgerrechtsbewegung und bei der Neugründung demokratischer Parteien eine wichtige Rolle spielten, als Stasiagenten oder Stasizuträger enttarnt. Menschen wie Ibrahim Böhme, Mitbegründer der SDP, und Wolfgang Schnur, Mitbegründer des Demokratischen Aufbruchs, einmal als Stasimitarbeiter enttarnt, zeigten, dass die Staatssicherheit in der Umbruchphase zunächst noch versuchte, Einfluss zu nehmen, indem sie ihre eigenen Leute an die Spitze der Bewegung platzierte.

In der zweiten Welle, nach der Vereinigung, ging es dann vor allem um die angebliche oder tatsächliche Stasivergangenheit prominenter Politiker wie Gregor Gysi, der in der ersten Zeit nach der Auflösung der SED und der Neugründung als PDS deren Vorsitz übernommen hatte, oder Manfred Stolpe, erster SPD-Ministerpräsident in Brandenburg, der als hoher Funktionär der evangelischen Kirche mit der Stasi kooperiert haben soll.

Erst in der dritten Welle tauchten dann auch westdeutsche Namen als vermeintliche Stasimitarbeiter auf: Einer von ihnen war Günter Wallraff.

Der Grund, warum die Vorwürfe einer Stasikarriere zunächst auf ehemalige DDR-Bürger beschränkt blieb, war eine Entscheidung des Runden Tisches zur Stasiauflösung in Bezug auf den Teil der Staatssicherheit, der für die Auslandsspionage zuständig war. Da fast jeder Staat einen Spionagedienst betreibt, entschied der Runde Tisch am 19.2.1990, dass die »Hauptverwaltung Aufklärung«, die von dem langjährigen DDR-Spionagechef Markus Wolf geleitete Abteilung, kein Instrument der internen Repression gewesen sei und die Akten der HVA deshalb vernichtet werden sollten. Schon fünf Tage später wurde dieser Beschluss dahingehend präzisiert, dass die HVA sich in einem gesonderten Objekt selbst auflösen sollte. Sämtliche Unterlagen der HVA wurden in die Rödernstraße 30 in Ostberlin geliefert und dort von den Offizieren der

HVA durch den Reißwolf gejagt. Der Beschluss, die Akten der HVA zu vernichten, alarmierte vor allem den BND, die amerikanische CIA und den sowjetischen KGB. Für alle drei Dienste waren die gesammelten Erkenntnisse der Wolf-Truppe viel zu wertvoll, als dass man sie ohne weiteres dem Reißwolf hätte überlassen können. Neben den ehrenamtlichen Stasiauflösern aus der Bürgerrechtsbewegung tummelten sich denn auch etliche Profis unerkannt im Geschehen, um ihren Interessen nachzugehen. Zum einen begannen Stasioffiziere, selbst Akten auf die Seite zu schaffen, um später etwas in der Hand zu haben, gegen das man sich entweder Wohlverhalten oder harte D-Mark eintauschen konnte. Andere Stasioffiziere halfen ihrem Bruderdienst KGB, vor der Zerstörung der Akten Kopien der wichtigsten HVA-Bestände nach Moskau zu schaffen, darunter natürlich in erster Linie Informationen über geheime Quellen im Westen. Genau das interessierte natürlich auch den BND und die CIA, die wissen wollten, wer aus ihren Reihen oder aus dem Westen allgemein für den Osten gearbeitet hatte. Dabei landete die CIA einen Coup, als sie eine Datei mit einem großen Teil von Klarnamen angeblicher Stasizuträger aus dem Westen erbeutete. Diese so genannte »Rosenholz«-Datei verschwand zunächst für etliche Jahre in die USA, ohne dass sie von der deutschen Justiz offiziell verwendet werden konnte.

Die Bundesanwaltschaft in Karlsruhe war also zunächst darauf angewiesen, zur Abklärung von Verdächtigungen und Einleitung von Strafverfolgungsverfahren die lebenden Quellen zu vernehmen, da ihnen die Akten nicht mehr zur Verfügung standen. Eine dieser Quellen war der ehemalige Stasimajor Heinz Dornberger, ein Top-Mann aus der HVA, ehemals zuständig für Pressekontakte und Desinformation des Gegners. Dornberger wurde am 7. November 1991 von Beamten des BKA im Auftrag von Generalbundesanwalt Alexander von Stahl erstmals vernommen. Gegen Dornberger hatte die Bundesanwaltschaft zunächst ein Ermittlungsverfahren wegen des Verdachts der geheimdienstlichen Agententätigkeit eingeleitet. Später wurde dieses Ermittlungsverfahren eingestellt, Dornberger aber weiterhin als Zeuge vernommen. In diesem Ermittlungsverfahren tauchte erstmals der Name Günter Wallraff im Zusammenhang mit der Stasi auf.

Bis heute ist nicht ganz klar, wie der Name Wallraff aus der Vernehmungsakte Dornberger an »Super!« gelangte, vermutlich aber über einen einschlägigen Nachrichtenhändler, der Zeitungen wie »Super!«, »Bild« oder »Welt« gegen Bares mit Informationen aus dem BKA oder westdeutschen Geheimdienstmilieu versorgte. Gerade mit Leuten wie Günter Wallraff hatten sowohl der Springer-Verlag und die übrige konservative Presse wie auch der Verfassungsschutz und der BND noch etliche Rechnungen offen – eine Situation, die eine Indiskretion als sehr wahrscheinlich erscheinen lässt. Doch allein mit einem vagen Tipp aus dem BKA konnte selbst »Super!« keine Verleumdungskampagne fahren. Das Blatt brauchte Zeugen und suchte sie bei ehemaligen Stasileuten. »Super!«-Reporter legten sich vor der Wohnung von Heinz Dornberger auf die Lauer, passten ihn ab und versuchten ihn zu überrumpeln. Doch Dornberger ließ sich auf kein Gespräch mit den »Super!«-Leuten ein. Andere Ex-Stasiagenten waren da schon aufgeschlossener, vor allem wenn genug Geld geboten wurde.

Der Mann, den »Super!« schließlich mit Bargeld und dem Versprechen auf eine Anstellung im Burda-Verlag als Kronzeugen gegen Wallraff einkaufte, war Peter Eberlein, Exhauptmann der HVA, der wegen schwerer Dienstvergehen Anfang der 80er Jahre drei Jahre im Gefängnis gesessen hatte, danach aber von der Stasi wieder angestellt wurde. Der Hinweis auf Eberlein kam wiederum aus dem BKA, nur dass die Indiskretion dieses Mal via »Bild-Zeitung« kolportiert wurde. Wallraff, behauptete »Bild« unter Berufung auf Eberlein, habe von der Stasi Geld bekommen. Eberlein soll dies bei einer Vernehmung durch das BKA gesagt haben. Das stimmte zwar nicht, aber Eberlein brauchte dringend Geld und einen Job und war deshalb nach einiger Überredung bereit, sich auf »das Geschäft mit falschen Nachrichten«, wie er später vor Gericht sagte, einzulassen. Er unterschrieb bei »Super!« eine Erklärung, in der er Wallraff wunschgemäß in 13 Punkten belastete, und »Super!« konnte loslegen.

Die »Super!«-Serie wäre vielleicht als Provinzposse eines Blattes, das bald darauf eingestellt wurde, im täglichen Nachrichtenstrom untergegangen, wenn die Story nicht durch die Tagesthemen der ARD hochgepuscht worden wäre. Schon am Abend nach der ersten

Wallraff-Schlagzeile in »Super!«, bot Heinz Klaus Mertes, TV-Chefredakteur des Bayerischen Rundfunks, in der Schaltkonferenz der ARD an, »den Fall Wallraff« zu kommentieren. Er sei in dem Thema drin, die Vorwürfe gegen Wallraff hätten sich angeblich erhärtet. Mertes witterte seine große Chance. Der Kommentar, den er dann in den Tagesthemen sprach und der ihm innerhalb und außerhalb der ARD viel Kritik einbrachte, war so überzogen, dass er nur vor dem Hintergrund der persönlichen Auseinandersetzung zwischen Mertes und Wallraff verständlich wird.

Ohne jede Relativierung behauptet Mertes in den Tagesthemen: »Die Details über die Stasikontakte Wallraffs, die die ostdeutsche Zeitung ›Super!‹ ausbreitet, sind jedenfalls konkreter und nach-prüfbarer als das meiste, was der Auflagenmacher in seinen Reportagen je vorweisen konnte.« Dann schob Mertes hinterher, was die westdeutschen Konservativen, die CSU und vor allem der Springer-Konzern, in den kommenden Jahren der Auseinander-setzung um eine angebliche Spitzeltätigkeit Wallraffs für die Stasi immer wieder behaupten und vergeblich nachzuweisen versuchen werden: Wallraff, laut Mertes »Staatspreisträger dreier sozialisti-scher Länder«, eine Behauptung, die nachweislich frei erfunden war, sei »für die Diktatoren des real existierenden Sozialismus« eine »steuerbare Leitfigur« bei dem Versuch der Systemveränderung im Westen gewesen. Kurz gesagt: Wallraff habe all die Jahre, in denen er die Verhältnisse im Westen anprangerte und Missstände und Ungerechtigkeiten aufdeckte, nur im Interesse und im Auftrag seiner Bosse in Ostberlin gehandelt.

Seit er 1982 stellvertretender Leiter von Report München, dem rechtslastigen Pendant zu den eher linken ARD-Politmagazinen Panorama (NDR) und Monitor (WDR) geworden war, sah er nach dem Erscheinen von »Ganz unten« erstmals die Chance, mit der Macht des Fernsehens im Rücken eine alte persönliche Rechnung mit Wallraff zu begleichen. Schon 1973 sei Wallraff ihm, so recht-fertigte er sich, mit seiner Rollenreportage über den Kölner Versicherungskonzern Gerling in die Quere gekommen. Mertes recherchierte damals für das Münchner »Industriemagazin« eben-falls über Gerling. Nachdem Wallraff jedoch seine Bombe hatte platzen lassen und »den publizistischen Ruhm und den Beifall der

Öffentlichkeit für seine Effekthascherei«, wie Mertes später schrieb, eingeheimst hatte, musste er seine »mühsam gewonnenen Gerling-Recherchen frustriert zur Seite legen«. Das eigentliche Motiv für seine Verfolgungsmanie verschwieg Mertes: Wallraff war über die Jahre Franz Josef Strauß wiederholt scharf angegangen, und nachdem dann auch in »Ganz unten« eine despektierliche Geschichte über den bayerischen Ministerpräsidenten erschienen war, setzte Mertes jahrelang alles daran, Wallraff als Fälscher zu entlarven. Dass ihm das trotz eines ganzes Buches, das den Titel »Ali. Phänomene um einen Bestseller« trug, nicht gelungen war, hatte ihn zusätzlich gegen Wallraff aufgebracht. Was konnte es da Schöneres geben, als Wallraff endlich durch das Stigma des Stasispitzels zu erledigen? Doch Mertes, »Super!«, »Bild«, die Bundesanwaltschaft und das Bundeskriminalamt erlebten eine Riesenpleite: Der Kronzeuge Peter Eberlein kippte um und mit ihm das gesamte Konstrukt des ferngesteuerten Günter Wallraff. Vor Gericht, in dem Prozess, den Wallraff gegen »Super!« angestrengt hatte, machte Eberlein einen Rückzieher. Als die Richter ihm die vom ihm unterschriebene Erklärung vorhielten, aus der »Super!« seine »13-Punkte-Anklage« gegen Wallraff zusammengebastelt hatte, sagt Eberlein aus, er habe diese Erklärung so nie abgegeben. Der Text sei ihm unter Alkoholeinfluss von »Super!«-Redakteuren diktiert worden. Der Burda-Verlag hatte nach der ökonomischen Pleite von »Super!«, das trotz der Wallraff-Kampagne nicht in die schwarzen Zahlen kam und kurz darauf eingestellt wurde, keinen Anlass mehr gesehen, Eberlein weiterzubezahlen. Der sah deshalb seinerseits dann auch keinen Anlass mehr, für Burda weiterhin den Kopf hinzuhalten. Wallraffs Klage gegen den Burda-Verlag wurde in allen Punkten stattgegeben.

Unterstützung erhielt Wallraff auch von führenden Bürgerrechtlern der ehemaligen DDR. Nicht nur sein Freund Biermann sprang ihm bei, auch der lange Jahre von der Stasi drangsalierte Schriftsteller Jürgen Fuchs erklärte damals: »Neben Heinrich Böll, Günter Grass, Helmut Gollwitzer, Bischof Scharf und vielen anderen gehörte Günter Wallraff zu denen, die sehr klar, entschieden und öffentlich die Menschenrechtsverletzungen von SED/MfS kennzeichneten und verurteilten.«

»IM Wagner«

Am 25. Mai 1998 veröffentlichte »Focus« einen Artikel mit der Überschrift »Auskunft über Wagner«. Wieder hieß es, wie ein paar Jahre zuvor bei »Super!« und »Bild«, Wallraff sei vermutlich Agent der Stasi gewesen. Doch anders als die Boulevardblätter Anfang der 90er Jahre, musste sich »Focus« dieses Mal nicht nur mit gekauften Aussagen falscher Kronzeugen begnügen, sondern konnte ein Papier vorweisen, in dem die Stasi selbst behauptete, Wallraff habe unter dem Decknamen »Wagner« mit ihr zusammengearbeitet.

»Focus« präsentierte Auszüge aus einem neunseitigen Papier, verfasst von demselben Stasimajor Heinz Dornberger, der in seinen Vernehmungen durch das Bundeskriminalamt zwischen 1991 und 1995 Günter Wallraff als einen von mehreren bundesdeutschen Journalisten erwähnt hatte, den die Staatssicherheit »abschöpfte«, also als jemanden, von dem sie versuchte, Informationen zu bekommen, ohne dass der entsprechenden Person klar gewesen sei, dass es sich bei seinen Gesprächspartnern um Abgesandte der Stasi gehandelt hatte.

In dem von »Focus« 1998 präsentierten Papier las sich das freilich streckenweise ganz anders. Dornberger behauptet darin, Wallraff sei 1968 von der Stasi positiv angesprochen worden und habe von ihr den Decknamen »Wagner« bekommen. Die Zusammenarbeit mit Wallraff sei in der Zeit von 1969 bis 1971 zum Teil sehr »nützlich« gewesen. Der Schwerpunkt der Zusammenarbeit lag in der »Lancierungstätigkeit«. »Auf dem Gebiet der Informationstätigkeit konnten einige brauchbare Ergebnisse erzielt werden, standen jedoch zu den Möglichkeiten des IM in keinem Verhältnis. Keine Ergebnisse gab es auf dem Gebiet der Personenhinweisbearbeitung.« Ende 1971 habe man dann aber den Kontakt abgebrochen und Wallraff an die Feindbeobachtung weitergereicht, weil der Verdacht aufgetreten sei, Wallraff könnte im Auftrag eines westlichen Geheimdienstes arbeiten. Schon zuvor sei die Zusammenarbeit mit Wallraff immer schwieriger geworden, weil dieser nicht auf der Linie des Marxismus-Leninismus liege, sondern Anhänger der katholischen Soziallehre sei, anarchistischen Vorstellungen anhänge und unzuverlässig sei. Gegenüber dem Bundeskriminalamt hatte Dornberger sogar gesagt, Wallraff habe häufig die Behandlung von Dissidenten beklagt.

Das Papier war eine kleine Sensation. Es hätte eigentlich nicht mehr existieren sollen, weil es wie alle anderen Akten der HVA gemäß dem Beschluss des Runden Tisches durch den Reißwolf hätte wandern und vernichtet werden sollen. Tatsächlich war auch dieser Rapport zerrissen worden, wurde aber, wie etliches andere nur oberflächlich zerstörte Material, später in die Außenstelle der Gauck-Behörde nach Zirndorf geschickt, wo Beamte des Innenministeriums sich jahrelang bemühten, die in Säcken gesammelten Schnipsel im Puzzleverfahren wieder zusammenzusetzen, um dann die so rekonstruierten Akten ans Archiv der Gauck-Behörde für die wissenschaftliche Aufarbeitung weiterzureichen.

Dieses Papier war einer der Erfolge der Puzzlearbeit in Zirndorf. Verfasst worden war es von Major Dornberger im November 1976, wenige Tage nachdem Wolf Biermann aus der DDR ausgebürgert worden war und seine Ausbürgerung eine veritable Staatskrise in Ostberlin provozierte. Fieberhaft überlegte die Stasiführung damals, wie man Biermann auch im Westen noch überwachen, womöglich kontrollieren, zumindest aber beschädigen könnte. Stasichef Mielke persönlich wollte wissen, was sein Dienst über Günter Wallraff, dem Mann, bei dem Biermann nach seiner Ausbürgerung untergekommen war, wusste und ob man womöglich über Wallraff an Biermann herankommen könnte. Das Dornberger-Papier, welches Major Dornberger daraufhin unter großem Zeitdruck für seinen obersten Chef verfasste, ist ein Meisterstück aus Halbwahrheiten, wie einschlägige Experten sagen, mit dem Dornberger angeblich seinen Chefs mitteilen wollte, wie nah man schon einmal an Wallraff dran gewesen sei und warum dennoch zu diesem Zeitpunkt, November 1976, von Wallraff nichts mehr zu erwarten sei.

Ein gefährliches Spiel

Günter Wallraff kam das erste Mal 1965 als 23-jähriger Journalist in die DDR. Er hatte seine Industriereportagen in der Zeitung der

IG Metall veröffentlicht, war Mitglied der Gruppe 61, wo er gemeinsam mit anderen Autoren darüber diskutierte, wie die Erfahrungen in der Arbeitswelt wieder in die Literatur eingeführt werden konnten. In dieser Phase begann die »Ostsee-Zeitung« in Rostock, einen Teil seiner Reportagen nachzudrucken. Wallraff wurde als bedeutender westdeutscher Schriftsteller vorgestellt, erhielt Anerkennung zu einer Zeit, als er von den Mainstream-Medien im Westen entweder ignoriert oder beschimpft wurde. Als er dann auf Einladung der »Ostsee-Zeitung«, gemeinsam mit seiner Mutter, das erste Mal in die DDR reiste, hatte er nicht das Gefühl, sich in Feindesland zu bewegen. Im Gegenteil, die Anerkennung tat ihm gut, er fühlte sich geschmeichelt. Vor allem mit dem stellvertretenden Chefredakteur der »Ostsee-Zeitung«, Heinz Gundlach, verband ihn bald ein freundschaftliches Verhältnis. Gundlach war für Kultur zuständig, kümmerte sich auch um das Rostocker Theater und sprach davon, nicht nur Texte von Wallraff nachzudrucken, sondern ein Stück von ihm im Rostocker Volkstheater aufführen zu lassen, dessen Intendant bereits Stücke von Peter Weiss und Rolf Hochhuth inszeniert hatte und wo seine Frau als Dramaturgin arbeitete.

Wallraff besuchte Gundlach später auch privat, gemeinsam mit seiner Frau Birgit und der kleinen Tochter Ruth. So lernten sich die beiden Familien kennen, und auch die beiden Frauen verstanden sich gut. Glaubt man Major Dornberger, trat daraufhin das MfS an Gundlach heran und forderte ihn auf, der Stasi über die Treffen mit Wallraff zu berichten.

Nach Darstellung des besagten Dornberger-Papiers soll Günter Wallraff dann Anfang 1968 auf eine Zusammenarbeit angesprochen worden sein. Ob dies ein offenes Angebot zur Zusammenarbeit war oder der Beginn der aktiven Abschöpfung Wallraffs durch die Stasi, lässt Dornberger in seinem Rapport an Mielke im Unklaren. In seiner späteren Vernehmung durch das BKA erklärte Dornberger, er habe sich Wallraff gegenüber nie als Stasimitarbeiter zu erkennen gegeben. Unstrittig ist, dass Dornberger selbst Wallraff zu diesem Zeitpunkt kennenlernte, und zwar unter dem Decknamen Gebhard. Wallraff war damals damit beschäftigt, einem Naziverbrecher namens Dr. Ludwig Hahn auf die Spur zu kommen, der als Leiter der Gestapo im Warschauer Getto für den Tod Zehntausender Juden mitverantwortlich war, Ende der 60er Jahre aber wie viele andere ehemalige Naziverbrecher unbehelligt in Westdeutschland lebte und arbeitete.

Während die NS-Akten im Westen zu der Zeit noch von den Alliierten unter Verschluss gehalten wurden, gab es vielleicht die Chance, die von der DDR in Potsdam gelagerten Bestände aus der Zeit des Nationalsozialismus einzusehen. Wie viele andere Journalisten aus der Bundesrepublik wollte sich auch Wallraff dieser Quellen bedienen. Er fragte seinen Lektor im Aufbau-Verlag und bat ihn, ihm einen Kontakt herzustellen, über den er an die einschlägigen Unterlagen herankommen könnte. Wallraff erinnert sich, dass er damals auch darum gebeten hatte, den zum Tode verurteilten NS-Verbrecher, den früheren Untergebenen von Hahn im Warschauer Getto, Josef Blösche, in seiner Zelle besuchen zu können, was aber abgelehnt worden sei. Stattdessen wurde er zu einem Treffen im Internationalen Pressezentrum eingeladen, wo er erstmals Herrn Gebhard kennenlernte, der ihm später mehrfach Unterlagen verschaffte. Man traf sich wenige Male entweder im Pressezentrum oder in einem Café Unter den Linden. So habe er auch Unterlagen über Hahn bekommen, die aber letztlich für einen Artikel doch nicht gereicht hätten und die er deshalb schließlich an Simon Wiesenthal nach Wien weitergeschickt habe, der ebenfalls über Hahn recherchierte, erinnert sich Wallraff. Material von Gebhard habe er gegenrecherchiert und nur bei zwei Artikeln verwenden können.

Dass er in die Fänge der Stasi geraten war oder aber sich leichtfertig auf Kontakte mit der Stasi eingelassen habe, wie ihm später vielfach vorgeworfen wurde, wurde Wallraff Ende 1971 klar. Da geriet ein Treffen mit einer schwedischen Freundin und seinem dänischen Verleger in Kopenhagen unversehens zu einem Zusammenstoß mehrerer Geheimdienste, was zeigte, wie sehr Günter Wallraff bereits ins Fadenkreuz sowohl der Stasi wie des BND und des Verfassungsschutzes geraten war. Kurz vor seiner Fahrt nach Kopenhagen war in Köln, unweit seiner Wohnung, Marianne Herzog als angebliches Mitglied der RAF verhaftet worden. Über mehrere vermeintliche Indizien konstruierte das Bundeskriminalamt – damals geleitet von Horst Herold, der gerade damit begonnen hatte, das BKA zu einer gigantischen RAF-Verfolgungspolizei auszubauen – einen angeblichen Zusammenhang zwischen Marianne Herzog und Günter Wallraff. Die beiden seien sogar, so wurde im BKA kolportiert, miteinander liiert.

Als er damals in den Zug nach Kopenhagen stieg, hängte sich der Verfassungsschutz dran. Angeblich hoffte man, dass Wallraff sie zu untergetauchten RAF-Mitgliedern führen würde. Wallraff erinnert sich, dass ihn damals ein Zugschaffner ansprach und ihm sagte, er reise wohl in Begleitung. Er habe aber gar nicht verstanden, dass der Schaffner ihm einen Tipp geben wollte, sondern nur gesagt: Nein, nein, er reise ganz alleine.

Als er seine Kopenhagen-Reise mit seiner schwedischen Freundin schon fest verabredet hatte, meldete sich Freund Gundlach bei ihm und sagte, er sei am nächsten Tag in Hamburg, ob man sich nicht sehen könnte. Wallraff konnte seine Treffen in Kopenhagen aber nicht mehr verschieben und sagte Gundlach, wenn er ihn treffen wolle, müsse er auch nach Kopenhagen kommen. Gundlach wollte mit Wallraff unter anderem über die Aufführung eines Theaterstückes reden, das Wallraff für die Ruhrfestspiele in Recklinghausen geschrieben hatte. Nach der Erinnerung Günter Wallraffs waren dann bei dem Treffen mit Heinz Gundlach am 17. Dezember in Kopenhagen auch seine schwedische Freundin und sein dänischer Verleger anwesend. Man habe über aktuelle politische Fragen und eben über die Möglichkeit einer Aufführung von Wallraffs Stück am Berliner Ensemble, dem Brecht-Theater am Schiffbauerdamm, gesprochen, wozu ihn die Brecht-Witwe Helene Weigel eingeladen hatte.

Als Gundlach von Kopenhagen aus mit dem Flugzeug nach Hamburg zurückkehrte, um von dort wieder nach Rostock zu reisen, wurde er festgenommen. Der Bundesgrenzschutz stellte fest, dass sein Pass gefälscht war. Die Festnahme von Gundlach erfolgte, nachdem sein Treffen mit Wallraff in Kopenhagen vom deutschen Verfassungsschutz und vom zusätzlich eingeschalteten dänischen Geheimdienst observiert worden war. Die Agenten waren wohl sehr erstaunt, statt untergetauchter RAF-Leute Wallraff im Gespräch mit einem DDR-Journalisten anzutreffen.

Gundlach wurde nach seiner Festnahme in Hamburg in Untersuchungshaft gesteckt. Doch statt ihm einen großen Spionageprozess zu machen und Wallraff als Stasiinformanten zu verhaften, geschah etwas Merkwürdiges: Gundlach wurde in aller Stille und ohne jedes Aufheben wegen der Benutzung falscher Papiere zu einer Geldstrafe verurteilt und in die DDR abgeschoben.

Die Bundesanwaltschaft begründete ihr damaliges Verhalten später damit, dass man Wallraff trotz des Misserfolgs in Kopenhagen immer noch für einen aktiven Unterstützer der RAF gehalten habe, den man weiter beschatten wollte, statt ihn wegen irgendwelcher Bagatellen im Zusammenhang mit der Stasi hochgehen zu lassen. Wallraff wurde denn auch noch jahrelang unter dem konstruierten Vorwurf, er sei Unterstützer der RAF, weiterverfolgt und bespitzelt.

Für Wallraff ist die nicht erfolgte Strafverfolgung dagegen nach wie vor der beste Beweis, dass auch die Bundesanwaltschaft nie daran geglaubt hat, dass er als Stasizuträger aktiv gewesen sei. »Sonst hätte man mich ja auch Jahre später, nachdem alle Verdächtigungen im Zusammenhang mit der RAF sich als haltlos herausgestellt hatten, noch wegen Spionage anklagen müssen. Das ist aber nie passiert.« Tatsächlich machten auch die Unterlagen, die man bei Gundlach nach dessen Verhaftung gefunden hatte, nicht viel her. Statt großer Staatsgeheimnisse, die Gundlach als angeblicher Kurier in Kopenhagen von Wallraff in Empfang genommen haben sollte, fanden sich einige Notizen, die Gundlach sich nach dem Treffen gemacht hatte. Darin stand unter anderem, dass Klaus Rainer Röhl, der Herausgeber von »Konkret«, den die Stasi als feindlich eingestuft hatte, seitdem er ein paar Jahre zuvor mit der SED gebrochen hatte und »Konkret« seitdem auf eigene Rechnung führte, finanzielle Schwierigkeiten habe. Daneben wurden bei Gundlach noch eine Einladung zur Gründungsveranstaltung einer neuen rechten Splitterpartei und ein Brief, den Wallraff von einem seiner Fans erhalten hatte, gefunden. Darin berichtet ein Student, wie sehr er Wallraffs Bücher schätze und was er als Werkstudent in Fabriken alles erlebt habe. Im Anhang, quasi als Postskriptum, teilt er dann noch mit, dass er bei einem Semsterjob in einer Drückerkolonne einen Mann kennengelernt habe, der früher als

Kellner in Hamburg auch mal Helmut Schmidt bedient hätte. Wegen dieser Notiz streute später die Bundesanwaltschaft das abstruse Gerücht, Wallraff hätte gemeinsam mit der RAF ein Attentat auf den Exbundeskanzler geplant.

Als Wallraff von der Festnahme Gundlachs telefonisch von dessen Frau erfuhr und ihm klar wurde, dass Heinz Gundlach nicht nur ein befreundeter Journalist war, mit dem man sich gemeinsame kulturelle Projekte ausdenken konnte, sondern dass die Stasi versucht hatte, ihn zu instrumentalisieren, brach er seine Kontakte nach Ostberlin ab. Er verzichtete darauf, noch einmal Material in Ostberlin zu beschaffen, da er davon ausgehen musste, dass Leute wie Gebhard von der Stasi waren. Als Gebhard alias Major Dornberger später bei einem Empfang des Aufbau-Verlages noch einmal an ihn herantrat, lehnte Wallraff explizit weitere Gespräche ab.

Gebhard beschrieb die Festnahme Gundlachs und den anschließenden Abbruch aller Kontakte mit Wallraff in seinem Rapport an Stasichef Mielke als Vorsichtsmaßnahme. Da Wallraff im Anschluss an die Gundlach-Festnahme in Hamburg nicht ebenfalls verhaftet wurde, müsse man »davon ausgehen, dass Wallraff möglicherweise in Wahrheit für einen westlichen Nachrichtendienst tätig war«.

Auf diesem Humus wuchs Günter Wallraffs angebliche Stasi-karriere, deren Enthüllung durch »Focus« dann unter anderem deshalb wieder in sich zusammenfiel, weil die Gauck-Behörde, die mittlerweile von der Bündnis-Grünen Marianne Birthler geführt wird, sich der Unterstellung, Wallraff sei wissentlich für die Stasi tätig gewesen, nicht anschloss.

Der damalige Pressesprecher der »Bundesbeauftragten für Stasi-Unterlagen«, Johann Legner, erklärte gegenüber der »Frankfurter Rundschau«: »Wallraff kann wegen des ›Dornberger-Rapports‹ überhaupt kein Vorwurf wegen irgendetwas gemacht werden.« In der offiziellen Presseerklärung der Birthler-Behörde hieß es: »Der jetzt wieder ins Gerede gekommene Verdacht, Günter Wallraff sei inoffizieller Mitarbeiter der Staatssicherheit gewesen, ist nicht neu. Einen Beweis für die aktive Unterstützung des MfS durch Günter Wallraff liefert auch das nun in Rede stehende Papier nicht.«

Die Rosenholz-Datei und die Birthler-Behörde

Diese Linie vertrat die Bundesbehörde für die Stasi-Unterlagen noch weitere fünf Jahre, genau bis zum 3. September 2003. An diesem Mittwoch trat Behördenchefin Marianne Birthler in den frühen Abendstunden, rechtzeitig für die Abendnachrichten, vor einen Pulk von Kameras und Mikrophonen, um einen radikalen Schwenk ihres Hauses in Sachen Wallraff zu begründen. Die bisherige Feststellung, es gebe keine hinreichenden Erkenntnisse auf eine IM-Tätigkeit Günter Wallraffs, könne »nicht aufrechterhalten werden«. Birthler sprach davon, ihre Behörde habe mit der noch wenige Monate zuvor bekräftigten Position, dass es keine überzeugenden Hinweise auf eine IM-Tätigkeit Günter Wallraffs gebe, »einen Fehler gemacht«.

Wallraff war geschockt. Waren alle Angriffe von »Bild«, »Super!«, »Focus« und anderen bislang immer auch daran gescheitert, dass die Gauck-Behörde den Kampagnen der konservativen Presse widersprochen hatte, schienen nun alle Dämme zu brechen. Fernsehmagazine wie Frontal 21 schossen sich auf Wallraff ein, in Diskussionen vor großem Publikum stand er mit dem Rücken zur Wand, der »Spiegel« sprach von erdrückenden Indizien, und selbst Zeitungen wie die »Frankfurter Rundschau«, bis dahin verlässliche Bündnispartner Günter Wallraffs, reagierten irritiert.

In einer großen Pressekonferenz in Köln versuchte Günter Wallraff sich zu erklären, was die »Welt« hämisch in eine Reihe mit der berüchtigten Ehrenwort-Erklärung des ehemaligen schleswig-holsteinischen Ministerpräsidenten Uwe Barschel stellte. Günter Wallraff verstand nicht, was Birthler bewogen hatte, die Linie des Hauses so radikal zu verändern. Er vermutete, dass der Schwenk durch Druck von oben, im Zusammenspiel von Presse und Politik, erfolgt war. Er konnte diesen Schwenk auch deshalb nicht nachvollziehen, weil er wusste, dass sich an den Fakten, die der Behörde vorlagen, in den Monaten seit der letzten schriftlichen Auskunft, die er von dort erhalten hatte, bis zum Auftritt Birthlers Anfang September nichts geändert hatte. Denn die Erkenntnisse aus den Rosenholz-Beständen der CIA, auf die die Birthler-Behörde seit Juli 2003 auch offiziell zurückgreifen durfte, und der Entschlüsselung der so genannten SIRA-Datei hatte es bereits im August 2003 gegeben. Die Behörde war trotzdem immer noch der Meinung gewesen, dass Hinweise,»die eine IM-Tätigkeit belegen könnten, sich daraus nicht ergeben«, wie Wallraff von dem für ihn zuständigen Behördenmitarbeiter Zabel noch am 11. August 2003 schriftlich versichert wurde. Was also war passiert? Zum einen hatten sich in den Rosenholz-Dateien zwei Karteikarten gefunden, aus denen sich eine Zuordnung von»IM Wagner« zu Günter Wallraff ergab, die also den Dornberger-Rapport insoweit zu bestätigen schienen, dass Wallraff von der Stasi in ihren Akten als IM geführt wurde. Zum anderen hatte die Birthler-Behörde eine seit Jahren in ihren Beständen schlummernde elektronische Datei mit den Namen SIRA entschlüsselt, in der alle Eingänge, die bei der HVA ankamen, verzeichnet sind und aus der hervorgehen sollte, dass drei Eingänge bei der Stasi einem IM Wagner zugeordnet wurden. Außerdem war ein »Statistikbogen« gefunden worden, in dem IM Wagner als A-Quelle eingestuft wurde, was angeblich bedeutete, dass Wallraff Informanten für die Stasi»abgeschöpft habe«, nach anderer Lesart aber, dass er selbst abgeschöpft worden sei.

Teile dieses Materials waren an die»Welt« gelangt, die damit erneut zur großen Stasijagd auf Günter Wallraff ansetzte und nun endlich hoffte, in dritter Runde vollenden zu können, was dem Springer-Konzern seit 1976 nicht gelungen war: Wallraff vernichtend zu schlagen. Mit der Rosenholz-Karteikarte, die bald nicht nur in der»Welt«, sondern auch im»Spiegel« und anderen Publikationen kursierte, wurde tatsächlich ein enormer Druck auf die Birthler-Behörde aufgebaut, nun endlich in der Sache»IM Wagner/ Günter Wallraff« sich eindeutig zu erklären.

Ehemalige Mitarbeiter der Behörde widersprechen aber der Version, politischer Druck von außen habe in ihrem Haus die Wende gebracht. Vielmehr bestätigt sich im Nachhinein, dass es innerhalb der Birthler-Behörde im Fall Wallraff einen Kampf zweier Linien gegeben hat, der sich im Kern bis heute darum dreht, wie mit dem Rosenholz-Material umgegangen werden soll. Schon lange kursierte der Vorwurf, den in der Affäre um Günter Wallraff auch ehemals prominente Bürgerrechtler wie Wolfgang Templin vertraten, die Bundesbehörde sei mit der Offenlegung von IM-Vorgängen bei ehemaligen DDR-Bürgern sehr viel weniger zurückhaltend als bei prominenten Westbürgern. Das müsse sich mit den Rosenholz-Informationen nun ändern.

Um auf den Druck von außen besser reagieren zu können, wurde deshalb in der Birthler-Behörde nach den diversen Veröffentlichungen über die Rosenholz-Karteikarten und SIRA-Datei-Einträge eine Arbeitsgruppe gegründet, die noch einmal insgesamt das Material sichten und bewerten sollte. Leiter dieser Arbeitsgruppe wurde der IM-Spezialist der Behörde, der Westdeutsche Helmut Müller-Enbergs. Er ist seit mehr als 15 Jahren bei der Gauck-Birthler-Behörde mit dem Nachlass der Stasi beschäftigt und fest davon überzeugt, mittlerweile mit jeder möglichen Variante der Stasiaktenführung vertraut zu sein. Er nimmt für sich in Anspruch, die Wende im Fall Wallraff, die Neubewertung der Stasifragmente zum IM Wagner und Günter Wallraff durch die Behörde herbeigeführt zu haben. Dabei legt er Wert darauf, nicht mit der Springer-Presse in einen Topf geworfen zu werden. »Wallraff war ein Idol meiner Jugend. Ich habe ihn gelesen, war von seinen Recherchen sehr beeindruckt und halte seine damaligen Publikationen immer noch für richtig und wichtig.« Trotzdem legen seiner Meinung nach eine Zusammenschau aller verfügbaren Fakten eine Interpretation nahe, die jedenfalls nicht mehr ausschließen lässt, dass Wallraff nicht gewusst habe, dass die Leute, mit denen er sich in Ostberlin damals getroffen hat, von der Stasi waren. Die Einträge in der SIRA-Eingangsdatei sind seiner Meinung nach sehr wohl dem IM Wagner zuzuordnen, und vor allem das Treffen mit Gundlach in Kopenhagen hält er nicht nur für ein Treffen unter Journalistenkollegen, sondern für einen Versuch, bei dem die Stasi testen wollte, ob Wallraff bereit gewesen sei, Material, wenn auch belangloses, zu übergeben.

Bewiesen sei damit immer noch nichts, die Möglichkeit könne man aber nicht ausschließen – Müller-Enbergs und sein Team setzten sich mit dieser Argumentation bei der Behördenleitung durch. Im Sinne der Gleichbehandlung zwischen Ost und West, so ihr Hauptargument, müsse die Behörde Wallraff als Verdachtsfall anerkennen. Nach Meinung von Müller-Enbergs haben die Akten in aller Regel recht: »Wo IM draufsteht, ist auch IM drin.«

Dass dies von anderen in der Behörde durchaus nicht so gesehen wird und letztlich doch eine Frage der politischen Opportunität und nicht der »Wahrheit« ist, zeigt jedoch der weitere Verlauf im Umgang mit den Rosenholz-Dateien. Im Februar 2007 einigten sich CDU/CSU und SPD darauf, dass mögliche Verstrickungen von Bundestagsabgeordneten mit der Stasi in der Zeit vor 1990 nun doch nicht untersucht werden sollen. Auf der Grundlage der Daten aus der Rosenholz-Datei hatte der frühere Mitarbeiter der Gauck-Birthler-Behörde, Hubertus Knabe, der heute die Gedenkstätte für Stasiopfer in Hohenschönhausen leitet, festgestellt, dass zwischen 1969 und 1972 insgesamt 43 Abgeordnete des Bundestages aus unterschiedlichen Fraktionen Kontakte zur Stasi gehabt haben sollen. Mit Unterstützung der Regierungsfraktionen hält Marianne Birthler diese Forschungsarbeit unter Verschluss. Ihr Argument: Es könne anhand der Daten aus den Rosenholz-Dateien nicht eindeutig geklärt werden, wer wirklich Zuträger der Stasi war oder lediglich von der Stasi ausgehorcht wurde. Genau das ist das Argument, das Wallraff auch für sich immer angeführt hatte und von dessen Stichhaltigkeit die Birthler-Behörde, wie sich jetzt zeigt, nur in seinem Fall ausnahmsweise einmal nicht überzeugt war.

Helmut Müller-Enbergs, der sich behördenintern auch für eine Überprüfung der in der Datei genannten ehemaligen Bundestagsabgeordneten eingesetzt hatte, ist mittlerweile von der Arbeit an der Rosenholz-Datei entbunden und in eine andere Abteilung versetzt worden.

»Welt« in Beweisnot

Nach Birthlers Auftritt am 3. September 2003 jubelte vor allem die »Welt«. Ihre denunziatorische Schlagzeile aus dem August, »Stasi-IM Günter Wallraff«, schien gerettet. Günter Wallraff hatte gegen die »Welt«-Berichterstattung sofort geklagt und erst einmal eine »Einstweilige Verfügung auf Unterlassung« gegen diese Behauptung durchgesetzt. Doch die »Welt«, dieses Mal sicher, endlich den journalistischen Blattschuss landen zu können, heuerte eine der teuersten deutschen Anwaltskanzleien an, um weiter behaupten zu können, Wallraff sei ein Stasispitzel gewesen. Nicht »vielleicht« oder »möglicherweise«, sondern ohne Wenn und Aber – Springer wollte den späten Triumph.

In einer sich über drei Jahre hinziehenden gerichtlichen Auseinandersetzung durch zwei Instanzen wurde dann zwischen Günter Wallraff und dem Springer-Verlag die Schlacht des Kalten Krieges noch einmal geschlagen. Alle vermeintlichen Fakten, Gerüchte, Zeugen, Schlussfolgerungen, Dokumente und Dateien wurden auf die Richtertische gekippt und penibel inspiziert. Die »Welt« geriet dabei in immer größere Beweisnot. Wenn sie behaupten wolle, Wallraff sei Informeller Mitarbeiter der Stasi gewesen, müsse sie diese Behauptung beweisen, stellten die Richter des Hamburger Landgerichts von Beginn an klar. Nicht Wallraff müsse beweisen, dass er kein Stasispitzel gewesen sei, sondern die Beweislast liege ganz eindeutig bei der »Welt«. An dieser Beweislast hat Springer sich letztlich wieder verhoben: Verdachtsmomente, Behauptungen in lange zurückliegenden Anklageschriften der Bundesanwaltschaft, wackelige Zeugen, Mutmaßungen, es müsse nach Indizienlage so und nicht anders gewesen sein – das alles reichte den Richtern nicht. Warum, wollten die Richter wissen, solle es nicht stimmen, dass Wallraff in dem Redakteur der Ostsee-Zeitung, Heinz Gundlach, einen befreundeten journalistischen Kollegen gesehen habe, den er mit einigen Informationen bei dessen journalistischer Arbeit habe unterstützen wollen? Warum könnten die drei in der SIRA-Datei verzeichneten Vermerke nicht aus einer anderen Quelle als Günter Wallraff stammen? wollten die Richter wissen, und warum überhaupt nehme ausgerechnet die »Welt«, die doch der Staatssicherheit für gewöhnlich so kritisch gegenüberstehe, im Fall Wallraff jede Notiz eines Stasimannes für bare Münze?

Auf alle diese Fragen blieb die »Welt« vor Gericht schlüssige Antworten schuldig. Punkt für Punkt nahm dagegen zunächst das Landgericht und anschließend das Hamburger Oberlandesgericht die von der »Welt« für ihre Behauptung vorgebrachten Indizien auseinander und kam schlussendlich zu dem Urteil:

»Nach Auffassung des Senats hat die Beklagte (›DIE WELT‹) den ihr obliegenden Wahrheitsbeweis nicht erbracht. Die Wahrheit der Behauptung, der Kläger (Wallraff) sei Stasi-IM gewesen, ergibt sich weder aus den eingereichten Unterlagen noch den eingereichten Dokumenten. Das gilt sowohl bei einer Betrachtung der Beweismittel und Indizien im Einzelnen als auch in einer Gesamtschau.«

Mit diesem Urteil vom 10. Januar 2006, gegen das keine Revision zugelassen wurde, endete der juristische Schlagabtausch um die vermeintliche Stasimitarbeit Günter Wallraffs mit einem vollständigen Sieg des Kölner Autors.

Bleibt noch die Frage, die der »Spiegel« schon nach Wallraffs Sieg in erster Instanz aufgeworfen hatte: Ist der Erfolg vor Gericht ein Sieg ohne Sieger? Bleibt Günter Wallraff trotz seines Sieges gegen die »Welt« beschädigt?

Die Wahrheit und wer sie wo findet

Als Beleg dafür, wie beschädigt Günter Wallraff sei, diente vor allem eine Stellungnahme seines Freundes Wolf Biermann. Der war, wenige Tage nachdem Marianne Birthler die neue Interpretation ihrer Behörde verkündet hatte, auf den Zug mit aufgesprungen und hatte erklärt:»Ob es klug oder dumm oder weise ist, sich in diese Schlammschlacht zu mischen, wer will das wissen? Der Wallraff und der Heiner Müller glaubten beide, die Stasi über den Tisch ziehen zu können, aber sie wurden von der Stasi gefickt, wie das im Deutschen heißt. Es gibt nur einen Weg des Umgangs mit eigener Geschichte: sich immer in die Wahrheit retten.«

Darauf antwortete ihm ein anderer alter Freund Günter Wallraffs, Otto Köhler, wenige Tage später in einem Artikel im »Freitag«. Köhler, zur Zeit der Biermann-Ausbürgerung Mitarbeiter beim »Stern« und dadurch als einer der vielen Anrufer bei Wallraff damals auch durch die Abhöraktion betroffen, die der BND während Biermanns Aufenthalt bei Wallraff in dessen Wohnung durchführte, schrieb: »Die Wahrheit! Die Wahrheit? Die ganze Wahrheit und nichts als die Wahrheit? Ich wüsste sie gern. Aber einen Teil der Wahrheit kenne ich [...]« Er forderte in seinem

Artikel dazu auf, den Vorwurf, Wallraff habe sich mit von der Stasi gefälschten Unterlagen zu einem Propagandisten der DDR machen lassen, doch statt in den Akten in der Wirklichkeit zu überprüfen.

»Mir liegt die Nummer 17 der ›Konkret‹ von 1970 vor, in der Wallraff über den Bayer-Konzern und über chemische und biologische Waffen für die Bundeswehr berichtet. Fünf Seiten. Titel: ›Konkret enthüllt – Die verbotene Aufrüstung‹, einschließlich einer Ehrenerklärung des damaligen Verteidigungsministers Helmut Schmidt für den Bayer-Konzern. Auch Monitor hatte über verbotene B- und C-Waffen bei der Bundeswehr berichtet. Viele Jahre später war ich für den WDR dabei, als es in Munsterlager eine Bundeswehr-Pressekonferenz gab, wo über die Auflösung ihrer Kampfstoffdepots, angeblich noch aus dem II. Weltkrieg, berichtet wurde.« Die Wahrheit?

Zur Wahrheit gehört auch, dass Biermann, als er davon sprach, die »Stasi habe Wallraff gefickt«, längst die Seite gewechselt hatte und sogar zeitweilig als »Chefkulturkorrespondent« für die »Welt« arbeitete, wo er mitten in der Jauche saß, über deren Gestank er nach seiner Ausbürgerung noch bitter geklagt hatte.

Dreißig Jahre nach seiner Ausbürgerung erklärte er in einem Interview mit »Spiegel Online« anlässlich seines 70. Geburtstages, wie er getreu dem Motto »Nur wer sich ändert, bleibt sich treu« im Prozess seiner Veränderung zuerst den Kommunismus als Totalitarismus entlarvt habe, um dann etwas später zu entdecken, dass auch die Idee des Sozialismus auf direktem Weg in die Hölle führe. Als er von »Spiegel Online« gefragt wurde, ob ihn diese Veränderungen nicht einsamer gemacht hätten, bekannte Biermann: »Natürlich, jede Veränderung, die man wagt, wird von manchen Leuten als Verrat quittiert.« Aber weil man alleine nun mal nicht überleben könne, »sucht« man, wenn man aus einer Affenhorde rausfliegt, sich eben eine neue Horde«.

Die neue Horde Biermanns bestand darauf, dass Wallraff damals ein »Verräter« am westlichen Kapitalismus gewesen sei, mit dem Biermann nun seinen Frieden gemacht hatte. Auch das ist ein Teil der Wahrheit.

Wie sehr die Wahrheitssuche davon abhängt, von welchem politischen Standpunkt aus man beginnt nach ihr zu forschen, enthüllt auch eine Studie, in der der Norddeutsche Rundfunk 2005 über seine Stasigeschichte Auskunft gibt. Neben einigen bekannten Fällen von Infiltrierung durch die Stasi prangert das Geschichtswerk vor allem »solche Machenschaften an, die die Mitarbeiter des NDR nie begangen haben«, wie der »Spiegel« in einem ausführlichen Bericht feststellte. Die Studie war von NDR-Intendant Jobst Plog bei zwei jungen Historikerinnen in Auftrag gegeben worden, die vorher beim Landesbeauftragten für Stasi-Unterlagen in Mecklenburg-Vorpommern gearbeitet hatten. Als sie dann auf dem Tisch lag, gab es großen Ärger im Funkhaus. Etliche frühere NDR-Reporter sahen sich plötzlich als Handlanger oder zumindest nützliche Idioten der Stasi porträtiert.

Für die beiden knapp 30-jährigen Historikerinnen war offenbar jeder NDR-Reporter, der in den 60er Jahren die Nazivergangenheit westdeutscher Politiker aufdeckte, ein DDR-Propagandist, und wer die Entspannungspolitik von Brandt befürwortete, wurde als medialer Transmissionsriemen für die Interessen Ostberlins dargestellt. Vor allem die Panorama-Redaktion sieht sich in der Studie als Erfüllungsgehilfin der Stasi geschmäht. Das Politmagazin sei die wichtigste Kontaktadresse der Desinformationsabteilung der Stasi gewesen, die Stasi habe über Panorama Informationen, die den Interessen der DDR dienten, in einem der einflussreichsten politischen Magazine des Westens unterbringen können. Wütend schrieb der frühere Panorama-Chefredakteur Peter Merseburger an seinen ehemaligen Intendanten Plog, die pauschale Verdammung der Arbeit von Panorama entbehre jeder Grundlage. Hätte man denn kritische Beiträge über den Altnazi Hans Globke, der es bis zum Chef von Adenauers Kanzleramt gebracht hatte, unterlassen sollen, nur weil ein Rücktritt Globkes auch der Stasi gefallen hätte? Das sei doch eine für einen Journalisten abwegige Vorstellung. Panorama-Mitbegründer Gert von Paczensky und der ehemalige Redakteur Lutz Lehmann klagten gar auf Unterlassung.

Seitdem rudert der NDR zurück. Die Studie, erfuhr Lehmann, werde überarbeitet, etliche ihn betreffenden Stellen seien bereits gestrichen worden. Gegenüber Merseburger erklärte Plog, dass man die Studie nicht als Buch publizieren werde.

Sieht man von Biermann ab, bleibt die Forderung, die neben anderen auch Manfred Wilke, Leiter des Berliner Forschungsverbundes zum SED-Staat, erhebt: Die westdeutsche Linke solle Auseinandersetzungen wie die um Wallraff zu einer Selbstüberprüfung zum Anlass nehmen und sich ehrlich fragen: Wie haben wir die DDR gesehen? Möglich, dass einige da noch Nachholbedarf haben, Wallraff gehört nicht dazu. Er hat mehrfach selbstkritisch angemerkt, dass er zeitweise die DDR falsch eingeschätzt habe, weil er, so wie damals auch Biermann, die Hoffnung gehegt habe, dort könne vielleicht auf lange Sicht doch eine demokratische, sozialistische Republik entstehen, und dass er deshalb Menschenrechtsverletzungen in der DDR in den 60er Jahren noch fälschlicherweise nicht öffentlich angeprangert habe.

Dafür gab es aber noch einen anderen Grund, den Günter Wallraff auch freimütig einräumt. Er habe die DDR auch deshalb nicht angeklagt, weil die bundesdeutsche Rechte nichts anderes gemacht habe, als die DDR anzuklagen. Vom »Tagesspiegel« auf die Sendungen von Gerhard Löwenthal angesprochen, einem der damals bekanntesten Rechten im deutschen Fernsehen, der regelmäßig über Menschenrechtsverletzungen in der DDR berichtete, sagte Wallraff: »Man hat damals die Sendungen des politischen Gegners nicht gesehen. Und wenn ich sie mal sah, habe ich gesagt, er hat ja recht. Nicht wenn er Propaganda machte, aber wenn er einzelne Schicksale beschrieb. Man konnte ihn nicht ausstehen, weil er zu einem Lager gehörte, das den Putsch in Chile und das Rassistenregime in Südafrika rechtfertigte. Darum hat man das Unrecht, das er aufzeigte, nicht thematisiert. Das war ein Fehler.« Insoweit, gibt Wallraff zu, sei er auch ein Gefangener in der Ideologie des Kalten Krieges gewesen.

Bleibt noch eine allerletzte Frage: Warum muss sich eigentlich nur die westdeutsche Linke dafür rechtfertigen, auf einem Auge blind gewesen zu sein, während die Rechte nicht daran denkt, ihre Unterstützung für Rassisten und Diktatoren selbstkritisch zu hinterfragen, die sie in den alten Zeiten zu Bollwerken gegen den Kommunismus und Bewahrern westlicher Werte hochjubelte? Wo bleiben denn die Entschuldigungen von Ex-»Bild«-Chefredakteur Prinz und Ex-»Welt«-Chefredakteur Kremp?

Beschädigt hat Wallraff die Auseinandersetzung um seine angebliche Rolle als informeller Mitarbeiter der Stasi aber in einer ganz anderen Weise. Er sei »dünnhäutig geworden« angesichts der nicht enden wollenden Vorwürfe, mit den Nerven öfter mal am Ende gewesen, sagt er. »Die ganzen Auseinandersetzungen«, so sein Fazit, »haben nicht nur eine Menge Geld gekostet, sie haben mich auch jahrelang von meiner eigentlichen Arbeit abgehalten.«

Nur einer, der freilich Günter Wallraff sehr gut kennt, sein alter Freund Günter Zint, glaubt, dass der große Rollenspieler auch dem finalen Kampf mit Springer noch etwas abgewinnen konnte. »Ich bin sicher«, meint Zint, »dass Günter, als er bei seiner Pressekonferenz 2003 ankündigte, er freue sich schon auf die gerichtliche Auseinandersetzung mit der ›Welt‹, nicht geblufft hat. Trotz allem Ärger, allen Kosten und allem Stress, der damit verbunden war, hat es ihm doch sicher zeitweilig auch Spaß gemacht, Springer noch einmal vorzuführen. Er war sich von Anfang an sicher, dass er den Prozess gewinnen würde. In der Sache war für Springer da sowieso nichts zu holen.«

Der Mann, der Ali war
Als Türke in der Bundesrepublik Deutschland

Ein bläulicher Schimmer zeigt sich als Vorbote des neuen Tages am Himmel. Doch es ist noch Nacht, als die Arbeiter der Frühschicht den Werkstoren des Thyssen-Stahlwerkes in Duisburg-Bruckhausen zustreben. Es sind hauptsächlich Türken, die zu den Klängen eines traurigen Liedes, in dem Einsamkeit besungen und Krankheit beklagt wird, strammen Schrittes dem Werk zustreben. Die Bilder changieren zwischen Schwarz-Weiß und einigen wenigen Farbschimmern, doch auch nachdem es Tag geworden ist, dominiert ein schwarz-weißer Grauschleier.

Auch als Ali das erste Mal ins Bild kommt, bleibt die Szenerie düster. In schwerverständlichem Deutsch buchstabiert er einen schwerverständlichen Namen, den ein Mann am Steuer eines Kleintransporters notiert, ohne ihn wirklich zu verstehen. Hauptsache, er hat irgendetwas auf seinem Block. Man sieht Ali, mit müden Augen und einem verrutschten Helm auf dem Kopf, auf dem Boden des Transporters hocken, der ihn und andere auf das Werksgelände von Thyssen bringt.

Dort werden die herangekarrten Männer von einem Vorarbeiter in Gruppen aufgeteilt und an ihre Plätze geschickt. Sie sollen Reinigungsarbeiten durchführen. Die Firma, die sie angeheuert hat, ist ein Industriereinigungsunternehmen. Dabei bedeutet Reinigen nicht Fenster putzen und Böden schrubben. Reinigen in einem Stahl- und Hüttenwerk heißt Beseitigen giftiger Industrieschlämme, Reinigen von Schächten, die mit verklumpten Eisenerzen verstopft sind, oder das Entfernen von Metallstäuben, die sich fingerdick auf Maschinen oder Metallplattformen auf den verschiedenen Ebenen der Hütte, da, wo das Eisenerz geschmolzen wird, abgesetzt haben.

Thyssen engagiert für solche Jobs Fremdfirmen, die Leiharbeiter mitbringen. Der Film »Ganz unten« zeigt, wie es diesen Leiharbeitern im Allgemeinen und den ausländischen Arbeitern im

Besonderen geht. Er zeigt dies am Beispiel des türkischstämmigen Arbeiters Ali, unter dessen schwarzer Perücke sich Günter Wallraff verbirgt. Der Film ist ein bedrückendes Dokument der Ausbeutung ausländischer, oft illegaler Leiharbeiter. Verzweifelt auf jeden Job angewiesen, sind sie ohne jeden rechtlichen oder gewerkschaftlichen Schutz, abhängig von der Willkür und dem Kalkül des jeweiligen Arbeitsvermittlers, der sie heuert und feuert, wie es ihm passt. Geregelte Arbeitszeiten sind für sie ein Fremdwort, geschuftet wird so lange, bis der Job erledigt ist. Wer das nicht kann oder nicht will, fliegt raus, wie eine entsprechende Szene belegt. Im Film sieht man, wie die Leiharbeiter nach der Schicht völlig erschöpft zum Büro ihres Chefs gehen, um sich dort, weitab ihres Arbeitsplatzes, ihren Lohn auszahlen zu lassen. Oft ohne Erfolg, weil der Vermittler, bei dem sie angeheuert haben, alles tut, um die Auszahlung der sowieso sehr geringen Löhne hinauszuzögern oder ganz zu vermeiden. Er ist nicht da, behauptet, keine Zeit zu haben oder das Geld nur dann auszahlen zu können, wenn der Leiharbeiter einen vom Vorarbeiter unterzeichneten Stundenzettel vorweisen kann. Doch der Vorarbeiter behauptet, den Stundenzettel schon längst an den Chef weitergeleitet zu haben, was dieser wiederum bestreitet. Einige Leute, die in dem Film gezeigt werden, geben es nach mehreren Anläufen wütend auf, denn als illegal beschäftigte Ausländer haben sie kaum eine Möglichkeit, sich zu wehren.

Wallraff ist der Ausländer Ali Levent Sinirlioglu. Da seine deutschen Kollegen sich seinen Nachnamen sowieso nicht merken können, ist er eben Ali Levent. Er tut immer etwas naiv und redet auch, als wenn er kein Wässerchen trüben könnte. Doch dann, ganz unvermutet, blitzt plötzlich Widerspruch und Widerstandsgeist auf, von dem man zunächst aber nicht weiß, ob es sich um Schwejk'sche Listigkeit oder einfach Einfalt handelt. Günter Wallraff hat seine Rolle als Ali so beschrieben:»Die Ali-Figur hat auch eine literarische Dimension. Da ich nicht ernst genommen wurde, da ich wie ein Kind, wie ein Narr behandelt wurde, konnte ich mir jede Frage erlauben. Das heißt, man konnte sich wie ein Kind die Welt wieder neu aneignen. Es ist eine wunderbare Sache, alles fragen zu dürfen. Als Journalist, als Schriftsteller, als ernst genommener Staatsbürger bist du ja sehr schnell an Grenzen ange-

Ali als Mc Donald's-Angestellter

langt mit Fragen, die schicklich sind, die noch erlaubt sind. Ich aber konnte alle mit Fragen löchern. Auch auf einer Ebene, auf der du alles in Frage stellen kannst. Wo ich die bestehende Norm als absolut nicht akzeptabel hinstelle. Das ist auch die befreiende Kraft, dass diese Figur alles hochwirbelt, nicht einverstanden ist und nicht alles schluckt. Ich stecke nicht nur ein. Ich gebe auch zurück. Das ist ein Widerstandspotenzial von unten.«

Der Film, in dem man sehen kann, wie Ali agiert, ist die Adaptation des Weltbestsellers »Ganz unten«. Das Buch lebt, wie der Film, von der Figur Ali. Anders als bei seinem »Bild«-Engagement als Hans Esser, den zu verkörpern Wallraff als Selbstverstümmelung, als seelische Autoaggression empfand, war er als Ali so sehr bei sich selbst wie nie zuvor. Ali, das war einerseits der Phänotyp des Ausgegrenzten, des Gedemütigten und Erniedrigten, aber gleichzeitig der Schelm, der sich auf vermeintlich naive Art wehrt, der die Ausbeutung durch den Chef nicht fluchend hinnimmt und der sich gegen die Sprüche seiner deutschen Kollegen zur Wehr setzt. Kollegen, die glauben, dass sie, selbst ganz unten in der Hierarchie, sich wenigstens dadurch hervorheben können, dass sie

Ali als Leiharbeiter bei Thyssen

auf den Ausländern ungestraft herumtrampeln. Nationalismus, das erfährt Ali immer wieder, ist häufig das Brot derjenigen, die sonst nichts zu kauen haben.

In der Figur des Ali kann Wallraff all das zeigen, was er sich in zwanzig Jahren als »Schauspieler« angeeignet hat. Der Mut zu einer anderen Existenz, die Empathie, das Sicheinfühlen in eine andere Identität, die Eulenspiegelei, derer es bedarf, der Gesellschaft ihren Spiegel vorzuhalten. Ali, diese deutsch-türkische Kunstfigur, ist seine »Antwort auf unsere Gesellschaft«, und Wallraff ist in dieser Rolle ganz bei sich.

Fast drei Jahre schlüpft er immer wieder in seine Ali-Identität. Er lässt sich auf einem Bauernhof als Knecht anheuern, geht als Kuli auf eine Großbaustelle, jobbt als fröhlicher McDonald's-Angestellter, lässt Medikamentenversuche über sich ergehen, testet aber auch, wie es Ali im Olympiastadion als türkischer Fan bei einem Länderspiel gegen die Türkei ergeht, versucht, sich bei katholischen Pfarrern taufen zu lassen, und bemüht sich vergeblich um Anschluss bei Bhagwan-Jüngern in deren luxuriösem Aschram in Köln. Er geht als Ali zur Passauer Aschermittwochsrede von Franz

»Mit herzlichem Gruß, Franz Josef Strauß« –
Ali als Abgesandter der faschistischen
Grauen Wölfe

Josef Strauß und lässt sich von ihm als Abgesandter des türkischen Faschistenchefs Alparslan Türkeş eine Festschrift signieren. Seine Paraderolle aber ist die als illegaler Leiharbeiter des Menschenhändlers Hans Vogel im Stahlwerk. Fast ein halbes Jahr verbrachte er hier, selbst noch manche Nacht in einer extra dafür angemieteten Wohnung im Ausländerslum in Duisburg-Bruckhausen, in Sichtweite der Werksmauern.

Nur davon handelt der Film, der im Wesentlichen aus Bildern besteht, die Wallraff mit einer in seiner Arbeitstasche versteckten Kamera aufgenommen hat. Für einige Wochen gelang es auch Jörg Gfrörer, der schon den Film über den Einsatz von Wallraff bei »Bild« gedreht hatte, ebenfalls bei Vogel engagiert zu werden und dadurch Wallraff bei der Arbeit im Werk aus einer zweiten versteckten Kamera filmisch begleiten zu können.

Wallraff hatte sich mit der Idee, als Türke maskiert Deutschland von ganz unten zu erkunden, schon lange herumgeschlagen. Bereits zehn Jahre zuvor, Anfang der 70er, hatte er erste Versuche mit einer entsprechenden Rolle unternommen, dabei aber festgestellt, dass er sich das noch nicht zutraute. Auch andere waren schon als Türken verkleidet losgezogen. Gerd Kromschröder hatte über seine Erfahrungen als türkischer Einwanderer im »Stern« geschrieben und diese Reportagen später dann als Buch veröffentlicht. Das waren zwar eher kurzzeitige Rollenspiele geblieben, Kollegen aus den Medien schätzten das Thema Wallraff gegenüber dennoch als ausgereizt ein. »Da ist nichts mehr zu holen. Das Thema ist doch längst ausdiskutiert«, bekam er zu hören, wenn er sich im Vorfeld seiner Ali-Rolle vorsichtig erkundigte, was der eine oder andere von dem Blick aus der Ausländerperspektive halte. Tatsächlich schien diese Auffassung begründet. Die Zeiten, in denen Wallraff mit seinen Industriereportagen begann und die Großkonzerne dringend Arbeitskräfte suchten, waren lange vor-

Ali sucht Anschluss an einem Stammtisch in Bayern

bei. Der Boom der bundesrepublikanischen Gründerjahre war einer wirtschaftlichen Stagnation gewichen, seit 1973 galt ein Anwerbestopp für Arbeiter aus dem Ausland. Jobs, selbst die unattraktiven, schlecht bezahlten, waren längst Mangelware, und mit Amtsantritt der Regierung Kohl interessierte sich erst recht niemand mehr für das Schicksal derjenigen, die man jetzt einfach nicht mehr brauchte. Für Ausländer gab es Rückkehrprogramme statt Integrationshilfen, und diejenigen, die dennoch blieben, drängte man in Gettos, wo sie möglichst nicht auffallen sollten. Die gesellschaftliche Konjunktur für ein Projekt, wie es Wallraff mit Ali vorhatte, war denkbar ungünstig.

Er versuchte es dennoch. Mehr aus dem Grund, dass er sich eine solche Rolle nun einmal in den Kopf gesetzt hatte, als aus der Erwartung, damit große Erfolge erzielen zu können. Zuspruch bekam er zunächst vor allem aus Kreisen der Betroffenen. Als er vorsichtig in linken türkischen Arbeitervereinen verbreiten ließ, er suche einen Pass und andere Identitätsausweise eines Einwanderers, wurde er relativ schnell fündig. Levent Sinirlioglu, der sich als Taxifahrer in Hamburg durchschlug, erfuhr in einer Vereinsversammlung, dass ein Deutscher sich als Türke ausgeben wollte: »Ich war gleich begeistert«, erinnert er sich noch gut zwanzig Jahre später, »meinen Pass konnte er gerne haben.« Über den Fotografen Günter Zint lernte Wallraff Levent Sinirlioglu dann kennen. Wallraff buchte einen Türkischkurs und scheiterte kläglich. Nachdem ihm klar war, dass er in wenigen Monaten kaum genügend Türkisch lernen würde, um als normaler Einwanderer durchzugehen, dachte er sich eine etwas kompliziertere Figur aus. Der Vater Türke, die Mutter Griechin, er selbst zeitweilig in Piräus, der Hafenstadt bei Athen, aufgewachsen, eine Stadt, die er aus der Zeit seiner Inhaftierung als politischer Gefangener in Griechenland gut kannte. Zusätzlich gestützt von schulischen Kenntnissen in Altgriechisch, konnte er relativ glaubhaft erklären, warum er eher Griechisch als Türkisch spreche, letztlich sich aber lieber in einem gebrochenen »Ausländerdeutsch« verständigte. Die Sprache, war denn auch tatsächlich kaum ein Problem, weil die meisten seiner türkischen Kollegen in Deutschland aufgewachsen waren und selbst ein gebrochenes Deutsch am Arbeitsplatz bevorzugten.

So erschien im März 1983 in verschiedenen Zeitungen die Anzeige:

> »Ausländer, kräftig, sucht Arbeit, egal was, auch Schwerst- und Drecksarb., auch für wenig Geld. Angebote unter 358 458«

Als das erste Angebot zur Renovierung eines Reitstalles kam, begann die Figur Ali zu leben. Wallraff/Ali, laut Papieren 28 Jahre alt, war tatsächlich bereits 41, schuften musste er aber wie ein 28-Jähriger. Für den Türken waren überall nur die anstrengendsten, aber gleichzeitig am schlechtesten bezahlten Jobs drin. Obwohl ihm theoretisch klar war, dass türkische Einwanderer nicht gerade freundlich behandelt wurden, war er entsetzt über das Ausmaß an Verachtung und Fremdenfeindschaft, die ihm allenthalben entgegenschlugen. Dabei gab sich Ali alle Mühe, Anschluss zu bekommen. Keine deutsche Kirchengemeinde wollte ihn als Mitglied haben, obwohl Ali, wenn auch in einem etwas schwer verständlichen Idiom beteuerte, von Jesus überzeugt zu sein. Selbst der Versuch, in einer Kneipe im Umfeld von Thyssen einen türkischen Stammtisch zu etablieren, scheiterte, obgleich die Kneipe zusätzliche Gäste dringend benötigt hätte. Während der Arbeit gaben ihm deutsche Kollegen unmissverständlich zu verstehen, was sie von »Kanaken« und »Kameltreibern« hielten. Von Ausnahmen abgesehen, herrschte am unteren Ende der sozialen Leiter eine durch keine falsche Freundlichkeit übertünchte »Ausländer raus«-Mentalität vor. Auch »Unter Adolf hätte es Leute wie euch hier nicht gegeben« bekam er häufig genug zu hören.

Vorurteilslos, nach außen hin jovial war nur der Menschenhändler Vogel, dem Ausländer, wie er versicherte, sogar lieber waren als Deutsche – weil die nicht so viel Ansprüche stellten. Doch Ali drehte bei Vogel den Spieß um. Scheinbar aus Sorge um den guten Chef berichtet er ihm von Gerüchten, Vogel solle angegriffen werden. Es gelang ihm so zuletzt, seinen Chef davon zu überzeugen, dass er in Ali den idealen Chauffeur und Leibwächter hätte, und Ali wurde prompt befördert. »Ich (Ali)«, wie Wallraff seinen Ich-Protagonisten im Buch nennt, »konnte nun aus der Nähe verfolgen, wie Vogel sein Geschäft betrieb und seine Leiharbeiter betrog. [...] Ich wollte dann zum Abschluss sehen, wie weit Vogel wirklich bereit war zu gehen, wie skrupellos er die Verzweiflung anderer auszunutzen bereit war. Ich (Ali) stellte ihm eine Falle.«

Er ließ zwei Bekannte bei Vogel anrufen, um ihm einen äußerst lukrativen Auftrag in einem Atomkraftwerk anzubieten, nachdem er erfahren hatte, dass Vogel türkische Arbeiter mit gefälschtem Strahlenpass im maroden AKW Würgassen arbeiten ließ. Die Anrufer behaupteten, sie seien Mitarbeiter des Sicherheitsdiensts des Atomkraftwerks Würgassen. Es habe dort einen Störfall gegeben. Radioaktivität sei in relativ hoher Dosis freigesetzt worden. Man brauche dringend ein paar Leute, die in den kontaminierten Bereich hineingingen, um dort aufzuräumen. Der Job werde gut bezahlt, man suche aber Türken, die anschließend in die Türkei zurückkehrten und dann nicht mehr auffielen, falls sie erkrankten.

Ali als Chauffeur des Menschenhändlers Vogel

Vogel ist nicht abgeneigt. Als er mitbekommt, dass er dabei leicht 100.000 Mark verdienen kann, beauftragt er prompt Ali damit, für ihn sechs oder sieben türkische Kollegen zu finden, die den Job übernehmen könnten. Er bietet 500 Mark für zwei Tage Arbeit, während die AKW-Leute ihm 120.000 Mark pauschal angeboten haben. Man trifft sich am Duisburger Hauptbahnhof, und der Deal wird gemacht. Obwohl die beiden vermeintlichen AKW-Vertreter keinen Hehl daraus machen, dass der Job aufgrund der hohen Strahlendosis mit sehr hoher Wahrscheinlichkeit zu einer Krebserkrankung führt, zögert Vogel keinen Moment. Er will nur nicht, dass Ali, sein Chauffeur, sich persönlich an dem Job beteiligt. »Zu gefährlich«, sagt er ihm, schließlich braucht er ihn noch. Wallraff beendet die Anwerbeaktion, indem er die vor dem Hauptbahnhof wartenden Türken, wiederum fiktiv, von der Ausländerpolizei abführen lässt. Vogel ahnt bis zuletzt nicht, dass er nur auf die Probe gestellt und vorgeführt wurde.

Der Sturm

Das böse Erwachen für Vogel und andere kam im Oktober 1985, als das Buch »Ganz unten« erschien. Der »Spiegel« brachte einen großen Vorabdruck, und einen Tag später zeigte Franz Alt in Report, dem Politmagazin des Südwestfunks Baden-Baden, Auszüge aus dem gleichnamigen Film. Damit brach ein Sturm los, wie ihn die bundesdeutsche Verlagsgeschichte noch nicht gesehen hatte. Das Buch war in aller Munde, vor den Buchhandlungen bildeten sich Schlangen, als gäbe es etwas umsonst, und Wallraff redete auf allen Kanälen. »Kein Buch in der deutschen Verlagsgeschichte dürfte je eine so allgegenwärtige sichtbare Präsenz im privaten wie öffentlichen Leben besessen haben wie ›Ganz unten‹ in diesen Wochen und Monaten«, schrieb selbst Wallraffs verbissenster Gegner, Heinz Klaus Mertes, im Herbst 1985. Binnen weniger Tage baute sich ein so gewaltiger öffentlicher Druck auf, dass die zuständigen Staatsanwaltschaften in Nordrhein-Westfalen umfassende Razzien gegen Leiharbeiterfirmen veranstalteten und den namentlich im Buch erwähnten Vogel vor Gericht stellten, wo er zu einer Geldstrafe und Gefängnis auf Bewährung verurteilt wurde. Auch gegen Thyssen und Mannesmann wurden Geldbußen in Millionenhöhe verhängt. Wallraff eilte von Veranstaltung zu Veranstaltung und, wie es schien, von Erfolg zu Erfolg.

In der »taz« beschrieb der Autor Jürgen Alberts eine dieser Veranstaltungen in Bremen, die typisch für Wallraffs Auftritte in den Wochen nach Erscheinen des Buches war. »Ein völlig überfüllter Hackfeld-Saal, Menschenaufläufe vor dem Versammlungsort und drinnen ein Publikum, das sich stark von der sonst bekannten Bremer Politszene unterscheidet – viel mehr Kollegen aus Betrieb und Büro. Peter Sörgel, Betriebsratsvorsitzender bei Klöckner, zeigt sich betroffen von dem Buch, hat es irgendwie zwar schon gewusst, spricht von eigenen Verdrängungen. Ali Elis, türkischer Journalist, dankt Wallraff für seinen Einsatz und berichtet von positiven Erfahrungen unter Landsleuten nach der Lektüre des Buches. Er hat unsere Sprache gefunden, er gehört zu uns. Peter Dahl, Moderator des Abends, weist darauf hin, dass auch in Bremen bei Daimler-Benz ebenfalls Leiharbeiter Nacht für Nacht den Dreck der Tagesproduktion wegzuschaffen haben. Hochgiftige Reinigungsmittel werden da eingesetzt; 9 Mark pro Stunde ohne Nachtschichtzulage.

Drei Stunden wird hochkonzentriert diskutiert. Fragen zielen schnell in die Richtung: Was kann man tun, gegen Leiharbeit, Ausländerfeindlichkeit und Sozialabbau?«

Plötzlich entdeckt die Nation, dass Menschen am unteren Ende der sozialen Hierarchie brutal ausgebeutet werden, plötzlich ist das

Land bereit, über den latenten Rassismus gegen Arbeitsmigranten aus der Türkei und anderen Mittelmeerländern zu diskutieren, ja mehr noch, beschämt zuzugeben, wie schäbig oder ignorant man sich selbst oft verhalten hat.

In nur drei Wochen sind 700.000 Exemplare von »Ganz unten« verkauft. Was ist das Geheimnis dieses Erfolgs? Alberts beschreibt, wie im Anschluss an die Veranstaltung, um zwei Uhr nachts gemeinsam mit Wallraff in der Kneipe gerätselt wird. »Jeder versucht sich an einer Erklärung: das schlechte Gewissen der Bundesrepublik wird wachgerüttelt, weil jeder von uns weiß, wie in diesem Land Ausländer behandelt werden; der David-Goliath-Effekt, ein Mann gegen die kapitalistischen Verhältnisse, er bringt etwas in Bewegung. In einer Zeit, als alle lamentieren über die geringen politischen Einflussmöglichkeiten, kommt Wallraff und sagt, er habe bei dieser Arbeit seinen Klassenstandpunkt wiedergefunden, macht Mut, hat Kraft.«

Auch Günter Spahn, damals einer der wichtigsten Vertrauensleute bei Thyssen, erinnert sich, wie das Buch die Verhältnisse zum Tanzen brachte. »Zuerst«, erzählt er, »hat man versucht, alles abzublocken. Selbst der Betriebsratsvorsitzende, der aber schon lange nur noch mit dem Management kungelte, behauptete, er wüsste nichts über die Beschäftigung und Ausbeutung von illegalen Leiharbeitern. Dabei«, erzählt Spahn, »gab es damals 4000 fremde Arbeiter auf dem Hüttengelände. Am verschissensten Arbeitsplatz in der Kokerei waren bis zu 80 Prozent Türken.« Spahn unterstützte Wallraff offensiv und war auch bereit, sich mit der eigenen Konzernspitze anzulegen. Er widersprach während einer Podiumsdiskussion seinem Chef, Thyssen-Vorstandschef Kriwet, der behauptete, Wallraff erzähle bloß Märchen, und wurde anschließend von diesem verklagt. Doch auch Thyssen konnte sich dem öffentlichen Druck auf Dauer nicht entziehen. Nach einem »Go In« im Personalbüro wurden etliche Leiharbeiter in feste Arbeitsverhältnisse übernommen, dann bot Thyssen an, eine »unabhängige Kommission« die Verhältnisse auf dem Thyssen-Gelände untersuchen zu lassen. Als es nach längerem Hin und Her zwischen Wallraff und dem Thyssen-Vorstand dann doch zu keiner Einigung über die personelle Zusammensetzung der Kommission kam

Günter Wallraff mit seinen ehemaligen Arbeitskollegen vor dem Personalbüro von Thyssen nach einem »Go In«. Unter dem Druck der Öffentlichkeit wird die Mehrzahl der Kollegen fest eingestellt. In der zweiten Reihe links der Sprecher der IG-Metall-Vertrauensleute, Günter Spahn, der sich für die Leiharbeiter persönlich engagierte und infolgedessen erheblichen Repressionen der August-Thyssen-Hütte ausgesetzt war.

(Thyssen bestand darauf, dass mindestens die Hälfte aus leitenden Angestellten des eigenen Konzerns bestand), klagten die Stahlchefs gegen Wallraff.

Wie schon zuvor bei Gerling und »Bild« musste Wallraff erneut jeden seiner Vorwürfe vor Gericht nachweisen. Gab es Staubmasken oder nicht, wurden die Leiharbeiter fahrlässig gefährlichen Situationen ausgesetzt, hat Thyssen seine Stammbelegschaft systematisch abgebaut, um immer mehr billige Leiharbeiter einzusetzen, waren einige der Fragen. Insgesamt zehn Seiten, forderte Thyssen, solle Wallraff aus seinem Buch herausnehmen. Am Ende erreichte Wallraff einen klaren Sieg nach Punkten. Von sieben beanstandeten Passagen erreichte Thyssen nur in zwei Fällen, dass Wallraff sein Buch abändern musste. Die Prozesskosten wurden geteilt: 76 Prozent zahlte Thyssen, die restlichen 24 Prozent Wallraff.

Viel wichtiger noch als der Erfolg im Prozess gegen Thyssen waren jedoch die konkreten Veränderungen, die durch das Buch bewirkt wurden. Hans-Ulrich Jörges, heute stellvertretender Chefredakteur des »Stern«, zog eineinhalb Jahre nach Erscheinen von »Ganz unten« Bilanz: »Wie kein anderes nach dem Krieg erschienenes Buch löste ›Ganz unten‹ eine lebhafte Debatte über skandalöse gesellschaftliche Missstände aus – und damit auch weitreichende praktische Veränderungen in der Arbeitswelt. Bei Thyssen wird nun durchgegriffen. Die Kontrolle über die so genannten Fremdfirmen wird verstärkt, allein von Dezember 85 bis Oktober 86 werden die Arbeiten von Fremdfirmen in 176 Fällen wegen Verstößen gegen Sicherheitsbestimmungen abgebrochen – weil Leiharbeiter ohne Schutzhelm oder in Turnschuhen angetroffen wurden oder weil Arbeitszeiten grob überzogen wurden –, 9 Leiharbeitsfirmen werden ganz gefeuert.«

Mit dem Rückenwind von »Ganz unten« gelingt es dem Arbeitsminister von NRW, Hermann Heinemann, nicht nur mit der Thyssen AG, sondern auch mit Mannesmann und dem Arbeitgeberverband der Eisen- und Stahlindustrie schriftliche Vereinbarungen über die schärfere Kontrolle von Arbeitszeiten, Sicherheitsstandards und eine ordnungsgemäße Sozialversicherung der Fremdfirmenarbeiter abzuschließen.

Der Angriff

Es ist sechs Uhr morgens, Anfang Juni 1986, als die Familie Wallraff unsanft aus dem Bett geholt wird. Vor dem Haus ein Trupp Polizei, der dem verdutzten Hausherrn einen Durchsuchungsbefehl vor die Nase hält. Trotz heftiger Proteste wird Wallraffs Haus auf den Kopf gestellt. Gesucht wird nach Ton- und Videomaterial des Films »Ganz unten«. Obwohl der Film überall im Kino zu sehen ist, soll für ein Ermittlungsverfahren bayerischer Staatsanwälte Beweismaterial sichergestellt werden, mit dem die bayerische Justiz die Verletzung von Persönlichkeitsrechten des Kaufmanns Hans Vogel nachweisen will. Die Szene ist absurd. Während die Staatsanwaltschaft in Duisburg gegen Vogel wegen Betrugs, Steuerhinterziehung und Verstößen gegen des Arbeitnehmerüberlassungsgesetz ermittelt und Vogel sich im Ruhrgebiet nirgendwo mehr blicken lassen kann, nimmt sich die bayerische Justiz des Menschenhändlers an und animiert ihn zu einer Klage, weil durch die mit versteckter Kamera entstandenen Aufnahmen über seine kriminellen Machenschaften seine Persönlichkeitsrechte verletzt worden sein könnten. Außer dem Haus von Wallraff wird noch die Wohngemeinschaft von Filmemacher Jörg Gfrörer in Berlin und das Haus seiner Mutter auf Sylt durchsucht.

»Diese Hausdurchsuchung war damals ein echter Schock für uns, vor allem für Nadja, die war ja noch ziemlich klein«, erinnert sich Günter Wallraff. »Also, während das Kind schrie, haben dann hier ein Dutzend Leute begonnen, das Haus auf den Kopf zu stellen. Es war ein Horror. Ganz oben wohnte damals noch ein alter Mann, und dem hab ich schnell ein paar Kassetten von ›Ganz unten‹ durch die Tür gereicht. Sie haben dann meine ganzen Videos beschlagnahmt, alles gute Filme. Die Durchsuchung war sowieso eine vorgeschobene Aktion, die lediglich dazu dienen sollte, mich zu kriminalisieren. Den Film gab es ja, er lief im Kino. Jeder konnte sehen, wie ich Vogel mit versteckter Kamera aufgenommen hatte. Ich war ja ein geständiger, nur kein reuiger Täter.«

Die Zielrichtung der Aktion ergab sich nicht zuletzt durch die Auftraggeber. Veranlasst hatte die Hausdurchsuchung ein Staatsanwalt in Bayern. »Die haben den Vogel extra nach Bayern geholt, weil sich in NRW kein Staatsanwalt gefunden hat und sie einen Antragsteller brauchten. Die Verletzung des Persönlichkeitsrechts ist ja kein Offizialdelikt«, erinnert sich Wallraff.

Dass Hausdurchsuchungen und Ermittlungsverfahren einem anderen Zweck als der Wahrheitsfindung dienen, ist für alle Beteiligten außerhalb Bayerns offenkundig. Am 1. Mai, so hatte Radio Bremen, das den Film »Ganz unten« koproduziert hatte, vorgeschlagen, solle Ali passend zum Arbeiterkampftag im Ersten ausgestrahlt werden. Die Verantwortlichen von Radio Bremen befürchteten schon lange vor dem Sendetermin, dass sich der Bayerische Rundfunk, wie in früheren Fällen politisch unliebsamer ARD-Sendungen bereits geschehen, aus dem gemeinsamen Programm ausklinken könnte und dem Fernsehzuschauer in Bayern Alis Erfahrungen bei Thyssen damit vorenthalten würde. Doch die Bayern wollten sich damit nicht zufriedengeben. Auf Druck des damaligen CSU-Generalsekretärs Gerold Tandler verlangte der Intendant des Bayerischen Rundfunks, Reinhold Vöth, in einer Schaltkonferenz der ARD,»Ganz unten« völlig aus dem Gemeinschaftsprogramm herauszunehmen. Die Intendanten aller CDU-Bundesländer zogen mit, und damit war der Film im Ersten gestorben. Stattdessen wurde eine Harald-Juhnke-Blödel-Show ins Programm gerückt. Mit dem Verfahren wegen angeblicher Verletzung der Persönlichkeitsrechte konnten die Bayern dann auch eine Ausstrahlung in den Dritten Programmen verhindern, lediglich Radio Bremen zeigte den Film in seinem Regionalprogramm. Ein Münchener Amtsgericht drohte mit einem Bußgeldbescheid in Höhe von 50.000 DM, woraufhin auch der Filmverleih kalte Füße bekam und den Film nach drei Monaten aus den Kinos nahm. Obwohl der anschließende Prozess dann gar nicht stattfand, weil Vogel überraschend seinen Strafantrag zurückzog, blieb der Film in Deutschland aus Kino und Fernsehen verbannt, während er im benachbarten Ausland mit großem Erfolg gezeigt wurde.

Der Einsatz des Bayerischen Rundfunks gegen Günter Wallraff und»Ganz unten« begann aber bereits wesentlich früher, fast unmittelbar, nachdem das Buch erschienen war. Es dürfte kein Zufall sein, dass die erste Attacke des BR sich gegen das Kapitel über Alis Besuch der Passauer Aschermittwochsveranstaltung von Franz Josef Strauß richtete.

Ausführendes Organ der Attacke war Heinz Klaus Mertes, damals stellvertretender Chefredakteur von Report München. In seinem Anti-Wallraff-Buch»Ali. Phänomene um einen Bestseller« behauptet Mertes, erst als er zufällig in der»Westdeutschen Zeitung« (WZ) die Schlagzeile»So türkt der Türke Günter Wallraff« gesehen habe, habe er beschlossen, sich an Wallraffs Fersen zu heften. Unter dem aufreißerischen Titel präsentierte die konservative Düsseldorfer Tageszeitung eine Fotostory, die beweisen sollte, dass Wallraff gar nicht in der Passauer Nibelungenhalle gewesen sein konnte. Das im Buch abgebildete Foto von Ali neben einem dicken Lederhosenbayern müsse gefälscht sein. In seinem Buch behauptet Mertes, es sei ihm darum gegangen, den unkritischen Taumel um das Wallraff-Buch wieder zu beruhigen und den durch Wallraff irregeleiteten Schulkindern die Wahrheit über die soziale

Marktwirtschaft zu vermitteln. Obwohl Mertes bald klar war, dass das Foto aus der Nibelungenhalle in Passau keineswegs gefälscht war – die WZ musste in Schlagzeilengröße auf der ersten Seite einen Widerruf veröffentlichen –, drehte er seine Enthüllungsnummer über Ali dennoch – veränderte aber die Stoßrichtung: Umso schlimmer, wenn er tatsächlich da war und den bayerischen Freudentag dennoch so gemein und unfein beschrieben hat! Es habe doch gar keine Bierleichen gegeben und die Bedienung den Blicken gar kein Dekolleté geboten, sondern sie hätten züchtige hochgeschlossene Blusen getragen. Auf dieser Ebene setzte er seine Enthüllungsgeschichten fort.

Wallraff erinnert sich noch gut daran, wie er, mitten in den Vorbereitungen zu einer Großveranstaltung, während der unter anderem im Beisein des NRW-Justizministers die Filmausschnitte von »Ganz unten« gezeigt werden sollten, die die bayerische Justiz beschlagnahmt hatte, plötzlich einen geheimnisvollen Anruf erhielt. »Übrigens«, sagte da jemand am Telefon, »ich kann Ihnen eine Information verkaufen, die für Sie ganz wichtig ist. Da wird gegen Sie, von einem Ihrer Hauptgegner, eine sehr rufschädigende Aktion vorbereitet. Bei der kommenden Veranstaltung soll Ihnen eine Falle gestellt werden. Für 3000 Mark kann ich Ihnen diese Information verkaufen.« Wallraff steckte das Geld in die Tasche und ging zu dem vereinbarten Treffpunkt. »Da stand dann ein ziemlich zwielichtiger Typ und sagte: ›Herr Mertes wird verkleidet in die Veranstaltung kommen und versuchen, Sie zu kompromittieren. Er hat eine Phantasieuniform an‹. Ich fragte ihn, woher er das wisse. ›Na ja‹, sagte er, er arbeite manchmal auch für den BND.«

Wallraff informierte ein paar Freunde, die sich daraufhin im Saal verteilten, um zu versuchen, eine entsprechende Figur ausfindig zu machen. Wallraff erinnert sich: »Im Saal waren ungefähr tausend Leute. Wir haben Mertes dann identifiziert. Er hatte eine khakifarbene Uniform an, einen hochgezwirbelten Kaiser-Wilhelm-Bart und sah damit so ähnlich aus wie der damals sehr bekannte Neonazi Hoffmann. Er stellte sich dann nach der Veranstaltung in die Schlange der Leute, die ein Buch signiert haben wollten. Ich fragte ihn zunächst ganz routinemäßig nach seinem Namen, und er nannte Bayerle als Phantasienamen. Dann stand ich auf, schnappte mir seinen Schnurrbart und schwenkte ihn wie einen Skalp. Es gab ein großes Gezeter, aber Mertes war enttarnt. Er wollte mir mit dieser Neonazi-Nummer heimzahlen, dass ich Franz Josef Strauß als vermeintlicher Abgesandter des türkischen Faschisten Alparslan Türkeş eine Widmung in einem Buch abgeluchst hatte.«

Mertes machte im Dezember und Januar gleich zwei Wallraff-Entlarvungssendungen im Bayerischen Rundfunk, die jedoch beide, wie er in seinem Buch selbst beschreibt, nicht den gewünschten Effekt hatten. Fast alle Zuschauerreaktionen waren negativ und warfen Mertes und seinem Team »üble Stimmungsmache« vor.

Mertes mochte den Vorwurf, er habe sich um die wesentlichen Fragen von »Ganz unten« gar nicht gekümmert, nicht auf sich sitzen lassen und beschloss nun, selbst bei Thyssen den Spuren Alis zu folgen. Was Wunder, dass Thyssen ihm gleich eine Dreherlaubnis erteilte, und was Wunder, dass Mertes bei Thyssen nur tadellose Verhältnisse vorfand. Die Zuschauer ließen sich aber nicht blenden, und Heinz Klaus Mertes musste erneut feststellen, dass gegen die »totalitaristische Tendenz der Wallraff-Welle« nicht anzukommen sei.

Mertes und seine Redaktion verfielen deshalb auf einen Trick. Sie borgten sich die journalistische Reputation des Report-Schwestermagazins aus Baden-Baden. Angeblich, wie Mertes in seinem Buch schreibt, um nicht den Eindruck zu erwecken, der Bayerische Rundfunk fahre eine Kampagne gegen Wallraff, tatsächlich wohl, weil kaum ein Zuschauer dem Bayerischen Rundfunk eine seriöse Wallraff-Kritik zutraute, wurde Franz Alt dafür »gewonnen« (Wallraff erinnert sich, dass Alt ihn anrief, um sich zu entschuldigen, er habe von oben einen Anti-Wallraff-Beitrag reingedrückt bekommen), einen weiteren Beitrag mit tatkräftiger Unterstützung des Bayerischen Rundfunks zu produzieren. In diesem Beitrag sollte nicht nur entlarvt werden, dass der Film »Ganz unten«, wie jeder andere Film auch, aus vielen, vielen Metern belichtetem Material »geschnitten« war, sondern auch, dass das von Wallraff initiierte und finanzierte deutsch-türkische Wohnprojekt in Duisburg ein Schwindel sei. Mertes drängte sich zu diesem Zweck in eine Versammlung von Hausbewohnern, die mit Wallraff darüber reden wollten, wie die Sanierung ihrer Häuser konkret vor sich gehen

Wallraff lüftet das Geheimnis des Schnauzbarts: Heinz Klaus Mertes bei seinem Versuch, ihn im Neonazilook zu kompromittieren

sollte. Nachdem die Bewohner beschlossen hatten, dass alle Journalisten den Raum verlassen sollten, damit man auch private Probleme bereden könne, versuchte sich Mertes erneut undercover. Er versteckte sich unter einem Tisch, um Wallraff zu entlarven.

So abwegig und konstruiert die meisten Vorwürfe des Bayerischen Rundfunks auch waren, reichten sie doch aus, Wallraff in einen ständigen Abwehrkampf zu verstricken, und trugen so mit dazu bei, ihn langsam zu zermürben. Die CSU-Kampagne, die Hausdurchsuchung und der Prozess gegen Thyssen kosteten enorme Kraft. Dazu kamen fast jeden Abend neue Auftritte, Diskussionen und kleinere Demonstrationen, bei denen Wallraff gefordert war. Schließlich machte ihm sein Rücken schwer zu schaffen. Wallraff schleppte schon länger einen Bandscheibenschaden mit sich herum, der sich während seiner Arbeit als »Ali« stark verschlimmerte. »Es gab Tage, wo ich mich kaum noch aufrichten konnte«, beschreibt Wallraff seine damalige Situation.

»Einmal«, erinnert sich sein Freund Günter Zint, »musste ich ihn nachts völlig zusammengeklappt auf der Matratze ins Auto packen und zu einem Spezialisten nach Freiburg bringen, der ihn schon länger behandelte. Günter war völlig fertig.«

Das Projekt

Die Flurstraße in Duisburg ist eine kleine Sackgasse mit einem Torbogen am Ende. Die Häuser sind dreistöckig und aus roten Ziegeln gemauert. Gegenüber den meisten modernen Siedlungen haben sie einen großen Vorteil: Um die Gebäude herum ist Platz für ein wenig Grün, Kinder haben Raum zum Spielen, und die Nachbarn können sich zu einem Plausch auf der Bank vor dem Haus treffen. Es ist eine kleine Siedlung, entstanden um die Jahrhundertwende vom 19. zum 20. Jahrhundert. Die Flurstraße war immer eine Kleine-Leute-Siedlung. Während der Weimarer Republik war sie eine Hochburg der Kommunisten, später dann, nach dem Krieg und der Wiederaufbauphase der Bundesrepublik, als die Zechen und Stahlwerke im Ruhrgebiet noch dringend Leute suchten, wurden die ersten so genannten Gastarbeiter hier einquartiert. Die Häuser gehörten und gehören auch heute noch der städtischen Wohnungsbaugesellschaft GEBAG. Mitte der 80er Jahre war die Siedlung so heruntergekommen, dass die GEBAG den Abriss der Häuser erwog. Dabei lebten die Leute immer noch gerne dort. Die Mischung von deutschen Ureinwohnern und Migranten, hauptsächlich aus der Türkei, funktionierte, vor allem die Kinder kümmerten sich nicht darum, ob einer Mehmet oder Werner hieß.

Die Straße hat es einem ihrer Bewohner zu verdanken, dass es sie heute noch so gibt wie vor hundert Jahren und die Mischung zwischen Deutschen und Einwanderern immer noch ungefähr dem Stand der 80er Jahre entspricht: Ali Houssi, ursprünglich aus Tunesien, seit 40 Jahren in Deutschland und schon fast ebenso lange bei Thyssen, hatte für einige Monate einen Kumpel namens Ali – dachte er zumindest. Sie verstanden sich gut, auch noch, als sich später herausstellte, dass Ali eigentlich Günter heißt und in Wirklichkeit auch nicht aus der Türkei kommt. Ali Houssi hatte Ali Levent davon erzählt, dass ihre Straße abgerissen werden sollte.

Eine Entscheidung, die er und die anderen Bewohner sehr bedauerten, obwohl die Häuser so heruntergekommen waren und dringend saniert werden mussten. Als Ali Levent dann plötzlich auf einem Buchcover millionenfach durch die Republik getragen wurde, erinnerte sich Günter Wallraff an die Klagen des anderen Ali. Wallraff beschloss, eine Stiftung mit dem Namen »Zusammen-Leben« zu gründen und einen Teil der Einkünfte aus dem Buch »Ganz unten« dafür zur Verfügung zu stellen.

»Zusammen-Leben« steht für das Zusammenleben in der Flurstraße. Es ging darum, das friedliche Zusammenleben zu fördern, also zu verhindern, dass die Siedlung abgerissen wurde. Stattdessen sollte sie saniert werden – mit einem besonderen Clou: Der Torbogen, der die beiden Häuser am Kopfende der Straße miteinander verband, hatte nicht nur dekorative Funktion, sondern beherbergte zwei große Räume, die damals leer standen, aber ideal für Gemeinschaftsprojekte genutzt werden konnten. Hier, so träumten die beiden Alis, konnte ein Begegnungszentrum entstehen, wo gemeinsame Feste gefeiert werden und darüber hinaus Beratung und Hilfe für Bedürftige aus dem Viertel organisiert werden konnten. Ein klassisches Multikulti-Projekt der 80er Jahre, zu einer Zeit also, als wenigstens die Linke das noch für etwas Positives hielt.

Der berühmte Ali traf sich deshalb mit dem Chef der GEBAG-Wohnungsgesellschaft, und weil Wallraff der GEBAG bald eine stattliche Summe von über einer Million Mark als Unterstützung für die Sanierung der Siedlung anbieten konnte, war die GEBAG schnell davon überzeugt, dass Sanierung doch besser als Abriss sei.

Bevor es so weit war, kam allerdings erst einmal eine turbulente Zeit für die Flurstraße, in der sie zur nationalen Berühmtheit wurde. Wallraff warb auf seinen Veranstaltungen um Spenden für seine Stiftung, Zeitungen berichteten, die großen Magazine schickten ihre Reporter. Heinz Klaus Mertes fand gleich heraus, dass Wallraff vorhatte, alle deutschen Bewohner der Flurstraße rauszuschmeißen und stattdessen eine türkische Karateschule dort einzurichten. »Tatsächlich«, erzählt Wallraff, »gab es zunächst einmal einige Verwirrung. Leute mussten für die Sanierung ausquartiert werden und hatten Angst, dann später nicht wieder zurückziehen zu können oder aber nach der Sanierung die Mieten nicht mehr zahlen zu können.«Nach einigen Anwohnerversammlungen hörten sich die empörten Stimmen, die verschiedene Journalisten in der Anfangsphase des Projekts eingefangen hatten, schon wieder ganz anders an. Als die erste Medienerregung abgeklungen war, wurde die Sanierung der Flurstraße zur Zufriedenheit der allermeisten Bewohner umgesetzt. Viele leben nach wie vor dort, und alle sind froh, dass ihre Häuser erhalten blieben. In die Räume im Torbogen richteten sich dann zunächst zwei von der Stiftung »Zusammen leben« finanzierte Sozialarbeiter ein, später entstand dort eine Beratungsstelle für Asylbewerber. Heute nutzt die Räume der Verein »Solidarität International e.V.«. Der Verein versteht sich als Teil der »Dritte Welt«-Bewegung und pflegt intensiven Kontakt zu Partnerschaftsorganisationen in afrikanischen Ländern und in Lateinamerika. Der Torbogen dient als Treffpunkt für einen Verein von Kongolesen im Ruhrgebiet, es findet aber auch nach wie vor Beratung statt, zurzeit vor allem für Leute, die illegal in Deutschland leben.»Wenn wir etwas brauchen, wenn es ein größeres juristisches Problem gibt, rufen wir Günter Wallraff an«, erzählt Klaus Kettler, einer derjenigen, die den Verein am Laufen halten.»Wallraff kommt zwar nur noch ganz sporadisch mal vorbei, aber er kümmert sich, wenn es ein Problem gibt, und zahlt die laufenden Kosten.«

Die türkische Community in Deutschland reagierte positiv bis enthusiastisch auf »Ganz unten«. Wallraff wurde mit türkischer Fanpost überschüttet, ihn erreichten unzählige Hilferufe, die er größtenteils nur weiterleiten konnte, weil er als Ombudsmann für alle Klagen von Migranten völlig überfordert war. Bis auf eine Gruppe türkischer Geschäftsleute, die fürchteten, dass durch das Buch ein falsches Image der Türken in Deutschland verfestigt würde, und die deshalb selbst ein kleines Buch mit dem Titel »Ganz oben« veröffentlichten, in dem erfolgreiche türkische Geschäftskarrieren dargestellt wurden, erging es den meisten Einwanderern wie Baha Güngör: »Ganz unten« , sagt er, »hat uns ein Gesicht gegeben. Erst durch ›Ganz unten‹ wurden die türkischen Einwanderer in Deutschland als Menschen wahrgenommen. In den 70er Jahren haben die Türken in Deutschland in den übelsten Löchern, unter oft völlig unwürdigen Bedingungen, gehaust, aber niemand hat sich dafür interessiert. Mit dem Wallraff-Buch hatten wir das Gefühl, endlich wahrgenommen zu werden. Jemand hatte sich bemüht und uns verstanden.«

Baha Güngör gehört zu den Einwanderern der ersten Generation. Er kam schon 1961 als Kind zusammen mit seinen Eltern nach Deutschland. Baha Güngör ist einer der ersten Einwanderer aus der Türkei, dem es gelang, als Journalist in deutschen Medien zu arbeiten. Nach einem Studium der Betriebswirtschaft in Aachen ging er als Volontär zur »Kölnischen Rundschau« und wurde anschließend Politikredakteur beim »Bonner General-Anzeiger«. Baha ist ein Musterexemplar gelungener Integration und dabei unermüdlicher Brückenbauer zwischen beiden Ländern. Er pendelte mehrfach zwischen Deutschland und der Türkei, und nachdem er in den 90er Jahren noch einmal einige Jahre für dpa als Korrespondent in Istanbul und Ankara gearbeitet hatte, ist er heute Leiter der türkischen Redaktion der Deutschen Welle.

Obwohl Baha Güngör nicht »ganz unten« gelandet ist, hält er das Buch für das Standardwerk über die Türken in Deutschland. »Alle Wurzeln der Probleme, die Türken in Deutschland haben, sind dort beschrieben. Das gilt bis heute.«

Baha weiß, dass diese Probleme auch bis heute nicht gelöst sind. Er spürt es an sich selbst, jeden Tag. Obwohl er einen perfekten rheinländischen Dialekt spricht und selbst der geborene Karnevalstyp ist, ist er bis heute für viele Deutsche »der Türke« geblieben. Baha wirkt abgekämpft, wenn er über dieses Thema spricht. Der lebenslange Kampf um Anerkennung, das vergebliche Bemühen, dazuzugehören, hat ihn müde gemacht. Erbittert musste er feststellen, dass selbst sein Sohn, in Deutschland geboren, mit deutschem Pass und guter Ausbildung, bei der Arbeitsplatzsuche wegen seines türkischen Namens diskriminiert wurde. Seine Frau war so entmutigt, dass sie schon vorzeitig, ein paar Jahre vor seiner Pensionierung, zurück in die Türkei gegangen ist. Er wird ebenfalls gehen, sobald sein Job bei der Deutschen Welle beendet ist.

Eine Zeit lang, in der zweiten Hälfte der 80er Jahre, hatte er schon gehofft, dass für türkische Einwanderer in Deutschland bessere Zeiten kommen würden. Nicht nur wegen »Ganz unten«, sondern weil Grüne und SPD bereit schienen, dem Deutschland-Bild des damaligen Kanzlers Kohl und der Union einen anderen Gesellschaftsentwurf entgegenzusetzen. Eine Gesellschaft, die Deutschsein nicht mehr über Abstammung definieren wollte und in der auch ein Ausländer dazugehören konnte. Im Vorfeld der für 1990 vorgesehenen Wahlen sah es so aus, als ob eine Koalition aus SPD und Grünen erstmals in der Geschichte der Bundesrepublik die Regierung stellen könnte. Die gesellschaftliche Stimmung war entsprechend, Aufbruch lag in der Luft.

Doch dann war plötzlich die Bundesrepublik selbst Geschichte. Der Fall der Mauer war, bei allem, was er sonst bedeutete, für die Einwanderer aus der Türkei ein Desaster. Die Deutschen waren nur noch mit sich selbst beschäftigt. In Berlin kam es aber auch häufig genug vor, dass Ostberliner ganz offen zu den Westberliner Türken sagten:»Ihr könnt jetzt abhauen, jetzt sind wir wieder da.« Als plötzlich Millionen Ostdeutscher, deren Industrie nach Öffnung der Mauer und Integration in den europäischen Binnenmarkt in Windeseile zusammenbrach, in den westdeutschen Arbeitsmarkt integriert werden sollten, schien es für Einwanderer keinen Platz mehr zu geben. Plötzlich brannten Wohnheime vietnamesischer Arbeiter in Rostock und Häuser türkischer Familien in Mölln und Solingen. Zumindest in Rostock-Lichtenhagen schaute die Polizei tatenlos zu, und auch bei den Angriffen auf türkische Familien in Westdeutschland hielt sich die Regierung Kohl mit ihren Solidaritätsbekundungen so auffallend zurück, dass die Täter es als stillschweigende Zustimmung interpretieren konnten. Die Türken in Deutschland verloren ein weiteres Jahrzehnt. Als dann Rot-Grün mit zehn Jahren Verspätung und in einem völlig veränderten gesellschaftlichen Umfeld an die Macht kam, war Multikulti bereits out. Das zeigte sich besonders deutlich, als der hessische Ministerpräsident Roland Koch das wichtigste Integrationsprojekt der Grünen, die doppelte Staatsbürgerschaft für Einwanderer, mit einer infamen Unterschriftenkampagne stoppen konnte. Von dieser Niederlage erholte sich die rot-grüne Integrationspolitik bis an das vorzeitige Ende der Regierung Schröder/Fischer nicht mehr. Für die Betroffenen war das eine Tragödie. Eine erfolgreiche Integrations- und Einwanderungspolitk, so notwendig sie wäre, wird wohl auf absehbare Zeit kaum realisierbar werden.

Baha Güngör hat sein Leben lang gegen Vorurteile gekämpft. Zunächst gegen die Vorstellung, die sich hinter dem Wort »Gastarbeiter« verbirgt, dass nämlich die Leute, wenn sie ihre Arbeit getan haben, gefälligst wieder verschwinden sollen. Dann, als Journalist, gegen das Bild des bösen Türken, dessen größtes Vergnügen es ist, Kurden zu verfolgen. Und nun, nach jahrzehntelangen Auseinandersetzungen, seien nun plötzlich alle Einwanderer nur noch potenzielle Terroristen. »Wallraff«, meint Baha Güngör, »sollte sich heute mal als muslimischer Rentner unter die Leute mischen. Da könnte er seine Geschichte von damals nahtlos fortschreiben.« Zuletzt hat Baha Güngör sich für die Integration der Türkei in die EU engagiert. Wie es im Moment scheint, wieder vergeblich. »Die Türken«, sagt er, »sind in Europa immer noch ganz unten.«

Es ist deshalb nicht verwunderlich, dass »Ganz unten« immer noch verkauft wird und von seiner Aktualität nicht viel verloren hat. Leiharbeit ist in Zeiten der Globalisierung weiter verbreitet als in den 80er Jahren des vergangenen Jahrhunderts, und Migration ist ein weltweites Massenphänomen. Alis Geschichte wurde in mehr als 30 Ländern übersetzt. Das Buch feierte in der Türkei große Erfolge, obwohl die türkische Gesellschaft ansonsten nur ein geringes Interesse an den Auswanderern hat, die nach Deutschland und in andere europäische Länder gegangen sind. Am nachhaltigsten ist der Erfolg des Buches außerhalb Europas in Brasilien. »Die drucken dort Auflage um Auflage«, erzählt Günter Wallraff. Woran das liegen könnte? »Nun, Brasilien ist ein Land mit einer sehr gemischten Bevölkerung, in der die Schwarzen oft in die Rolle der Türken in Deutschland gezwungen werden. Die Gesellschaft erkennt sich in dem Buch offenbar wieder.«

Der Fluch des Erfolgs
Kritik und Kritiker

Es ist ein schöner Sommertag im Jahr 2006. Der Wind bläst mäßig, aber stetig über der Hamburger Außenalster, und die kleine Jolle gleitet so ruhig über das Wasser, dass das Gespräch nur durch gelegentliche Wenden kurz unterbrochen wird. »Segeln«, erzählt Levent Sinirlioglu, »ist für mich das beste Mittel, meine Ruhe zu finden und alles andere um mich herum zu vergessen. Als es mir damals sehr schlecht ging, habe ich einen Segelschein gemacht und dabei wieder zu mir selbst gefunden.« Damals, das war vor zwanzig Jahren, als das Buch »Ganz unten« zu einem Welterfolg wurde und er, Ali Levent Sinirlioglu, der Mann, mit dessen Identität Günter Wallraff »Ali« war, sich mit dem Autor völlig überworfen hatte.

Mit der Zeit ist Levent gelassener geworden. »Ich habe mich damals unheimlich geärgert, aber das ist längst vorbei. Ich habe schon seit Jahren nicht mehr an die alten Geschichten gedacht. Aber enttäuscht, von Wallraff enttäuscht, bin ich immer noch.« Levent Sinirlioglu hat seiner Wut und Enttäuschung damals hörbar Luft verschafft. Ein gutes Jahr nach dem Erscheinen von »Ganz unten« gaben er und ein anderer ehemaliger türkischer Mitkämpfer von Günter Wallraff dem »Spiegel« ein Interview, in dem Levent unter anderem sagte: »Wallraff präsentierte sich in der Öffentlichkeit als ein Verfechter der Freiheit und der Demokratie [...] Er verdiente mit seinem Buch Millionen, wir wurden zur Verwendung des Geldes nicht befragt.« Mit dem Erfolg des Buches, so Levent, sei der Arbeiterfreund Wallraff seinen Feinden immer ähnlicher geworden. »Wenn wir«, sagte er dem »Spiegel«, »unter Kollegen über Wallraff reden, sind wir der Meinung, dass wir unten geblieben sind, während Wallraff jetzt oben ist.«

Levent Sinirlioglu war nicht der einzige ehemalige Mitstreiter am Ali-Buch, der sich anschließend über Günter Wallraff beschwerte. Vor ihm war bereits ein junger Journalist, ein ehemaliger »Bild«-Mitarbeiter, der für Wallraff hin und wieder recherchiert hatte, an die Öffentlichkeit gegangen, um, wie er sagte, einen angemessenen Betrag von dem Geld, das »Ganz unten« einbrachte, zu bekommen. Er verfasste eine Schmährede auf Wallraff, die er zunächst anonym verbreitete, versuchte dann vergeblich, seine Kritik im »Stern« zu platzieren, und gab dann, kurz vor dem »Spiegel«-Gespräch von Levent, einer alternativen Bremer Stadt-Illustrierten ein Interview. Darin beklagte er sich heftig über den Menschen Günter Wallraff und rechnete vor, dass ihm für acht Seiten, für die er im Buch mitverantwortlich gewesen sei, mindestens 500.000 Mark zustehen würden. Wallraff war von dieser massiven Kritik zunächst einmal völlig geschockt. Blieb der Journalist mit seinem Interview in der kleinen Bremer Stadtzeitung noch unterhalb der Schwelle breiterer öffentlicher Wahrnehmung, wurde der »Spiegel«-Auftritt zu einem echten Donnerschlag. »Die Türken klagen an« titelte der »Spiegel« und leitete damit die größte Krise in Günter Wallraffs an Krisen nicht armen Leben ein. Die Angriffe, die Wallraff bis dahin abzuwehren hatte, waren vor allem Reaktionen seiner politischen Gegner, Versuche, ihn mundtot zu machen, von Leuten, die er zuvor an den Pranger gestellt hatte. Diese Auseinandersetzungen, die nicht nur vor Gerichten, sondern auch mit schmutzigen Tricks von Geheimdiensten geführt worden waren, mit Drohungen, die bis zu einem brennenden Dachstuhl gingen, hatten Günter Wallraff zwar oft an den Rand seiner psychischen und physischen Kraft geführt, sie hatten ihn aber nicht verletzen können. Die Verletzung kam erst mit der Kritik aus den eigenen Reihen. Eine Kritik, die ihn als Menschen treffen und als Schriftsteller desavouieren sollte.

»Dieses Buch«, stöhnte Günter Wallraff einmal, als es nach Levents »Spiegel«-Auftritt für ihn knüppeldick kam, »ist wie ein Fluch für mich.« Es war der Fluch des Erfolgs. Wäre »Ganz unten« ein Bestseller mit 50.000 bis 100.000 statt der verkauften vier Millionen Exemplaren gewesen, die Vorwürfe, mit denen Wallraff sich das ganze Jahr 1987 über konfrontiert sah, hätte es so wohl nicht gegeben.

Von Levent Sinirlioglu bis zu Hermann Gremliza, der kurz vor der Buchmesse im Oktober desselben Jahres die Vorwürfe der ehemaligen Mitarbeiter noch mit der Behauptung krönte, Wallraffs bestes Rollenspiel sei das des Schriftstellers, tatsächlich habe er kein einziges seiner Bücher selbst geschrieben, entlud sich gegen Wallraff eine Aggressionswelle, die in ihrer Wucht etwas Zerstörerisches hatte. »Die Linke im Beißkrampf« nannte die »taz« die Angriffe ehemaliger Freunde und Mitarbeiter; andere schrieben vom Versuch, ein linkes Denkmal zu demontieren. Die Vorwürfe waren nicht miteinander abgesprochen, und sie wurden aus ganz unterschiedlichen Motiven vorgebracht – aber alle hatten eine Ursache: den unerhörten, im Nachkriegs-Westdeutschland einmaligen politischen und wirtschaftlichen Erfolg des Buchs.

Wenn Levent Sinirlioglu heute über seine damaligen Enttäuschungen spricht, ahnt man, worum es ihm im Streit mit Günter Wallraff gegangen war. Dabei spielt seine eigene Geschichte eine wichtige Rolle. Levent Sinirlioglu gehört nicht zu den so genannten Gastarbeitern, die oft in anatolischen oder kurdischen Dörfern angeworben worden waren, um in Deutschland dann die Jobs zu übernehmen, für die sich im Wirtschaftswunderland kein Deutscher mehr fand. Levent kommt aus Istanbul und hat dort an einem der Elitegymnasien sein Abitur gemacht. Er schloss sich in den 70er Jahren der radikalen linken Organisation Devrimci Yol (kurz »Dev-Yol«), »Der revolutionäre Weg«, an und musste nach dem Militärputsch im September 1980 aus der Türkei fliehen. Viele Dev-Yol-Mitglieder kamen damals nach Deutschland, und als sich abzeichnete, dass an eine Rückkehr in die Türkei sobald nicht zu denken sein würde, begann innerhalb der Organisation eine Debatte, wie man sich am sinnvollsten in Deutschland politisch einbringen könnte. Einige von ihnen gingen zu den Grünen, vor allem in Hamburg und Berlin, weil die Grünen dort in den 80er Jahren noch stark von vergleichbar linksradikalen Organisationen wie dem Kommunistischen Bund in Hamburg oder der maoistischen KPD in Berlin geprägt waren. Andere gründeten einen neuen Verein, der sich »Göcmen«, Einwanderer, nannte und sich für Gleichbehandlung und mehr demokratische Rechte der Türken in Deutschland starkmachte.

Auch Levent wurde Mitglied bei Göcmen. Als er bei einem Vereinstreffen in Frankfurt über den alltäglichen Rassismus berichtete, der ihm als türkischem Taxifahrer oft entgegenschlug, hörte er von dem Projekt, an dem Günter Wallraff arbeitete.»Für mich war das ein politisches Projekt, bei dem ich mitmachen wollte. An Geld habe ich zunächst gar nicht gedacht.« Wallraff habe ihn dann gefragt, was er als Taxifahrer normalerweise so im Monat verdiene, und ihm dann jeden Monat 2000 Mark netto gezahlt.

»Mein Problem später war, dass es für Wallraff nicht nur um ein politisches Projekt zur Verbesserung der Situation türkischer Migranten ging, sondern um ein Buch, mit dem er persönlich auch Erfolg haben wollte und auch Geld verdienen wollte. Da habe ich mich dann benutzt gefühlt.« Als das Buch auf dem Markt war, als der Riesenerfolg kam, da sei es dann kein gemeinsames Projekt mehr gewesen, sondern Wallraff habe sich ganz alleine feiern lassen.

Er habe das Gefühl gehabt, von Wallraff nicht als gleichberechtigter Intellektueller wahrgenommen zu werden.»Dabei habe ich doch auch recherchiert und Kontakte geschaffen, aber für Wallraff war und blieb ich der Taxifahrer, der irgendwann seine Schuldigkeit getan hatte.«

Aus dieser Verletzung heraus habe er dann Geld gefordert, quasi als Kompensation. Wallraff habe ihm dann auch mehr Geld gegeben, aber er hätte es ihm am liebsten vor die Füße geschmissen. Was Levent wirklich wollte, war nicht so sehr mehr Geld, sondern Anerkennung – von Günter Wallraff, aber auch und vor allem von der Gesellschaft, in der er nun schon seit Jahren lebte, ohne als gebildeter, politisch denkender Mensch überhaupt wahrgenommen zu werden. Levent hoffte, sein Taxifahrerdasein endlich hinter sich lassen zu können, um selbst als Journalist oder Filmemacher arbeiten zu können. Was ihm am meisten zu schaffen machte, war, dass nicht er oder ein anderer Betroffener von seiner Situation erzählen konnte, sondern dass Wallraff stellvertretend für »die Türken« auftrat und gehört wurde.

Wallraff hat sich dagegen sehr über die verallgemeinernde Behauptung,»die Türken« würden ihn kritisieren, geärgert.»Der Titel des ›Spiegel‹, ›Die Türken klagen an‹, stimmte ja gar nicht. Es ging ja gar nicht um die Türken. Mit dem größten Teil der türkischen Kollegen war und bin ich gut befreundet, ebenso mit dem zweiten Namensgeber, Levent Direkoglu. Viele von denen waren damals überhaupt nicht damit einverstanden. Der Schriftsteller Aziz Nesin hat persönlich mit Levent gesprochen und ihm gesagt, was er von seinen Auftritten hält, doch Levent ließ sich nicht stoppen.« Nach Günter Wallraffs Erinnerung gab es zwischen Levent und ihm auch weniger einen persönlichen als vielmehr einen politischen Konflikt. »Levent brachte einige Monate nach Erscheinen des Buches einige seiner Freunde mit zu mir. Es stellte sich heraus, dass das Funktionäre der politischen Organisation waren, der auch Levent angehörte. Die verlangten dann von mir, dass ich doch, statt bei Veranstaltungen der angeblich reaktionären Gewerkschaften aufzutreten, zukünftig bei Veranstaltungen ihrer revolutionären Organisation mitmachen sollte. Am besten exklusiv. Ich habe das einmal gemacht und festgestellt, dass das fürchterliche Sektierer waren. Ich habe mich dann geweigert, weiter mit denen zusammenzuarbeiten. Das war der Hauptgrund für die Auseinandersetzung.« Auch Barbara Wallraff hat in Erinnerung, dass es Levent weniger um konkrete Veränderungen ging: »Günter war in der Nachveröffentlichungszeit immer begierig nach Denkanstößen, Diskussionen und Verbesserungsvorschlägen, um die Arbeits- und Lebensbedingungen seiner ehemaligen ausländischen Kollegen zu erleichtern. Von Levent wollte er sich vor allem nicht politisch für dessen Parteiinteressen instrumentalisieren lassen.« Levent bestreitet nicht, dass er und seine Freunde sich damals gewünscht hätten, Wallraff wäre häufiger bei Veranstaltungen ihrer Organisation aufgetreten.

Levent, der, nachdem Wallraff bei dem Menschenhändler Vogel aufgehört hatte, diesen selbst noch eine Zeit lang chauffierte, glaubte, er hätte ein Buch wie »Ganz unten« auch selbst machen können. Um das zu beweisen, ging er ein halbes Jahr nach dem Erscheinen zum »Stern« und bot dort an, sich als Leiharbeiter anstellen zu lassen und dann darüber zu schreiben, quasi, um zu überprüfen, ob die Diskussionen am Zustand illegaler Leiharbeit in Deutschland etwas verändert hatten. Der »Stern« schickte ihn los, er arbeitete an verschiedenen Plätzen, darunter bei Daimler-Benz, doch seine Geschichte wurde nie gedruckt. Verbittert musste Levent feststellen, dass stimmte, was zuvor ein Kommentator schon in der »taz« geschrieben hatte: »Wäre ein echter Ali mit einem Manuskript über seine Erfahrungen als Leiharbeiter in einem Verlag aufgetaucht, hätte wohl jeder Lektor nur müde abgewinkt.«

»Levent«, sagt Jörg Gfrörer, der als Filmemacher bei »Ganz unten« ebenfalls zum engsten Team um Wallraff gehörte, »hat nicht verstanden, dass aus dem Mann Günter Wallraff, den Levent in den Monaten zuvor oft auch als schwach, hilfsbedürftig und völlig erledigt erlebt hatte, nach dem Erscheinen des Buches eine politische Institution geworden war, die nicht mehr als Kumpel funktionierte.« Günter Wallraff sagte dazu: »Durch die ständige Inanspruchnahme, die Kampagnen und Prozesse geriet ich in eine Situation, in der mein normaler Alltag völlig auf den Kopf gestellt wurde. Alle zwischenmenschlichen Kontakte, familiären Beziehungen sind plötzlich unterbrochen worden. Es war, als wenn ein Krieg begonnen hätte. Ich reagierte nur noch, ich habe dadurch die Menschen, die mir eigentlich wichtig sind, vernachlässigt. Ich habe mehr mit Anwälten zusammengesessen als mit meinen engsten Freunden.«

Auch Barbara Wallraff erinnert sich daran, wie sehr Wallraff die Kritik traf: »Stark in Erinnerung habe ich noch Günters unglaublichen Stress, seine Verlassenheit während der Aufarbeitung. Seine Kritiker gingen weder ein persönliches Risiko ein, noch mussten sie sich der Kritik in der Öffentlichkeit stellen.«

Dem Vorwurf von Levent Sinirlioglu und anderen, Wallraff sei an dieser Situation selbst schuld gewesen, weil er alles alleine machen wollte, um sich als Einzelkämpfer zu profilieren, widerspricht Jörg Gfrörer allerdings vehement: »Wallraff ist zwar ein begnadeter Selbstdarsteller, der seine Auftritte auch genießt, aber es wäre gar nicht möglich gewesen, Levent oder andere in den Vordergrund zu schieben. Die Leute wollten unbedingt Wallraff sehen und hören. Was Levent beklagte, dass Wallraff lieber auf Fragen geantwortet hätte, die darauf zielten, wie er das denn gemacht hätte als Ali, statt über das Ausländerrecht zu reden, das war ja genau das Geheimnis des Erfolgs. Die Leute wollten wissen, wie ein deutscher Intellektueller diese Rolle meistern konnte, was er dabei gefühlt hatte, wie er das alles überstehen konnte. Das war vielleicht ungerecht, anders hätte es aber kaum funktioniert«, ist Jörg Gfrörer heute noch überzeugt.

Levent erlebte nach seiner Pleite beim »Stern« noch eine weitere große Enttäuschung. Er hatte sich, unter anderem mit einer Empfehlung von Wallraff, nach seinen Erfahrungen, die er bei der Produktion des Films »Ganz unten« gemacht hatte, bei der Berliner Film- und Fernsehakademie beworben. »Ich hatte auch ganz gute Chancen, doch dann wurde ich krank, bekam Magenbluten und konnte dort nicht anfangen.« Danach sei er in ein tiefes Loch gefallen, erzählt er. »Ich war psychisch völlig fertig.« Er machte eine Therapie und lernte segeln. »Beim Segeln bekam ich mein Gleichgewicht zurück.« Levent Sinirlioglu fährt noch immer Taxi, aber er ist heute mit sich im Reinen. Seine Kinder haben Abitur gemacht, werden studieren und haben dann, so hofft er, bessere Berufschancen, als ihr Vater sie hatte.

»Zieh dich warm an«

Das Bürogebäude im Norden von Hamburg-Altona sieht wenig spektakulär aus. Keine Reklametafel, kein großer Schriftzug weist darauf hin, dass hier eine der ältesten linken Zeitschriften der Bundesrepublik, »Konkret«, ihren Sitz hat. »Ja, früher«, erzählt der Herausgeber und Chefredakteur, Hermann Gremliza, »war die ›Konkret‹-Redaktion im Zentrum von Hamburg gewesen.« Nach mehreren Umzügen ist man nun seit einigen Jahren hier untergebracht. Diese Ortswechsel scheinen ein wenig mit der wechselnden politischen Bedeutung von »Konkret« zu korrespondieren.

Vom wichtigsten journalistischen Organ der westdeutschen Linken, einer Zeitschrift, in der nicht nur debattiert, sondern auch recherchiert und informiert wurde, ist nicht mehr viel übrig geblieben. Ende der 60er Jahre, als Ulrike Meinhof in »Konkret« ihre Kolumnen schrieb, war das Blatt noch das Organ der Studentenbewegung. Auch nachdem »Konkret« Mitte der 70er aufgrund interner politischer Konflikte und grober Managementfehler zwischenzeitlich pleiteging, um dann nach einem knappen Jahr Pause von Hermann Gremliza neu gegründet zu werden, gewann das Blatt erneut eine Reihe prominenter Autoren und mischte kräftig mit. Anfang der 80er Jahre versuchten Gremliza und Manfred Bissinger, der beim »Stern« wegen einer industriekritischen Serie

Anzeigenkunden gegen sich aufgebracht und das Magazin verlassen hatte, sogar noch einmal gemeinsam, mit finanzieller Unterstützung des Hamburger Zigaretten-Erben Philipp Reemtsma, aus »Konkret« eine echte linke Konkurrenz zum »Stern« zu machen, doch der Versuch scheiterte.

Die Ressourcen reichten nicht, und die Zusammenarbeit zwischen Gremliza und Bissinger endete im Krach. Bissinger ging, und »Konkret« schrumpfte auf den Rang eines Debattierblattes und wurde zur Plattform der linken Fundis innerhalb der Grünen. Als dann Rainer Trampert und Thomas Ebermann, die führenden Köpfe dieser Fraktion, die Grünen verließen, verschwand auch »Konkret« aus den aktuellen Debatten und der Wahrnehmung des größeren Teils des linken Lagers. Vollends ins Abseits geriet die Zeitschrift, als sie nach dem Fall der Mauer und der deutschen Vereinigung zur Heimat aller »Anti-Deutschen« wurde. Aus dem hehren Anspruch, neue deutsche Großmachtträume zu bekämpfen und sich kompromisslos für die Erinnerung an die deutsche Schuld einzusetzen, entstand ein Philosemitismus, der die israelischen Kriege gegen die Palästinenser verteidigt und noch den Einmarsch der Bush-Armee im Irak zu einer begrüßenswerten Aktion zur Unterstützung Israels machte.

»Konkret« war lange Jahre die journalistische Heimat von Günter Wallraff. Zwanzig Jahre lang war die Zusammenarbeit für beide Seiten wichtig und nützlich. Für Wallraff war »Konkret« die ideale Bühne, auf der er seine Texte präsentieren konnte, und für »Konkret« war Wallraff einer der zugkräftigsten Autoren. Trotz einiger Hochs und Tiefs ging das so bis zum Oktober 1987, als Gremliza zwei Tage vor Beginn der Frankfurter Buchmesse auf Kosten von Wallraff auf sich aufmerksam machen wollte. Er versuchte, Wallraff mit dem Karl-Kraus-Preis zu verhöhnen, mit dem er ursprünglich Christa Wolf verunglimpfen wollte und mit dem er zuvor bereits den Feuilletonchef der »Zeit«, Fritz J. Raddatz, verspottet hatte. Wer den Preis annahm, sollte zusagen, alles Schreiben zu unterlassen und einen nützlichen Beruf zu ergreifen.

Juristisch verklausuliert schrieb Gremliza: »Ich sage die Wahrheit, und Wallraff lügt nicht: Keins seiner Werke hat er geschrieben, und alle stammen von ihm. Denn der ›weltberühmte Schriftsteller‹, der nicht schreiben kann, hat es vermocht, die verschiedenartigsten Autoren, deren Hilfe er sich versicherte, auf jenen einheitlichen Ton zu stimmen, der den echten Wallraff verbürgt, und die gesamte deutsche Literaturkritik und -wissenschaft glauben zu lassen, der Verfasser des ›Aufmachers‹ sei von selbst nach ›Ganz unten‹ gekommen.« Gremliza nimmt für sich in Anspruch, dass das erste »Bild«-Buch »Der Aufmacher« vollständig und weite Teile des zweiten »Bild«-Buches »Zeugen der Anklage« teilweise an seinem Schreibtisch entstanden seien. Die anderen Bücher Wallraffs seien von anderen Autoren verfasst worden. Den Schriftsteller und Literaten Wallraff gebe es in Wahrheit gar nicht. Als einer der Ghostwriter Wallraffs wolle er sich an der Vertuschung dieser Wahrheit nicht länger beteiligen, sondern nunmehr »seinen Weg begradigen«. Er tue dies nicht aus Neid auf den Erfolg des anderen. Vielmehr »freue ich mich daran, weil es ja doch bitter wäre, meine Verhältnisse auf dem Rücken eines Sozialhilfeempfängers ordnen zu müssen«.

Aber wenn nicht aus Neid über den Erfolg des langjährigen Weggefährten, warum dann zehn Jahre nach dem »Aufmacher« und zwei Jahre nach »Ganz unten« plötzlich diese vermeintlichen Enthüllungen über den Enthüller?

In seinem Pamphlet gibt Gremliza als einen Grund an, er habe damit anderen zuvorkommen wollen, »die es doch nur verpfuscht« hätten. Kann man daraus also nun schließen, Gremliza wollte mit Hilfe des Erfolgs von Wallraff wenigstens einmal auch selbst noch in die Schlagzeilen kommen?

»Es ging mir damals darum«, sagt Gremliza heute, »dass ich nicht auch noch mit ansehen wollte, wie Wallraffs Bücher zu Literatur geadelt wurden. Die Elogen von Hans Mayer, Oskar Negt und Heinrich Vormweg, das hat mich wirklich geärgert.« Auch heute, zwanzig Jahre danach, bleibt Hermann Gremliza bei seiner Behauptung, Wallraff könne gar nicht schreiben. Er wisse das endgültig seit dem »Aufmacher«. »Mir gegenüber am Schreibtisch hat Wallraff gesessen und auf meine Fragen hin seine Erlebnisse als Hans Esser bei der ›Bild-Zeitung‹ auf ein Tonband gesprochen.« Das Tonband sei dann beim »Stern«, der einen großen Vorabdruck des »Aufmachers« brachte, abgeschrieben worden, und er, Gremliza, habe dann einen Text daraus gemacht.

Wallraff bestreitet nicht, dass er damals Teile des »Aufmachers« zunächst auf Tonband diktiert und Hermann Gremliza ihm bei der Abfassung des Buchs geholfen hat. »Ich stand damals unter enormem Druck. Bei ›Bild‹ war ich vorzeitig aufgeflogen, und Springer setzte alles daran, um zu verhindern, dass überhaupt ein Buch über meine Erfahrungen bei ›Bild‹ erscheint. Die Rechtsabteilung war in Alarm versetzt, man versuchte, mögliche Druckereien ausfindig zu machen, um vorab an das Manuskript zu kommen oder den Druck gleich verhindern zu können. In dieser Situation musste es vor allem schnell gehen, und deshalb war ich dankbar, dass Gremliza und die ganze ›Konkret‹-Redaktion mir damals geholfen haben.« Günter Wallraff erzählt, dass er die von Gremliza vorformulierten Teile des Buches als überpointiert empfunden und sie teils bearbeitet, teils neu geschrieben habe.

»Die wichtigsten Teile des ›Aufmachers‹ entstanden an meinem Kölner Schreibtisch. Was Gremliza gemacht hat, war eine Art erweiterte Lektoratsarbeit, die vor allem dem Zeitdruck geschuldet war.« Tatsächlich ist selten ein Buch in so kurzer Zeit produziert worden wie »Der Aufmacher«: Anfang Juli 1977 war Wallraff bei »Bild« aufgeflogen, knapp drei Monate später, im September, war das Buch auf dem Markt. Für die Hilfestellung von Gremliza und »Konkret« hat der Neue Konkret Verlag Kiepenheuer & Witsch 61.000 Mark in Rechnung gestellt und auch bekommen. Das Angebot, Gremliza im Buch namentlich zu nennen, lehnte dieser ab. »Ich will doch nicht als dein Hiwi auftauchen«, sagte Gremliza nach der Erinnerung Günter Wallraffs dazu als Begründung.

Also warum dann diese Häme, zehn Jahre nach der gemeinsamen Produktion des »Aufmachers«? Der »Karl-Kraus-Preis« hatte eine Vorgeschichte, die Gremliza damals unerwähnt ließ. Nachdem Günter Wallraff seine Recherchen für »Ganz unten« abgeschlossen hatte, fragte er bei »Konkret« an, ob einer aus der Redaktion nach Köln kommen könnte, um mitzuhelfen, das Material zu ordnen. Daraufhin teilte Gremliza Wallraff mit, dass von »Konkret« in der nächsten Zeit niemand abkömmlich sei. »Ich will dir einen Vorschlag machen, der deine, aber auch die Interessen von ›Konkret‹ (meine Arbeit) berücksichtigt.« Gremliza bot an, »für eine Ablieferung des Manuskripts in der bekannten Qualität« zu sorgen. Dafür sollte Kiepenheuer & Witsch Anzeigen in »Konkret« schalten und dem Magazin die exklusiven Vorabdruckrechte für »Ganz unten« einräumen.

Wallraff war empört und teilte Gremliza mit, da die Situation mit der des »Aufmachers« nicht vergleichbar sei – kein Zeitdruck, keine Klagedrohungen, kein zur Unzeit aufgeflogener Ali –, bestehe kein Bedarf an einer »Lektoratsarbeit«, und lehnte dankend ab. Über einen Vorabdruck in »Konkret« könne man aber reden. Damit schien die Geschichte erledigt. »Da habe ich mir einen Feind gemacht, zunächst ohne es überhaupt zu wissen«, sagt Günter Wallraff heute.

Als »Ganz unten« bereits im Druck war, erhielt Wallraff noch einmal Post aus Hamburg. In einem wütenden Brief teilte Gremliza ihm mit, ihm sei zu Ohren gekommen, ein bekanntes Wochenmagazin habe nun den Zuschlag für die exklusiven Vorabdruckrechte für das neue Buch bekommen: »Lieber Günter, Solidarität ist keine Einbahnstraße. Für die Zukunft, zieh dich warm an.«

Obwohl im Vorfeld von »Ganz unten« zwar niemand mit einem so durchschlagenden Erfolg gerechnet hatte, wie er dann eintrat, bemühten sich neben »Konkret« sowohl der »Stern« als auch der »Spiegel« um einen Vorabdruck. Ein verantwortlicher »Stern«-Redakteur reiste mehrfach nach Köln, doch letztlich entschieden sich Reinhold Neven DuMont, Verleger von Kiepenheuer & Witsch, und Günter Wallraff für den »Spiegel«. »Der ›Spiegel‹ versprach einfach die größte Aufmerksamkeit und damit die beste Unterstützung für das Buch«, sagt Günter Wallraff zu der damaligen Entscheidung. »Ich habe dann aber durchgesetzt, dass ›Konkret‹ in derselben Woche wie der ›Spiegel‹ noch Material für einen kostenlosen Vorabdruck bekommt.« »Konkret« konnte mit diesem Aufmacher die Auflage steigern, aber natürlich hatte der »Spiegel« die größere Breitenwirkung. Gremliza bestreitet jedoch, dass die Preisverleihung etwas damit zu tun hatte. Der Grund sei einfach der: »Ich habe mich mit dem ›Ali‹-Buch beschäftigt und diese Mitleids-Literatur einfach schlecht gefunden.«

Das aber nehmen ihm auch gute Bekannte heute noch nicht ab. Sabine Rosenbladt, die damals gemeinsam mit Bissinger zu

»Konkret« gekommen war und einige Jahre dort arbeitete, hält es sehr gut für möglich, dass gerade der Vorabdruck im »Spiegel« dafür gesorgt hat, dass Gremliza seine Fassung verlor. Dass Rudolf Augstein ihn 1972 beim »Spiegel« rausgeschmissen habe, sei »sein Lebenstrauma«. Andere frühere »Konkret«-Mitarbeiter aus der fraglichen Zeit wollen sich zu dem Konflikt Gremliza – Wallraff lieber gar nicht äußern. Die langjährige »Konkret«-Redakteurin Ingrid Klein verwies lediglich auf einen Beitrag, den sie in einem Sammelband zu Gremlizas 50. Geburtstag veröffentlicht hatte. Darin beschreibt sie, wie sie an der »Lektoratsarbeit« für den »Aufmacher« beteiligt war. Allerdings sagt sie auch: »Für das, wofür Wallraff steht, ist es letztlich unerheblich, wie seine Texte zustande gekommen sind.«

Wallraff selbst ist jedenfalls davon überzeugt, dass besonders der »Spiegel«-Vorabdruck Gremliza zum Bruch mit ihm veranlasste. »Wäre ›Ganz unten‹ im ›Stern‹ erschienen, hätte es das ganze Theater vermutlich gar nicht gegeben.« Er hat bis heute kein Wort mehr mit Gremliza gesprochen. »Es hat mich tief verletzt«, sagt Wallraff, »dass der Mann, mit dem ich jahrelang zusammengearbeitet habe, damals ganz aus dem Hinterhalt, ohne vorher ein Wort mit mir zu sprechen, diesen infamen Angriff gestartet hat. Das war keine Kritik, das war der Versuch der Vernichtung zu einem Zeitpunkt, als ich angeschlagen war und alle über mich herfielen.«

Für Gremliza und andere, glaubt Wallraff, bedeutete das: »Das Buch war eine Unverschämtheit, das Buch hätte nie erscheinen dürfen. Es war ein Stück Arbeiterliteratur und stellte alles andere in den Schatten. ›Ganz unten‹ beherrschte die Diskussion für lange Zeit. Die diskriminierten Minderheiten rücken ins Bewusstsein. Plötzlich hatten die Ausgegrenzten eine Stimme, plötzlich hatten sie den Mut, auch selbst an die Öffentlichkeit zu gehen. Das durfte eigentlich nicht sein.«

Zum Vorwurf, Wallraff produziere eine »Mitleids-Literatur«, hatte Heinrich Böll vor seinem Tod in einem Vorwort zu den »Unerwünschten Reportagen« schon einmal festgestellt: »Unter denen, die in der Bundesrepublik publizieren, nimmt Günter Wallraff mit seinen Reportagen eine Ausnahmestellung ein. Wallraff dringt in die Situation, über die er schreiben möchte, ein, unterwirft sich ihr und teilt seine Erfahrungen in einer Sprache mit, die jede Überhöhung vermeidet, sich nicht einmal des Jargons bedient, der ja als poetisch empfunden werden könnte. Seine Berichte sind in keiner Weise, auch nicht in der geringsten Nuance, schick. Sie sind auch nicht geeignet, der gelangweilten Schickeria Vokale oder Stimmungen zu liefern. Sie sind nicht flott, nicht elegant, schwer verdaulich.«

Doch das spielte nach Gremlizas Schmähschrift für einen Teil der bundesdeutschen Publizistik keine Rolle mehr. Als hätten viele nur darauf gewartet, wurde Gremlizas Wallraff-Schmäh zum Startschuss für ein mediales Gewitter, das auf »Ali« niederging wie ein schwerer Herbststurm. Was Karl Heinz Mertes und der Bayerische Rundfunk nicht geschafft hatten, machte Gremliza nun möglich: Es durfte nachgetreten werden.

Es darf nachgetreten werden

Nach Gremliza kam der »Stern«, der ebenfalls bei dem Vorabdruck von »Ganz unten« das Nachsehen gehabt hatte. Kai Hermann, guter Freund Gremlizas und einer der Starautoren des Blattes, der mit dem gemeinsam mit Christiane F. verfassten Buch »Wir Kinder vom Bahnhof Zoo« einen Riesenerfolg hatte, freute sich: »Nun aber darf nachgetreten werden. Jetzt können wir, die immer schon alles wussten und unter dem Wissen litten, die Tinte nicht mehr halten. Ich will wenigstens unter den Ersten sein, die lang schwelenden Neid bekennen.« Anders als Gremliza hat Hermann jedoch nicht die Autorenschaft eines Wallraff-Buches anzumelden, er will nur gesehen haben, wie ein Kollege über einem Wallraff-Text schuftete, um sich dann zu der Philippika zu versteigen: »Es ist natürlich der Neid, der mir Berichte über solche Erlebnisse diktiert. Nicht Neid auf das große Geld … Nein, es ist der Neid gegenüber einem weltbekannten Kollegen, der nie vor einem weißen, bedrohlich leeren Blatt Papier gesessen hat.« Kai Hermanns Bekanntschaft mit Wallraff beschränkt sich übrigens auf zwei Treffen und eine öffentliche Veranstaltung, bei der Günter Wallraff, wie Hermann selbst schreibt, das Mikrofon ergriffen habe, um den anwesenden Studenten einmal zu sagen, »was der Arbeiter draußen denkt«. Kai Hermann war damals zutiefst beeindruckt. Seine Bewunderung für Wallraff hatte sich jedoch nach dem Erfolg von »Ganz unten« in den Neid eines Journalisten verwandelt, der nicht verwinden konnte, dass ein anderer, vermeintlich schlechterer Schreiber, weltberühmt werden konnte.

Zwar sah sich in der Folge nahezu jede Zeitung der Republik bemüßigt, ihren Kommentar zum »linken Stellvertreterkrieg«, wie Heiner Müller es nannte, abzugeben, doch der Aufforderung Kai Hermanns an die angeblich so vielen Autoren, die von sich sagen könnten, »Ich war Wallraff«, aus der Deckung zu kommen, kam niemand nach. Alles blieb eine brodelnde Gerüchteküche.

Viel wichtiger als das Feuilletonistenspiel, wer nun angeblich welche Zeile in Wallraffs Werk verfasst haben könnte, war allerdings die Beantwortung der zweiten, von Gremliza höchst polemisch aufgeworfenen Frage nach der politischen Relevanz der Wallraff'schen Arbeit.

Dass Wallraffs Werk nicht nur »literarischer Müll«, sondern auch »politisch eine Pleite« sei, versuchte Gremliza damit zu beweisen, dass die Auflage der »Bild«-Zeitung ein Jahr, nachdem das dritte Anti-»Bild«-Buch – pikanterweise in seinem eigenen »Konkret-Verlag« – erschienen war, angeblich um eine Million höher lag als zu der Zeit, als Wallraff Hans Esser bei »Bild« Hannover war. Das Ganze habe also nichts gebracht, die »Bild«-Leser seien völlig unbeeindruckt geblieben. Abgesehen davon, dass diese Zahl schon damals höchst umstritten war, hatte Gremliza sich auch nicht die Mühe gemacht, sich mit den Auswirkungen der »Bild«-Kampagne tatsächlich auseinanderzusetzten. Wie »Bild«-Leute selbst bestätigen, hat Wallraff die Arbeit des Springer-Verlages auf Jahre hinaus nachhaltig verändert.

Die politische Relevanz von »Ganz unten« dagegen war, ein Jahr nachdem das Buch erschienen war, so offenkundig, dass selbst ein konservativer, Wallraff sehr distanziert gegenüberstehender Kollege wie Rudolf Großkopff im »Deutschen Allgemeinen Sonntagsblatt« über Gremliza nur den Kopf schütteln konnte. In einem langen Artikel, überschrieben mit »Enthüllung eines Enthüllers«, kommt er zu dem Schluss:

»Für sein persönliches Renommee als Autor mag es abträglich sein, wenn er wirklich einen Teil seiner Erfahrungen von anderen hat formulieren lassen. Für seine politische Rolle ist das letztlich unwichtig. Entscheidend ist, ob das präsentierte Material der Wahrheit entspricht, und das ist, entgegen Gremlizas Anwürfen, weitgehend der Fall. Sonst wären die Bücher nach den jeweils fälligen Prozessen nicht mit einigen geschwärzten Stellen, sondern mit vielen unbedruckten Seiten oder gar nicht erschienen. Auch die von seinen jetzigen Gegnern einfach abgestrittene aufklärerische und politische Wirkung ist leicht nachzuweisen, zum Beispiel an den unmittelbaren Folgen, die sein jüngstes Buch im Bereich Leiharbeit hatte. Wallraffs oft nervende Märtyrerhaltung, seine Selbstverliebtheit, seine Humorlosigkeit und der Einfachst-Stil seiner Reportagen mögen einem missfallen. Aber darauf kommt es nicht an. Er hat eine Aufgabe erfüllt und wesentlich mehr bewegt als alle seine früheren Verbündeten und jetzigen Widersacher zusammen.«

Nach dem ersten Sturm im Blätterwald sammelten sich die Stimmen, die der versuchten Demontage Günter Wallraffs nicht länger zusehen wollten. Erich Fried, Büchner-Preisträger des Jahres 1987, solidarisierte sich mit Wallraff und merkte in seiner Preisrede empört an: »Die Liste der großen und kleinen Schändlichkeiten, von der Art, die Büchner bis aufs Blut gepeinigt haben, ließe sich ins Endlose fortsetzen. Das sind die Versuche, Günter Wallraff durch ein Kesseltreiben von Hetze und Verleumdungen zu ruinieren, seit er gezeigt hat, wie es ganz unten zugeht.«
In einer kurz darauf veröffentlichten Erklärung mit dem Titel »Solidarität mit Günter Wallraff« hieß es:

»Wir verwahren uns gegen den Versuch eines Rufmord-Journalismus, einen unbequemen Autor, der bisher durch Prozesse und Medienkampagnen nicht mundtot zu machen war, durch Diffamierung zum Schweigen zu bringen. Wir schätzen die über 20-jährige aufklärerische Arbeit von Günter Wallraff, der unter Einsatz seiner Existenz ein unverwechselbares Werk vorzuweisen hat. Wir solidarisieren uns mit ihm und wollen ihn ermutigen,

seine Rollen-Reportagen im Sinne seiner Aktionskunst fortzusetzen.«

Unterschrieben war diese Erklärung von rund 60 Schriftstellern,
Professoren, Verlegern und Journalisten, darunter Günter Grass,
Friedrich Dürrenmatt, Max von der Grün, Peter Härtling, Klaus
Wagenbach, Manfred Bissinger, Peter Rühmkorf, Johano Strasser,
F. C. Delius, Petra Kelly, Alexander Kluge, Wolf Biermann, Helmut
Gollwitzer, Uwe Timm und, unter vielen anderen mehr, auch von
Peggy Parnass.

Peggy Parnass gehörte zum Urgestein von »Konkret«. Sie war
schon dabei, als Klaus Rainer Röhl und Peter Rühmkorf »Konkret«
gründeten, und hat seitdem mit einigen Unterbrechungen immer
wieder für das Magazin gearbeitet, vor allem als Gerichtsreporterin.
Ihre Reportagen über Naziprozesse sind Legende, und viele andere
Beschreibungen des oft deprimierenden deutschen Justizalltags
wurden weit über »Konkret« hinaus bekannt.

Eine Woche nachdem die Solidaritätserklärung für Günter
Wallraff mit Peggy Parnass' Unterschrift erschienen war, traf sie
sich mit Gremliza, um über weitere Gerichtsreportagen und über
Gremlizas »Enthüllungen« über Wallraff zu reden. Es wurde
gestritten, aber am Ende schien es doch eine Einigung zu geben,
und Gremliza gab ihr den Auftrag, für das nächste Heft ein Stück
zu schreiben. Eine Woche später erhielt Peggy Parnass dann Post
von Hermann Gremliza: »Liebe Peggy, ich bin zu der Überzeugung
gekommen, dass aus unserer Verabredung besser nichts werden
sollte.« Gegenüber der »Hamburger Morgenpost« sagte Gremliza
damals: »Wenn jemand – wie Peggy – erklärt, ihr Arbeitgeber sei
ein Rufmord-Journalist, dann kann sie doch nicht mehr für den
arbeiten – oder?«

Peggy Parnass war eher traurig als empört. »Gremliza«, sagte sie
anschließend, »tut mir leid. Er kommt mir vor wie ein Mann, der
sich Arme und Beine abhackt. Er kennt die Fronten nicht mehr.
Hält kritische Freunde für Feinde. Schade! Denn mir ist ›Konkret‹
immer noch wichtig.«

Der Schriftsteller und das Kollektiv

Als Günter Wallraff 1973 auf einer Delegiertenversammlung des Werkkreises »Literatur der Arbeitswelt« in Nürnberg eine Rede über den Erfolg von Arbeiterliteratur und die Möglichkeiten zukünftiger Erstellung von Literatur hielt, war die Diskussion um seine Urheberschaft noch weit entfernt. Damals sagte er:

»Für die Zukunft werden wir verstärkt Formen einer Kollektivarbeit zu entwickeln haben, um kompliziertere und komplexere Themen schneller umzusetzen und transparent werden zu lassen. Ich stelle mir die Arbeit von literarischen Produktionsgruppen vor, in denen die Funktionen aufgeteilt sind, auf das Sammeln des Materials, seine literarische Umsetzung und Bearbeitung und die Überprüfung der fertigen Sachen. Ein anderer übernimmt die juristische Absicherung, ein weiterer bringt Ansätze einer Analyse. Die Montage der erhaltenen Materialien in der einen oder anderen Aufeinanderfolge, die Bearbeitung der Sprache entsprechend der Zielgruppe, für die das Buch geschrieben wird – all das bildet die Aufgabe der literarischen Gestalter, wobei jeder jedem Anregungen und hilfreiche Kritik entgegenbringen sollte.«

Diese Vision für die Gestaltung von Arbeiterliteratur ging zwar damals von den existierenden Werkkreis-Kollektiven aus und sollte nicht unbedingt seine eigene Arbeitsweise beschreiben, doch sie zeigte immerhin an, in welche Richtung sich auch Günter Wallraff die weitere Entwicklung seiner Arbeit vorstellte.

Nach den einsamen und ermüdenden Fabrikeinsätzen, aus denen die Industriereportagen entstanden, seinen Rollenreportagen in der Psychiatrie und in Obdachlosenasylen, hatte Wallraff schon bald gemerkt, dass es für eine schnelle Bearbeitung »komplexer und komplizierter Themen« effektiver ist, mit anderen zusammenzuarbeiten. Wallraff hat mehrere Bücher mit einem zweiten Autor zusammen produziert. Bei »Ihr da oben – wir da unten« beschrieb Bernt Engelmann das Leben der Reichen und Günter Wallraff das, was er als Arbeiter und Angestellter in deren Fabriken und Konzernen erlebt hatte, die Chronik einer Industrieansiedlung veröffentlichte er zusammen mit Jens Hagen, den Putschversuch Spínolas deckte er mit Hella Schlumberger auf, und das Buch »Unser Faschismus nebenan« brachte er zusammen mit Eckart Spoo heraus.

Bei solchen Co-Produktionen kann es immer wieder zu Konflikten kommen, vor allem, wenn ein bekannter Autor mit einem weniger bekannten zusammenarbeitet und bei der anschließenden Rezeption des Buches der weniger bekannte Autor dann kaum wahrgenommen wird. Das beklagt zum Beispiel Hella Schlumberger: »Damals«, sagt Hella Schlumberger, »war ich die Portugal-Spezialistin. Als Romanistin sprach ich Portugiesisch und hatte mich auch schon lange mit dem Land beschäftigt.« Hella Schlumberger, die nach wie vor als Autorin in München lebt und mehrere Bücher über Kurden und Indios geschrieben hat, fühlte sich in ihrer Arbeit nicht gebührend gewürdigt. »Das hat mich damals sehr geärgert.« Sie gesteht Wallraff allerdings zu, dass er es war, der immer darauf gedrängt hat, die Geschichte doch unbedingt bis zum Ende durchzuziehen. »Ich hätte die ganze Sache lieber vorher abgebrochen, statt die Maskerade bis zu dem Punkt fortzusetzen, wo Spínola dann persönlich nach Deutschland kam, um seine Forderungen nach Geld und Waffen für einen Putsch offenzulegen. Wir wussten auch nach den Gesprächen in Portugal schon genug, um eine gute Geschichte darüber machen zu können. Es war sehr gefährlich, die Geschichte so weit fortzusetzen.«

Tatsächlich erhielt Wallraff nach der spektakulären Aufdeckung der Verschwörung Morddrohungen, und in seinem Haus in Köln wurde Feuer gelegt. »Er liebte gefährliche Aktionen«, sagt Hella Schlumberger, »ich wollte das eigentlich nicht. Ich wollte ein Buch über die Landkooperative im Süden machen, aber das war Günter nicht aufregend genug.«

Was Hella Schlumberger beklagt und beschreibt, ist in gewisser Weise typisch auch für die späteren Konflikte zwischen Günter Wallraff und einigen Leuten, die an seinen Projekten mitgearbeitet haben. Eckart Spoo, selbst Autor und langjähriger Korrespondent der »Frankfurter Rundschau«, der heute eine wiederbelebte »Weltbühne« herausgibt, hat seit den 70er Jahren häufig mit Günter

Wallraff zusammengearbeitet und noch Ende der 80er, nach dem Rummel um »Ganz unten«, mit Günter Wallraff gemeinsam das Buch »Unser Faschismus nebenan« herausgegeben. Er war Vorsitzender der Deutschen Journalisten-Union (DJU) und Mitglied des Presserates, als Wallraff »Der Aufmacher« herausbrachte, und hat dafür das Nachwort geschrieben. Über die Zusammenarbeit mit Günter Wallraff sagt Eckart Spoo: »Er hatte Ideen, konnte geeignete Leute von Projekten überzeugen und zur Mitarbeit gewinnen. Er hat manche Hilfe gerne angenommen, aber niemand war zur Mitarbeit gezwungen. Einige große Aktionen hätte er alleine nie machen können, das war von vornherein klar. Dafür hat er sich in seinen Büchern auch bedankt. Das war manchen, denen die Zusammenarbeit später missfallen hat, vielleicht zu wenig.«

Günter Wallraff hat seinen Kritikern selbst immer vorgehalten, sie würden an seine Arbeit einen Maßstab anlegen, als sitze er zu Hause am Schreibtisch und ringe lediglich um die beste Formulierung. Seine Arbeit sei doch aber ganz anders. »Man kann meine Arbeit nicht vergleichen mit Literatur, die ausschließlich am Schreibtisch entsteht. Die Hauptphantasie entwickelt sich bei mir immer vor Ort, muss sich vor Ort beweisen. Da, wo ich manchmal Regisseur und Schauspieler in einer Person bin. Was ich von vor Ort nicht mitgebracht habe, das konnte ich auch nachher nicht in eine Form bringen.« Auch wenn andere daran beteiligt gewesen seien: »Entscheidend für meine Arbeit war und ist immer mein eigenes Erleben.«

Eigenes Erleben, die einsame Erfahrung vor Ort auf der einen Seite und die immer komplexere Zusammenarbeit mit diversen Unterstützern andererseits, in diesem Widerspruch bewegte sich die Arbeit Günter Wallraffs vor allem bei »Ganz unten«. Bei keinem früheren Projekt haben in der einen oder anderen Weise mehr Leute Günter Wallraff zugearbeitet als bei diesem, das zusätzlich noch den Reiz, aber eben auch den Konfliktstoff beinhaltete, dass ein Deutscher als Türke auftrat, der aber eben später dann auch als Deutscher für die Türken sprach. Und ein Projekt, und das war dann für die späteren Konflikte das Entscheidende, welches zu einem Welterfolg wurde und bis heute eine Ausnahmestellung auf dem deutschen Buchmarkt einnimmt. Als die Auflage in die

Millionen hochschoss, als das Buch zur politischen Sensation des Herbstes 1985 wurde, als Wallraff für einige Monate zum gefragtesten Mann der Republik wurde, da wollten auch einige der Beteilgten plötzlich auch Wallraff gewesen sein.

Manfred Bissinger, der in den 70er Jahren als stellvertretender Chefredakteur des »Stern« großen Anteil am Erfolg Wallraffs hatte, hat die Arbeitsweise Wallraffs und die Probleme, die damit entstanden sind, am klarsten beschrieben:

»Günter Wallraff ist ein genialer politischer Aktionskünstler, aber kein genialer Schreiber. Er hat sich immer wieder mit großem Einsatz engagiert, zum Teil unter Lebensgefahr. Er hat viel bewegt, er ist ein Marketing-Genie, der weiß, wie man seine Sachen nach vorne bringen muss, aber er ist eben nicht auch noch ein besonders guter Formulierer. Das macht ja auch gar nichts, die Welt ist voll von guten Schreibern, die aber sonst nichts können. Es haben immer mal wieder Leute dabei mitgeholfen, seine Bücher in Form zu bringen, die sich dann manchmal nicht genügend gewürdigt gefühlt haben, aber an seinem Verdienst, an seiner Wirkung, schmälert das überhaupt nichts. Er hätte andere neben sich klarer herausstellen sollen. Das hätte ihm einige Anfeindungen erspart und seinem Ruf überhaupt nicht geschadet. Schließlich ist immer er derjenige gewesen, der in den Untergrund gegangen ist, der sich mit seiner ganzen Person eingesetzt hat und der in den anschließenden Prozessen den Kopf hingehalten hat. Und seine Bücher sind genau so, wie er eben geredet und geschrieben hat, selbst wenn andere dabei mitgeholfen haben.

Diese Mischung aus politischem Wollen, seinem Können als Rollenspieler, seinem unbedingten Einsatz dabei, das hat ihm nie jemand nachgemacht. Bei allen Leuten, die selber Wallraff werden wollten, hat es ja nie geklappt.

Man muss sich das Werk von Günter Wallraff von hinten anschauen. Was hat es bewirkt, war das gut oder schlecht? Da ist die Wertung doch ganz eindeutig. Es ist das Verdienst Wallraffs, dass ›Bild‹ bis heute hinterfragt wird und latent immer noch unter Rechtfertigungszwang steht, und es ist das Verdienst von

Wallraff, dass die türkischen Einwanderer in Deutschland damals erstmals ein Gesicht bekamen.«

Allen Anfeindungen zum Trotz, so schrieb die Schriftstellerin Esther Vilar 1987 in einem Leserbrief an den »Spiegel«, halte sie Wallraffs Buch »Ganz unten« für eines der wichtigsten des Industriezeitalters: »Die Hölle, die er da für uns, seine Leser, so viele Monate lang freiwillig besucht hat, werden wir wohl nie mehr ganz vergessen. Und dies ist nicht nur ein moralisches, sondern auch ein literarisches Kriterium.«

»Die Welt darf nicht bleiben, wie sie ist«
Bis hierher – und wie weiter?

Murat ist ein lebhafter Mann. Wenn er redet, redet der Körper mit. Er gestikuliert, seine Mimik spricht Bände. Schade, dass Bildtelefone noch wenig verbreitet sind, Murat wäre mit Bild sicher noch erfolgreicher. Doch auch nur mit seiner Stimme ist Murat eine Spitzenkraft. Er verdient am Telefon im Monat »locker 3000 bis 5000 Euro«, erzählt er lachend. Dabei ist Murat kein Banker oder Radioseelsorger, sondern schlicht Verkäufer: Murat verkauft Reinigungsmittel per Telefon, er ist Mitarbeiter eines Kölner Call-Centers. In dieser Wachstumsbranche ist er eine Spitzenkraft. Nach jahrelangem Training kann er bar aller Skrupel einem Firmeneinkäufer Reinigungsmittel in solchen Mengen aufschwatzen, »dass die ihren Laden damit die nächsten 100 Jahre putzen können«. Das Geheimnis des Erfolgs sei Menschenkenntnis und Überzeugungskraft. Und ein sehr freihändiger Umgang mit der Legalität. Fast alle Call-Center arbeiten in einer rechtlichen Grauzone, viele deutlich jenseits der roten Linie im eindeutig kriminellen Bereich. Von langweiligen Rechtsfragen lässt Murat sich jedoch nicht beeindrucken. Das vielleicht nicht ganz saubere Geschäft, unbedarften ausländischen Gastwirten für teures Geld ein Jugendschutzgesetz zu verkaufen, das sie sich auch ganz umsonst aus dem Internet hätten herunterladen können, nun ja, »das machen wir jetzt nicht mehr«, erzählt er. »Dafür sind wir jetzt im Reinigungsgeschäft.«

Der da so freigiebig aus dem Nähkästchen seiner Branche plaudert, ist zu Besuch bei Günter Wallraff. Bis vor wenigen Tagen kannte er seinen Gastgeber noch als Michael G., 49, einen netten, aber längst nicht so erfolgreichen Kollegen aus seinem Team im Call-Center. Dann erschien das »Zeit-Magazin« Ende Mai 2007 mit einer Geschichte über Call-Center, die niemand anders als der scheinbar längst im Ruhestand befindliche Günter Wallraff, getarnt mit Perücke, glatt rasierter Oberlippe und Kontaktlinsen, recherchiert hatte. »Günter Wallraff macht wieder Ärger«, hatte die »Zeit«

getitelt, doch davon hatte Murat, nicht der klassische »Zeit«-Leser, nichts mitbekommen. Erst nachdem am nächsten Tag auch die größte türkischsprachige Tageszeitung »Hürriyet« die Rückkehr von »Ali« emphatisch auf ihrer Titelseite begrüßte, erfuhr auch Murat davon: »Mensch, der Wallraff war hier, und ich habe es nicht geschnallt!« Murat, Anfang 30, kann es nicht fassen, dass der berühmte Wallraff, dessen Buch »Ganz unten« er als Jugendlicher verschlungen hatte, in seinem Laden gearbeitet hat und er ihn nicht erkannte. Als er es dann erfahren hat, wollte er ihn unbedingt nochmal treffen. Was Wallraff da über sein Call-Center geschrieben hat, na ja, Schwamm drüber. Da gibt's doch ganz andere Sachen zu erzählen, und deswegen ist er da. Wallraff sucht Informationen über die Betreiber der Call-Center, diejenigen, die wirklich das große Geld mit der telefonischen Abzocke verdienen, und Murat ist bereit zu helfen.

Dafür darf er dann, wie alle Besucher Wallraffs, zum Tischtennismatch gegen den Meister antreten. Und wie fast alle Besucher verliert auch Murat, trotz heftiger Gegenwehr, am Ende sein Match gegen den doppelt so alten Wallraff. Gegen den begeisterten Tischtennisspieler Günter Wallraff muss man schon außergewöhnlich gut sein, um eine Chance zu haben. Wolf Biermann beispielsweise schaffte es auch dann nicht, als Wallraff auf einem Bein um die Platte hüpfte. Wallraff spielt regelmäßig, weil er zu einer Gruppe gehört, die Sport im Gefängnis unterstützt und sich Gefangenen als Sparringspartner an der Tischtennisplatte zur Verfügung stellt. »Die sind zum Teil sehr gut«, sagt Wallraff anerkennend, »da muss ich mich schon strecken, um mithalten zu können.«

Mit der »Zeit«-Reportage über die Praktiken in deutschen Call-Centern, die den Auftakt für eine Rechercheserie bildete und in ein Buch über »unsere schönen neuen Arbeitswelten« münden soll, ging für Günter Wallraff eine lange Durststrecke zu Ende. »Was macht denn eigentlich Günter Wallraff?« war eine in den letzten 15 Jahren immer wieder gestellte Frage über einen Mann, der bis Ende der 80er Jahre mit seinen Aktionen regelmäßig für Furore gesorgt hatte.

Zwanzig Jahre lang, von Mitte der 60er bis zu seinem Welterfolg »Ganz unten«, der 1985 erschien, lebte Günter Wallraff auf der

Überholspur. Ein Projekt war noch nicht abgeschlossen, eine Rolle noch kaum verdaut, da plante er bereits die nächste Rollenreportage, die nächste Aktion und das nächste Buch. Je erfolgreicher Wallraff damit wurde, je mehr Aufmerksamkeit seine Arbeit fand, umso mehr wurde er auch zum Getriebenen der öffentlichen und eigenen Erwartungen. Wie Bergsteiger nach einem erfolgreich bezwungenen Fünftausender als Nächstes einen Sechstausender anpeilen, konnte auch Wallraff, nachdem er einmal bei »Bild« war und es geschafft hatte, den mächtigen Springer-Konzern in Schwierigkeiten zu bringen, nicht mehr einfach zurück ans Fließband eines beliebigen Industriebetriebes. Auf eine spektakuläre Rolle musste eine noch spektakulärere folgen.

Wallraff war sich dieser Gesetzmäßigkeit der Medienwelt durchaus bewusst. Trotz seiner physischen und psychischen Erschöpfung nach der Rolle als Ali und der anschließenden Auseinandersetzung mit Freund und Feind war er zunächst auch durchaus noch gewillt, dieser Gesetzmäßigkeit weiterhin nachzukommen. Er hatte eine spektakuläre Rolle in Südafrika vorbereitet und wollte sich wenig später im Iran ins Gefängnis stecken lassen. Beides, so muss man im Nachhinein sagen, scheiterte glücklicherweise, bevor es überhaupt begonnen wurde, weil die Verhältnisse, die Günter Wallraff anprangern wollte, sich schneller veränderten, als man zunächst ahnen konnte. Das Apartheidsystem in Südafrika verschwand rascher aus der Geschichte, als die größten Optimisten zu hoffen gewagt hatten, und auch Wallraffs Iran-Abenteuer wurde überflüssig, als der im Gefängnis einsitzende deutsche Geschäftsmann Hofer, gegen den Wallraff sich selbst während eines Besuchs eintauschen wollte, auch dank Wallraffs Initiative schneller freigelassen wurde als zunächst erwartet.

Zu diesen unnötig gewordenen Rollenreportagen kam ein Rückenleiden, unter dem Wallraff seit Ende der 70er Jahre litt und das zehn Jahre später so schmerzhaft geworden war, dass eine Operation sich schließlich nicht mehr vermeiden ließ. Der Eingriff an der Wirbelsäule war erfolgreich, zog aber eine jahrelange Rekonvaleszenz nach sich, die alle Kräfte Wallraffs in Anspruch nahm. Er ging zwei Jahre an Krücken, musste immer wieder in die Klinik und trainierte Tag für Tag, um seine Bewegungsfreiheit zurückzugewinnen. Wer heute sieht, wie Günter Wallraff wieder Marathon läuft, kann sich nicht vorstellen, dass derselbe Mensch noch wenige Jahre zuvor nahe am Rollstuhl war. Diese Erfahrung hat ihm gezeigt, dass er nicht mehr ungestraft seinen Körper erneut überanstrengen kann. Wallraff musste lernen, dass es ein Leben nach dem sich ständig steigernden Erfolg gibt. »Entschleunigung«, sagt er heute, »ist die wichtigste Voraussetzung, um wieder das Wesentliche zu erkennen, in einer Mediengesellschaft, in der ein Skandal den nächsten jagt und jeden Tag eine neue Sau durchs Dorf getrieben wird.«

Magie der Steine

Lediglich die Lichtkuppeln im Dach zeigen an, dass sich hinter der Fassade des Häuschens in Günter Wallraffs Garten mehr verbergen könnte als alte Liegestühle und eine Tischtennisplatte. Kommt man durch die geöffnete Tür, steht man staunend in einer anderen Welt. Ein großer Raum, in dem lediglich eine frei schwingende Holztreppe zu einer Empore führt, weiße Wände, gedämpftes Licht, kunstvoll arrangierte Skulpturen aus aller Welt, an die kein Mensch Hand angelegt hat. Es sind von Wind, Sonne und Wasser geformte Steine von vollendeter Schönheit. Manche zu einer verblüffenden Ornamentik arrangiert, andere als singuläre Monumente ihrer selbst.

Dieses Museum der Steine ist das Reich des anderen, in der Öffentlichkeit wenig bekannten Günter Wallraff. Es gibt einen Einblick in die Welt, die ihm nach den zermürbenden Auseinandersetzungen Ende der 80er Jahre wieder Kraft gegeben hat und der er in den Jahren, in denen er nur gelegentlich auf der öffentlichen Bühne auftauchte, viel mehr Zeit widmen konnte als in den hektischen Jahren zuvor.

Die im Museum präsentierten Steine sind für ihn Formen perfekter Ästhetik. »Die meisten Bildhauer müssen hinter diesen Formen bescheiden zurückstehen«, glaubt er. »Diese Steine stellen eine Gegenwelt dar, die mit unserem Koordinatensystem scheinbar nichts mehr zu tun haben, aber gleichzeitig unsere verstellte Welt in

Die unbekannte Seite des Günter Wallraff: Das Steinmuseum in seinem Garten

Frage stellen.« Günter Wallraff hat vor zwei Jahren mit befreundeten Studenten der Kölner Fachhochschule für Mediendesign einen Film über die Spur der Steine gemacht, in dem er erstaunlich offen über sich und seine steinerne Parallelwelt redet.

Er bezeichnet sich in dem Film als ewig Suchenden, der nie etwas Absolutes gefunden hat. Wallraff sagt von sich, er sei nicht gläubig, im Sinne eines Glaubens an einen Gott, aber er sei auch kein Atheist. Er bezeichnet sich als »tiefgläubigen Agnostiker«, was für ihn so viel heißt, dass Gott sich am ehesten in der Natur offenbart.

»Die Steine in ihrer vollendeten Ästhetik«, sagt er in dem Film, »sind für mich eine Art Meditation. Ich suchte eine Ästhetik, bei der ich mich nicht zu verteidigen, nicht zu rechtfertigen brauchte. Die Steine sind Naturschöpfungen, hinter die ich mich stellen kann.«

»Die Steinwelt«, sagt er, »gibt mir Kraft, mich dann auch wieder in sehr negativen Bereichen aufzuhalten, mich neu einzumischen und mich zu bewähren. Diese Steine repräsentieren eine Schöpfungsidee, die so genial, so vollendet ist, dass sie für mich eine Gegenwelt bildet, ohne die ich heute verhärteter und resignierter

265

»Die Steinwelt gibt mir Kraft, mich neu einzumischen und zu bewähren«:
An einem Strand in Schottland

wäre. Ohne Esoteriker zu sein – nichts liegt mir ferner –, geben die
Steine mir über ihre Ästhetik neue Ideen.«

Wallraff ist aber nicht zu einem Suchenden in Form meditativer
Versenkung geworden. Die Steine dieser Sammlung findet man
nicht beim Spazierengehen. Er hat in den Wüsten Nordafrikas und
im Regenwald Südamerikas gesucht und war dabei genauso hartnäckig, wie er es bei seinen Recherchen für »Ganz unten« oder für
»Der Aufmacher« war. »Ich hatte einmal ein Foto von einem Stein,
der einer vollendeten abstrakten erotischen Skulptur glich, aber
derjenige, der mir das Foto gezeigt hat, hat gleichzeitig eine völlig
falsche Spur gelegt. So, wie wenn jemand sagt, es ist an der Ostsee,
aber tatsächlich ist es an der Nordsee.« Aber Wallraff ist hartnäckig
geblieben. Er hat gesucht und schließlich auch gefunden.

Kein Rückzug aufs Land

Der Blick aus dem Fenster fällt direkt auf den See. Das gegenüber-
liegende Ufer ist nur schemenhaft zu erkennen, der Kummerower

See gehört zu den größeren Binnenwasserflächen in Deutschland. Er hat sogar einen Zugang zum Meer. Über die Peene kommt man mit einem Sportboot an einem Tag ins Stettiner Haff, dem Mündungsgebiet der Oder in die Ostsee vor der Insel Usedom. Trotz dieser hervorragenden Lage sind die Ufer des Sees weitgehend in ihrem ursprünglichen Zustand verblieben, ist der See noch nicht verbaut. Breite Schilfgürtel bieten Unterschlupf für Wasservögel, in den an das Ufer angrenzenden Wiesen und Feldern finden die Vögel Nahrung im Überfluss. Die in den 90er Jahren gehegten Träume einiger Lokalpolitiker, die Region um den Kummerower See zu einem Touristenzentrum zu machen, haben sich nicht realisieren lassen. Übrig geblieben sind einige neue, große Bootsstege, die einmal zu Marinas ausgebaut werden sollten. Hierhin, in einen der verschwiegendsten Winkel Mecklenburg-Vorpommerns, hat sich Jörg Gfrörer zurückgezogen. Der Mann, der den Film über Hans Esser gedreht hat und einige Jahre später mit seiner versteckten Kamera und den Aufnahmen, die Günter Wallraff als Ali Levent selbst machen konnte, die filmische Umsetzung von »Ganz unten« realisierte, lebt seit einem Jahr in einem liebevoll restaurierten ehemaligen Fischerhaus direkt am See. »Ich kann hier besser nachdenken«, sagt Jörg Gfrörer. »Ideen für Filme zu entwickeln oder an Drehbüchern zu arbeiten, fällt mir hier leichter als in Berlin.«

Jörg Gfrörer ist nicht der Einzige aus der alten Mannschaft von Günter Wallraff, der sich mittlerweile aufs Land zurückgezogen hat. Auch Günter Zint, der legendäre Fotograf der Anti-AKW-Bewegung und der Hamburger Reeperbahn, der Wallraff auf etlichen Einsätzen mit seiner Kamera begleitete, hat Hamburg vor ein paar Jahren verlassen und sich in einem ehemaligen Bauernhof auf dem platten Land zwischen Hamburg und Bremen niedergelassen. Hier ordnet er sein umfangreiches Archiv, stellt Fotos für Ausstellungen zusammen, beteiligt sich noch ab und zu an einem Fotobuch und mischt ansonsten in der Kommunalpolitik seines neuen Heimatortes mit.

Sein Reeperbahnmuseum muss seitdem weitgehend ohne ihn auskommen, er kommt nur noch ab und zu mal in Hamburg vorbei. Genau wie Günter Wallraff hat er Entschleunigung als Lebensstil entdeckt. Die journalistischen Vorkämpfer der 70er und 80er Jahre sind selbst in die Jahre gekommen.

Doch während diese Entwicklung für Jörg Gfrörer und Günter Zint wie selbstverständlich erscheint, blieb für Günter Wallraff statt des Rückzugs aufs Land ein großes Fragezeichen. Warum hat er in den Jahren von »Ganz unten« bis zu seinem »Zeit«-Auftritt im Frühjahr 2007 kaum mehr publiziert? Die Antwort von Hermann Gremliza – weil er eben nicht, oder nicht mehr, schreiben könne – wischt Jörg Gfrörer ärgerlich vom Tisch. »Günter ist doch kein Romancier, dem nach einem ganz großen Wurf plötzlich Schreibhemmungen kommen oder dem einfach nichts mehr einfällt. Wenn Günter für ein neues Projekt Mitarbeiter gesucht hätte, die ihn dabei unterstützen, hätte er ohne Probleme mehr Leute dafür gefunden, als nötig gewesen wären.« Aber was ist es dann?

Günter Wallraff selbst nennt eine ganze Reihe von Gründen, warum nach dem Welterfolg von »Ganz unten« die ständige Produktion neuer Wallraff-Ereignisse ins Stocken geriet. Er sei körperlich und psychisch einfach ausgebrannt gewesen. Die riesige Erwartung, nach »Ganz unten« einen noch spektakuläreren Coup zu präsentieren, habe ihn schier erdrückt. Vor allem die Anfeindungen aus den eigenen Reihen haben ihn zermürbt und demotiviert. Versuche, neue Rollenreportagen im Ausland zu starten, scheiterten an den schnellen Veränderungen vor Ort oder wurden nicht mehr wahrgenommen. Mit einer Reportage für das japanische Fernsehen, wo er, als iranischer Fremdarbeiter getarnt, in Tokio ebenfalls die Lebensumstände von Einwanderern erforschte, erreichte er in Japan über fünf Millionen Zuschauer. Dem deutschen Fernsehen bot er den Film nicht an, um nicht von den wesentlich schlimmeren Zuständen im eigenen Land abzulenken.

Dann kam seine Rückenkrankheit. Und zuletzt musste Wallraff feststellen, dass er für seine klassischen Rollen auch einfach zu alt geworden war. Als er während der Bauarbeiten am neuen Regierungsviertel in Berlin, wo bekanntermaßen Tausende Leiharbeiter illegal, also zu Dumpinglöhnen und ohne Versicherung, beschäftigt waren und ihren Verleihern große Profite einbrachten, noch einmal, als osteuropäischer Hilfsarbeiter getarnt, anfangen wollte, bekam er einfach keinen Job. »Auch nachdem mich ein guter Maskenbildner zehn Jahre jünger gemacht hatte, war ich statt Mitte

50 dann eben Mitte 40. Doch auch mit Mitte 40 wollte mich niemand mehr haben«, erzählt er heute.

Alle diese Gründe haben sicher eine Rolle gespielt, doch für Jörg Gfrörer gibt es noch ein anderes Moment: »Günter hatte, zumindest in Deutschland, einfach keinen adäquaten Gegner mehr.« Manche Menschen wachsen an ihren Gegnern, und Günter Wallraff hat sich im Laufe seiner Karriere als Enthüllungsjournalist, Rollenspieler und Narr, der dem Land den Spiegel vorhält, tatsächlich mit allen entscheidenden Mächten der alten Bundesrepublik angelegt. Angefangen von der Bundeswehr, wo er zunächst unfreiwillig eine Rolle als Rekrut übernehmen musste, über die großen Industriekonzerne, deren Arbeitsbedingungen am Fließband, in den Trockendocks und den Hochöfen er öffentlich machte, bis zu den Reichen und Einflussreichen, deren Gebaren er bloßlegte.

Nach Militär und Kapital ging Wallraff dann frontal den wichtigsten Meinungsmacher des Landes, Axel Springer und seine »Bild«-Zeitung an. »›Bild‹ hat Sie doch erst zu einer Marke gemacht«, hielt Hans-Hermann Tiedje, Ex-»Bild«-Chefredakteur, Wallraff bei einem Streitgespräch einmal vor und hatte damit insofern nicht ganz unrecht, als dass Wallraff zwar auch schon bevor er Hans Esser wurde, ein bekannter Enthüllungsjournalist war, aber doch erst als David, der gegen den Goliath »Bild« kämpft, seine unauslöschbaren Spuren im Gedächtnis der Gesellschaft hinterlassen hat.

Sieht man einmal von Franz Josef Strauß ab, neben Springer dem zweiten mächtigen Mann der deutschen Rechten, mit dem Wallraff sich immer wieder angelegt hat und der auch in »Ganz unten« noch eine Rolle spielte, so war schon der Menschenhändler Vogel, für den Wallraff als Ali bei Thyssen arbeitete, kein adäquater Gegner mehr. Jedenfalls nicht Vogel als Person, sondern nur als prototypische Verkörperung der Verhältnisse, die er in dem Buch repräsentiert.

»Gegen wen sollte Wallraff danach eigentlich noch antreten?«, fragt Jörg Gfrörer. Zumal sich mit dem Mauerfall im November 1989 die Koordinaten der deutschen Öffentlichkeit zunächst einmal dramatisch veränderten und die bis dahin in Westdeutschland wichtigen Themen – angefangen von ökologischen Fragen über Rassismus und Integration bis hin zu Geschlechtergleichheit – in den ersten zehn Jahren nach der Vereinigung praktisch in der Versenkung verschwanden und erst danach langsam wieder auftauchten. Das damals dominierende Thema der Aufarbeitung der DDR-Vergangenheit bestritt Günter Wallraff als Betroffener, nachdem die von ihm zuvor attackierten Medien versuchten, den Spieß umzudrehen.

Jahrelang musste sich Günter Wallraff der Vorwürfe von »Focus«, »Bild« und »Welt« erwehren, seinen letzten und abschließenden Prozess gegen die »Welt« gewann er im Januar 2006. Erst danach fühlte er sich wieder frei für etwas Neues. Zwanzig Jahre nach dem Erscheinen von »Ganz unten« stellt sich auch die Frage, gegen wen Günter Wallraff noch antreten könnte, in der Form nicht mehr. Die Bundesrepublik ist Geschichte, die gesellschaftlichen Verhältnisse im Bereich Arbeit und Produktion haben sich dramatisch verändert: Was lag da näher, als diese Veränderungen mit den Mitteln Wallraff'scher Recherche noch einmal in Augenschein zu nehmen?

Das Comeback

»Ich habe immer wieder das Glück gehabt, zur richtigen Zeit die richtigen Leute zu treffen«, erklärt Günter Wallraff ein Geheimnis seines Erfolgs. Das letzte glückliche Zusammentreffen fand Anfang 2007 mit dem Chefredakteur der »Zeit«, Giovanni di Lorenzo, statt.

Di Lorenzo hatte die Idee für eine doppelte Wiederauferstehung, und er rannte damit offene Türen ein. Zum einen bei dem Verlag mit dem Vorschlag, das 1999 eingestellte »Zeit-Magazin« wieder aufleben zu lassen, und zum anderen bei Günter Wallraff mit dem Vorschlag, dass er wieder schreiben sollte. Als di Lorenzo auf ihn zukam, hatte Wallraff zunächst Vorbehalte, ob er sich wirklich, nach fast 20 Jahren Pause, noch einmal zu einer seiner Rollenreportagen aufmachen sollte. Aber letztlich kam der Vorschlag zum richtigen Zeitpunkt: »Ich hatte schon Vorbereitungen getroffen, wieder loszulegen, nur noch nicht das richtige Medium gefunden.«

Schon nach wenigen Wochen war klar, dass Wallraffs Comeback ein Erfolg war. Obwohl Verbraucherschützer bereits seit einiger Zeit davor warnen, sich auf telefonische Verträge einzulassen, zeitigte die Reportage erstaunliche Konsequenzen. Wie schon in der Vergangenheit, zu alten bundesrepublikanischen Zeiten, zeigte Wallraff auch in der schönen neuen Arbeitswelt im 21. Jahrhundert einen sicheren Instinkt für ein gesellschaftliches Problem, das bis dahin von den politisch Verantwortlichen vernachlässigt worden war. Call-Center sind oft die letzte Möglichkeit für verzweifelte Arbeitslose. Deshalb machen auch die Arbeitsagenturen zumeist beide Augen zu und schicken ihre Klienten selbst in solche Call-Center, die ihre Gewinne am Rande der Legalität erwirtschaften. Wallraff traf in einem großen Kölner Call-Center auf eine Frau, die ihm erzählte, sie habe in einem anderen Betrieb aufgehört, weil ihr dort Verkaufspraktiken abverlangt worden wären, die sie mit ihrem Gewissen nicht vereinbaren konnte. Sie informierte die Arbeitsagentur, die sie dort hingeschickt hatte, über die kriminellen Praktiken, doch statt dass die Arbeitsagentur die Gewerbeaufsicht auf das Call-Center aufmerksam machte, wurde die Frau mit einer Sperrzeit bestraft, weil sie das Ende ihrer Beschäftigung selbst zu verantworten habe. Skrupel darf man im Call-Center nicht haben, und Skrupel haben auch die Arbeitsämter nicht, weil die Call-Center oft die einzigen Betriebe sind, die ihnen ihre hoffnungslosen Fälle abnehmen. So halten alle dicht, und am Ende werden verzweifelte Arbeitslose darauf getrimmt, anderen Armen durch geschickte Verkaufsgespräche das Geld aus den Taschen zu ziehen. Denn die Opfer der Call-Center sind in aller Regel nicht die gut Ausgebildeten und Erfolgreichen der Gesellschaft, sondern diejenigen aus dem unteren Drittel, die durch Glücksspiel ihre Situation zu verbessern hoffen oder sich wertlose oder überteuerte Produkte über das Telefon andrehen lassen.

Allein die Nachricht, Wallraff sei wieder »undercover«, sorgte für Aufregung. Noch bevor die »Zeit« überhaupt erschien, stand das Telefon nicht mehr still. Als hätte es nie eine Pause gegeben, standen Fernsehsender und Talk-Shows bei ihm Schlange. »Das Thema betrifft offenbar mehr Leute, als man denkt«, wunderte sich Wallraff selbst. In den folgenden Wochen stritt er öffentlich mit Call-Center-

Verantwortlichen und Politikern, Betroffene aus Call-Centern meldeten sich bei ihm, um weitere Informationen anzubieten.

Bei allen persönlichen Motiven, die bei Wallraff zu Beginn des Jahres 2007 dazu beigetragen haben, dass er noch einmal wieder aktiv werden konnte, es musste noch mehr dazu kommen, damit daraus ein echtes Comeback wurde. Giovanni di Lorenzo hatte mit seiner Anfrage bei Wallraff einen guten Instinkt für eine sich verändernde politische Debatte in Deutschland bewiesen. Mit der sich abzeichnenden ökonomischen Trendwende kommt auch ein Ende der Dominanz des neoliberalen Diskurses in Sicht. Die gesellschaftliche Mitte verschiebt sich wieder nach links. Die »Gürtel enger schnallen«-Debatte, mit der die abhängig Beschäftigten in Deutschland in den letzten zehn Jahren von Politik und Medien beschallt wurden und die zu großem Verzicht bei Arbeitern und Angestellten und ebenso großen Gewinnen auf der Kapitalseite geführt hat, wird nicht mehr ungefragt hingenommen. Es gibt wieder Streiks in Deutschland, und nachdem die Talsohle am Arbeitsmarkt durchschritten ist, muss nicht jeder nur froh sein, wenn er überhaupt einen Job hat, sondern es darf auch wieder gefragt werden, unter welchen Bedingungen gearbeitet wird. Es ist deshalb mehr als nur Zufall oder glückliche Fügung, dass sich viele Leute an Günter Wallraff erinnern, einen der prominenten Linken, der auch in schwierigen Zeiten nicht die Seiten gewechselt hat und nicht wie etliche andere ehemals linke Intellektuelle zu einem Herold von Kapital und Nation wurde.

»Die Welt darf nicht bleiben, wie sie ist«

Die ehemalige Kirche ist bis auf den letzten Platz gefüllt. Sie dient jetzt als Veranstaltungsort, das schöne alte Gebäude vermittelt aber immer noch etwas von der sakralen Atmosphäre, die jahrhundertealte Kirchen ausstrahlen. Die ehemalige Kaiserstadt Aachen hat etliche davon, schließlich fanden ja auch die Krönungsmessen in Kirchen statt. Hier und heute geht es jedoch nicht um eine Krönung, es wird ein ganz anderer Preis verliehen. Immer am 1. September, dem Datum, zu dem Hitler-Deutschland mit dem

Angriff auf Polen den Zweiten Weltkrieg begann, wird hier der Aachener Friedenspreis vergeben. Dieser Friedenspreis ist nicht zu verwechseln mit dem Karlspreis, einer Auszeichnung, die in Aachen an ehemalige Staatschefs für ihre Bemühungen um die Einigung Europas verliehen wird. Der Friedenspreis wird von einer Bürgerinitiative vergeben, die aus der Aachener Friedensbewegung in den 80er Jahren entstand. Mit dem Friedenspreis sollen öffentliche Aufmerksamkeit und, wenn möglich, auch Spendengelder für die Arbeit von Basisorganisationen oder auch mutigen Einzelpersonen gewonnen werden, die in Deutschland und der Welt für Frieden, Menschenrechte und Demokratie eintreten und dafür ihre Zeit und Kreativität einsetzen – und manchmal auch Kopf und Kragen riskieren.

Der Preis wird seit 1988 jährlich vergeben. Preisträger waren zum Beispiel die Gruppen Gush Shalom aus Israel, die Internationalen Friedensbrigaden, die DDR-Bürgerrechtlerin Vera Wollenberger oder die türkisch-kurdische Menschenrechtlerin Eren Keskin. Friedenspreisträger 2006 war der Verein »Hilfe für Menschen in Abschiebehaft, Büren e.V.«. In Büren, in der Nähe von Paderborn, steht das größte Abschiebegefängnis in Deutschland. Dieses Gefängnis existiert ausschließlich für Ausländer, deren einziges Verbrechen in der Regel darin besteht, dass ihnen der Status als asylberechtigter Flüchtling nicht zuerkannt wurde oder dass sie versucht haben, ohne Arbeitsberechtigung etwas Geld für ihre Familie aufzutreiben. Hier leben Menschen, beispielsweise vom Balkan kommend, die jahrelang in Deutschland geduldet wurden, aber nun abgeschoben werden sollen, weil in ihren Herkunftsländern, die ihre Kinder oft gar nicht kennengelernt haben, nach Ansicht der Behörden die Lage so ist, dass man sie wieder zurückschicken könnte. Das Abschiebegefängnis von Büren ist voll von verzweifelten Menschen, die manchmal so verzweifelt sind, dass sie ihren einzigen Ausweg im Selbstmord sehen. Seit 1993 haben sich innerhalb und außerhalb der Gefängnisse 131 Menschen aus Angst vor Abschiebung umgebracht, eine Tatsache, die in der Öffentlichkeit kaum bekannt ist. Seit die großen Debatten um das Asylrecht im Sinne der Asylverhinderer entschieden wurden und durch Gesetzesverschärfungen wie die so genannte Drittstaatenregelung kaum noch ein Asylsuchender nach Deutschland einreisen kann, weil er zuvor ja schon demokratisch einwandfreie Drittstaaten rund um Deutschland passiert haben muss, sind die Zahlen der Asylbewerber so dramatisch gesunken, dass sich außer dem Innenminister kaum noch jemand für sie interessiert.

Eine Ausnahme ist der Verein in Büren, dessen Mitglieder mit großem persönlichem Engagement Menschen in Abschiebehaft betreuen, und dies auch noch Jahre, nachdem das Thema aus den Schlagzeilen verschwunden ist. Für die Mitglieder dieses Vereins ist das Elend von Flüchtlingen kein Konjunkturthema, und deshalb ist es für sie so wichtig, dass ihre Arbeit Anerkennung findet. Nicht nur bei den direkt Betroffenen im Gefängnis, sondern auch in der deutschen Gesellschaft. Der Preis zeigt der Bürgerinitiative aus Büren, dass sie nicht allein ist und es immer noch viele andere Bürger gibt, die ihrer Arbeit Respekt zollen.

Einer von diesen anderen ist Günter Wallraff. Die Organisatoren des Aachener Friedenspreises haben Günter Wallraff gebeten, die Laudatio für ihre Preisträger zu halten, weil sie wussten, dass Günter Wallraff unbeirrt daran festgehalten hat, dass Asyl und die Aufnahme von Flüchtlingen insgesamt zu den Dingen gehört, die eine humane Gesellschaft definiert. Deshalb passt er auch so gut zu der Versammlung in Aachen, wo sich viele treffen, die ihren Überzeugungen treu geblieben sind, obwohl diese Überzeugungen lange Jahre keine Konjunktur mehr hatten. Einer Gesellschaft, in der der neoliberale Diskurs der Mainstream-Medien den Sozialstaat bereits auf dem Altar der Globalisierung geopfert hatte und in der die Suche nach einer Außenpolitik, die helfen könnte, die Gräben zwischen der Ersten und Dritten Welt zu verkleinern, einer Politik der Konfrontation gegen die vermeintlich barbarische islamische Welt gewichen ist.

Wallraff ist in Aachen unter Freunden, große Aufmerksamkeit ist durch die Veranstaltung nicht zu gewinnen. Trotzdem ist Wallraff genauso engagiert wie bei den spektakulärsten Auftritten nach dem »Aufmacher« oder »Ganz unten«. Der Schutz für Entrechtete und Vertriebene ist Wallraff immer noch ein Anliegen, genau wie vor 20 Jahren. In Aachen sagt er:»Das Recht, oder besser das Unrecht, das sich in den Abschiebehaftanstalten manifestiert, stemmt sich gegen die Abstimmung mit den Füßen, die wir weltweite Migration nennen und in der Millionen Menschen aufbrechen, um ihre ganz persönlichen sozialen und politischen Rechte in fremden Ländern zu verwirklichen. Dieser Marsch führt die Hoffnung mit sich. Und diese Hoffnung kann das europäische Abschiebe-›Recht‹ nicht ersticken.

Der Verein für Menschen in Abschiebehaft zeigt uns, dass Menschen, die sich ins reiche Europa aufgemacht haben und in Haft genommen werden, Menschen bleiben, liebenswerte, welche mit Ecken und Kanten, schräge und wunderbare Menschen, und meist sehr mutige, die Strapazen und Gefahren auf sich genommen haben, um hierhin zu gelangen. Die unsere Solidarität verdient haben und unsere Hilfe. Und dass hinter ihrem ganz persönlichen Schicksal, ihrer ganz persönlichen Tragik und ihrer ganz privaten Hoffnung eine Botschaft steht, die über das Einzelschicksal hinausweist. Die Botschaft, dass diese Welt nicht so bleiben darf und nicht so bleiben wird, wie sie ist. Denn wer will, dass sie so bleibt, wie sie ist, sowohl ökologisch als auch wirtschaftlich, der will nicht, dass sie bleibt.«

Das ist eine der wesentlichen Erkenntnisse, die Wallraff angetrieben haben und die ihn nach wie vor nicht zur Ruhe kommen lassen. Dabei könnte er sich längst ruhig zurücklehnen. Aus dem umstrittenen linken Ankläger der 70er Jahre ist längst ein Symbol der früheren Bundesrepublik geworden, dem auch seine einstigen Gegner die Anerkennung nicht mehr verweigern. So schreibt der Feuilletonchef der »Frankfurter Allgemeinen Sonntagszeitung«, Volker Weidermann, in seiner deutschen Literaturgeschichte über Günter Wallraff: »Seine Bücher haben unsere Welt verändert. Wer sonst kann das von sich behaupten?« Und Willi Winkler, ein linker Publizist, der Wallraff in der Stasiauseinandersetzung unterstützte, zitiert den Text einer Karikatur, die eine ältere Ehefrau zeigt, wie sie im Ehebett einen Brief ihres Mannes findet, auf dem steht: »Liebe Else, ich geb's nun zu, in Wirklichkeit bin ich Günter Wallraff.« Das Fazit von Winkler: »Eingang ins literarische Volksvermögen zu finden, mehr kann ein Schriftsteller zu Lebzeiten von seinem Leben eigentlich nicht verlangen.«

Günter Wallraff hat bis heute trotzdem nicht zur großen Ruhe gefunden. Obwohl er immer von Kontemplation träumte und deshalb in seiner Jugend sogar einmal darüber nachdachte, in ein Kloster zu gehen, ist Wallraff auch mit 65 noch ein Rastloser, immer auf dem Sprung. Wo andere sich auf den wohlverdienten Ruhestand freuen, bleibt Wallraff aktiv im Unruhestand. Dabei hat er nicht nur als Journalist und Schriftsteller alles erreicht, er hat auch materiell längst ausgesorgt. Nach einer Kindheit in materieller Not und langen Jahren einer prekären Situation könnte er sich heute zurücklehnen und von den Einnahmen seiner Bücher bequem leben. Aber sein Luxus hält sich nach wie vor in Grenzen, und ein durchgestandener Marathon verschafft ihm immer noch mehr Befriedigung als ein teures Fünf-Gänge-Menü.

Wallraff ist zwar gelassener geworden; er kann, was man ihm früher nicht anmerkte, selbstironisch sein, aber er hat sich bis heute nicht in einer gutbürgerlichen Existenz eingerichtet. Er ist auch mit 65 immer noch auf der Suche. Nach einem neuen Thema, einer neuen Rolle, dem wahren Leben.

Ausblick

Vor mehr als 30 Jahren hatte Heinrich Böll vorausgesagt, dass Wallraff bald so bekannt sein werde, dass er unmöglich seine Arbeit würde weiter ausüben können. Auch mit falscher Identität und maskiertem Aussehen werde man ihn erkennen. Man müsse deshalb zwei, drei, vier – ganz viele neue Wallraffs schaffen, damit diese gesellschaftlich notwendige Arbeit weiter getan werden könne.

Vier bekannte deutschen Journalisten geben nun eine Antwort darauf, warum es mit den vielen Wallraffs bis jetzt nicht geklappt hat, welchen Einfluss Wallraff auf den deutschen Journalismus hatte, ob ein Journalismus, wie Wallraff ihn geprägt hat, unter den veränderten Bedingungen einer globalisierten Welt überhaupt noch möglich ist, welches heute die größten Probleme sind, denen investigativer, aufklärender Journalismus sich widmen müsste und in welchen Medien dies geschehen kann.

Antworten gegeben haben:

- Hans Leyendecker, der früher für den »Spiegel«, heute für die »Süddeutsche Zeitung« arbeitet und als einer der bekanntesten »investigativen Journalisten« in Deutschland gilt.
- Harald Schumann, ebenfalls früher beim »Spiegel«, heute Rechercheur und Reporter beim »Tagesspiegel«, der durch sein Buch »Die Globalisierungsfalle«, zusammen mit dem heutigen EU-Abgeordneten Hans-Peter Martin, erstmals in Deutschland eine breite Öffentlichkeit auf die Gefahren der Globalisierung aufmerksam gemacht hat.
- Mathias Bröckers, ehemaliger Kulturredakteur der »taz«, der mit seinen Büchern über Hanf und vor allem über den 11. September als Internet-Rechercheur bekannt geworden ist.
- Mathias Greffrath, ehemals bei der »Zeit«, heute freischaffender Publizist, der die NGO Attac lange begleitet hat und als Kulturphilosoph nach Wegen aus den absehbaren Katastrophen sucht.

Mathias Bröckers erinnert sich gut an seine frühe Begeisterung für Wallraffs Arbeit: »Als ich 1973 angefangen habe, Politik zu studieren, hat uns Wallraff natürlich beeinflusst. Wir haben ihn für seine Einsätze bewundert. Nicht zuletzt war Wallraff – eine Figur, die sich was traute und authentisch berichtete – natürlich auch für viele Gründer der ›taz‹ ein Vorbild. Was er gemacht hat, war ja etwas Singuläres, was niemand zuvor so geleistet hat. Figuren wie er, die als *one man army* ›Bild‹ aufmischen konnten, haben Leute wie uns, die wir Ende der 70er Jahre eine alternative linke Tageszeitung machen wollten, natürlich enorm motiviert.«

Allerdings habe er nie daran gedacht, selbst bei seinen Recherchen Methoden wie die von Wallraff anzuwenden. »Nicht weil ich das nicht legitim fand, im Gegenteil. Aber ich hätte es nicht gekonnt. Ich kann mich nicht verstellen. Ich wäre sofort aufgeflogen.«

Für Hans Leyendecker ist die »Methode Wallraff«, das »Wallraffen«, dagegen schon ein Problem. »Ich finde, als Journalist muss man mit offenem Visier antreten.« Er hält dennoch große Stücke auf Wallraff. »Seine Verdienste«, sagt er, »sind ja ganz unbestreitbar.« Da könne man hinschauen, wo man wolle: »Ob das die Aktion bei ›Bild‹ war oder seine Recherchen als Ali – beides hat in der Gesellschaft Diskussionsprozesse vorangebracht, die es ohne Wallraff so nicht gegeben hätte.« Leyendecker hält den Einsatz von Wallraff in Griechenland für dessen größte Tat. Das sei »menschlich bewundernswert« – aber kein Journalismus: »Was Wallraff gemacht hat, war Literatur. Es ist eine literarische Methode, sich als jemand anderes in eine Situation ganz hineinzubegeben, dadurch auch manchmal erst Prozesse auszulösen und dann über die Erfahrungen dieses Anderen zu schreiben.« Dies seien »symbolhafte Handlungen, die als Katalysator viel ausgelöst haben.« Aber: »Ich empfehle jungen Nachwuchsjournalisten Wallraffs Methode nicht.«

Harald Schumann hält dagegen einen anderen Grund für ausschlaggebend, dass es die von Böll gewünschten vielen Nachfolger Wallraffs so nicht gegeben hat. »Wallraff«, sagt er, »war ja auch schon damals, vor 30 Jahren, eine Ausnahmefigur. Ausnahmefiguren sind nun einmal Ausnahmefiguren. Ich halte mich für einen hartnäckigen Rechercheur, und ich habe gute Bedingungen, alles, was ich brauche. Aber das, was Wallraff gemacht hat, könnte ich nicht. Die spezifischen Fähigkeiten, die Wallraff eingebracht hat, gibt es nun einmal nicht so häufig.« Vor allem das Talent, sich über einen längeren Zeitraum völlig in eine andere Figur zu versetzten, hält Schumann für nicht kopierbar. »Ich kann vielleicht während eines Interviews eine Zeit lang mein Gegenüber über meine Position und meine Absichten im Unklaren lassen, aber mehr ist bei mir nicht drin.«

Was ist heute ein Skandal?

Die Frage ist aber auch, ob jemand, selbst wenn er Wallraffs Fähigkeiten mitbringt, angesichts der veränderten gesellschaftlichen Bedingungen eine ähnliche Arbeit überhaupt noch mit vergleichbarer Wirkung machen könnte. Gehört nicht ein bestimmter Zeitgeist, ein entsprechendes mediales Umfeld, eine bereits vorhandene Sensibilität für Probleme dazu, um einen objektiven Skandal auch zu einem subjektiv empfundenen Skandal zu machen?

Themen wie die Ausbeutung von Migranten und illegale Leiharbeit sind heute nach Ansicht von Harald Schumann tatsächlich nur noch schwer zu skandalisieren. »Wenn bestimmte Zustände, wie Leiharbeit, sich dauerhaft in der Gesellschaft etabliert haben und weitgehend akzeptiert sind, sind sie eben kein Skandal mehr, der noch öffentliche Empörung auslösen kann.«

Verantwortlich dafür ist nach Mathias Bröckers der falsche Globalisierungsdiskurs in den deutschen Mainstream-Medien. Seiner Meinung nach nutzten die Neoliberalen in den deutschen Leitmedien »Spiegel«, »Stern«, »Frankfurter Allgemeine«, »Süddeutsche Zeitung« und »Welt« die Globalisierungsdebatte als ideologisches Rollback. »Mit dem Scheinargument, das können wir uns nicht mehr leisten, weil der Chinese ja für 50 Cent die Stunde arbeitet, werden Löhne gedrückt und der Sozialstaat zerschlagen.« Tatsächlich hat sich die Situation für abhängig Beschäftigte ja bereits enorm verschlechtert. Bröckers erinnert sich, dass die Mitglieder des Taxikollektivs, in dem er während des Studiums sein Geld verdient hat, sich damals einen Einheitsstundenlohn von 14 Mark ausgezahlt hätten. »Heute sind Taxifahrer in Berlin schon glücklich, wenn sie fünf bis sechs Euro in der Stunde verdienen.

Gemessen an der Kaufkraft ist das ja gerade mal noch die Hälfte von dem, was in den 70er Jahren verdient wurde.«

Dabei – das hat Harald Schumann in seinen Recherchen penibel nachgewiesen – ist es keineswegs unabwendbar, dass in Deutschland die Löhne fallen müssen, nur weil heute die Weltwirtschaft auch aus China und Indien beliefert wird.»In keinem anderen europäischen Land ist das Lohndumping so krass wie in Deutschland. Dadurch ist es den deutschen Unternehmen gelungen, die Lohnstückkosten, also die Mittel die sie bereitstellen müssen, um ein bestimmtes Produkt herzustellen, so drastisch zu drücken wie nirgendwo sonst. Deshalb sind die Deutschen ja Exportweltmeister und exportieren nach wie vor mehr als China.«

Gelingen konnte das seiner Ansicht nach nur, weil»die neoliberale Propagandamaschine in Deutschland besonders perfekt war«.

Der Niedergang des linken Journalismus

Die wichtigste Propagandamaschine für die Eliten in Deutschland, jedenfalls für die, die sich als links, linksliberal und fortschrittlich verstehen, ist immer noch der»Spiegel«. Hans Leyendecker und Harald Schumann, die beide für das Magazin gearbeitet haben, sind der Meinung, dass der»Spiegel«nach rechts gewandert ist. Schumann glaubt, dass die Eliten sich nach rechts orientiert haben, weil nach Mauerfall und Wiedervereinigung»Linkssein und Aufklärung nicht mehr schick waren«. Der»Spiegel«habe diese gesellschaftliche Bewegung schlicht mitvollzogen.

Die gesamte Medienlandschaft habe sich verändert. Als Wallraff seine großen Recherchen veröffentlichte, hätten sich»Spiegel«und »Stern«noch als Antipoden zu Springer verstanden. Heute sei das nicht mehr so.

Für Leyendecker ist das auch eine Personalfrage.»Die heutige Chefredaktion des ›Spiegel‹ hält sich für unideologisch. Stefan Aust legt Wert darauf, dass er nie links war. Deswegen können sich Leute wie Frank Schirrmacher, der Feuilleton-Chef der ›FAZ‹, der ›Bild‹-Chefredakteur Kai Dieckmann und ›Spiegel‹-Chef Stefan Aust heute zusammentun, um gemeinsam die deutsche Rechtschreibung zu retten. Eine solcher Zusammenschluss wäre vor 20 Jahren unmöglich gewesen, egal zu welchem Thema.«

Außerdem habe die ökonomische Verflechtung in den Medien zugenommen. Wenn der »Spiegel«-Verlag beispielsweise die »Kerner«-Show produziere, werde im »Spiegel« Kerner nicht mehr kritisiert. Es gebe viele solcher Beispiele. Das führe zu Gleichtakt unter den Medien und dazu, dass alle hinter derselben Information her seien. »Wenn ich früher eine spannende Geschichte ausgegraben hatte«, erinnert sich Leyendecker, »bestand höchstens die Gefahr, dass auch der ›Stern‹ daran arbeitete. Heute hast du so viele potenzielle Konkurrenten, dass du deine Information gleich als Vorabmeldung raushauen musst, weil du nicht weißt, ob du sie in ein paar Stunden noch exklusiv hast. Das erhöht den Druck und erschwert lange, gründliche Recherchen.«

Schumann sieht das genauso. »Die Arbeitsbedingungen, insbesondere für den journalistischen Nachwuchs, sind viel schlechter als früher. In ganz vielen Redaktionen müssen heute weniger Leute mehr produzieren. Weil anderseits Tausende Nachwuchsleute auf jeden freien Posten drängen, haben viele über Jahre keinen festen Arbeitsplatz, hangeln sich von Praktikum zu Praktikum und von Auftrag zu Auftrag. In dieser Zeit werden die Leute abgeschliffen und angepasst. Die meisten gehen danach kein Risiko mehr ein. Sich gegen den Mainstream zu stellen, ist aber immer ein Risiko.«

Für Mathias Greffrath gibt es jedoch noch einen tiefer liegenden Grund für die Hegemonie der neoliberalen Weltanschauung. »Alle Widerstandsmotive, alle alternativen Vorstellungen einer anderen Gesellschaft, alle Utopien, haben sich im Industriezeitalter direkt oder indirekt aus dem Wärmestrom sozialistischer Hoffnungen gespeist. Mit dem endgültigen Zusammenbruch der Sowjetunion ist die sozialistische Hoffnung so diskreditiert worden, dass der Neoliberalismus, quasi als intellektueller Überbau des Kapitalismus, sich weitgehend durchgesetzt hat.«

Investigativer Journalismus heute

Ist also kritischer, investigativer, der Aufklärung verpflichteter Journalismus heute generell schwieriger – in der Form, wie Wallraff ihn gemacht hat, vielleicht gar nicht mehr möglich?

Doch, findet Harald Schumann, nur eben unter anderen Bedingungen. Wenn das Kapital global agiere, die drängendsten Probleme nur noch global gelöst werden könnten, müssten auch Journalisten sich den globalen Bedingungen anpassen. »Das erste Problem ist, die globale Öffentlichkeit spricht Englisch. Wenn du auf Englisch schreibst, hast du eine europäische Öffentlichkeit. Für Deutsche ist die Sprachbarriere ein Hindernis, aber jeder junge Journalist kann doch lernen, auf Englisch zu schreiben. Dann hat man auch keine Vermarktungsprobleme und kann in etliche Nachrichtenmagazinen und Illustrierten weltweit publizieren. Ich kenne einige deutsche Journalisten, die das bereits sehr erfolgreich tun und dann auch die materiellen Möglichkeiten haben, längere ausführliche Recherchen durchzuführen.«

»Das hat ja auch, trotz weltweit agierender Konzerne, die insgesamt natürlich schwerer zu durchschauen sind, als das vor 30 Jahren der Fall war, teilweise zu guten Ergebnissen geführt. Journalisten haben gemeinsam mit NGOs die haarsträubenden Bedingungen, unter denen Arbeiter in Ländern der Dritten Welt für globale Konzerne wie Nike und Ikea produzieren, öffentlich gemacht und die Konzerne an den Pranger gestellt. Vor allem Markenfirmen kann man so unter Druck setzten. Sie mussten zustimmen, dass unabhängige Organisationen die Bedingungen, unter denen ihre Zulieferfirmen produzieren, untersuchen und Zertifikate ausstellen. Das ändert nicht das System, aber hilft doch, auch in den Ländern, die jetzt die industrielle Revolution nachholen, nach und nach menschenwürdige Standards durchzusetzen. Am größten ist dieses Problem zweifellos in China. Um in chinesischen Fabriken zu recherchieren, braucht man wirklich Mut, da braucht man Wallraff-Leute. Die größte Gefahr dabei ist gar nicht unbedingt der Staat oder die Polizei, sondern die privaten Unternehmer schicken dir Schlägertrupps auf den Hals. Erst kürzlich wurde einer dieser mutigen chinesischen Kollegen erschlagen.

Aber es gibt diese Leute, sonst würde ja darüber nichts bekannt. Also zu sagen, man kann nichts machen, das wäre Fatalismus an der falschen Stelle.«

Hans Leyendecker hält dagegen schon die Frage für falsch gestellt.»Ich glaube nicht, dass wir als Journalisten die Gesellschaft jemals so darstellen konnten, wie sie wirklich, real funktioniert. Dazu fehlt der echte Einblick in die Funktionsweise der bürokratischen Apparate und in die Entscheidungsebenen der Wirtschaft. Das hat schon damit zu tun, dass du selten Wirtschaftsjournalisten hast, die dem Kapitalismus kritisch gegenüberstehen. Dasselbe gilt für die Politik. Journalisten schauen auf den Minister, dabei sind die Apparate viel entscheidender. Minister kommen und gehen, aber die Ministerialbürokratie bleibt.«

Leyendecker hält auch den investigativen Journalismus, die vermeintliche Aufdeckung geheim gehaltener staatlicher Absichten, für überschätzt.»Nehmen wir das Beispiel Iran, Proliferation, die illegale Weitergabe von Wissen und Material zur Herstellung der Atombombe. Ich glaube, dass der Geheimdienstapparat da ziemlich gut Bescheid weiß. Die amerikanische Überwachung der weltweiten Kommunikation, dazu die Überwachung durch Satelliten, ist so perfekt, dass die bestimmt sogar wussten, wann der ›Vater der pakistanischen Atombombe‹, Abdul Qader Khan, aufs Klo ging, geschweige, dass sie nicht mitbekommen haben sollen, wenn er von Pakistan aus Gerät zur Herstellung möglicher Komponenten zum Bau einer Bombe nach Libyen oder in den Iran verschiffen ließ. Solche Sachen lässt man dann auffliegen, wenn es politisch opportun ist. Die Gefahren, die wir da als Journalisten beschreiben, sind oft Gefahren, die erst produziert worden sind, die man aber gegebenenfalls auch wieder abstellen kann. Vieles ist da ein großes Spiel, in dem Journalisten benutzt werden. Die Debatte um die iranische Atombombe ist auch ein großes Welttheater. Angeblich weiß man nicht, wie weit der Iran in seinen Fähigkeiten ist, eine Atombombe zu bauen. Ich glaube, die wissen sehr gut Bescheid darüber, die kennen jede Lieferung, die an den Iran gegangen ist. Also mit den Gefahren, die wir beschreiben können, das ist auch alles relativ.«

»Guter Journalismus entsteht, wenn man aus seiner ganz persönlichen Empörung heraus arbeitet« – so seine Erfahrung.»Ich war empört darüber, wie schäbig man diesen armen Bremer Türken Murat Kurnaz, nachdem er fünf Jahre lang zu Unrecht im amerikanischen Gefangenenlager Guantanamo festgehalten und auch gefoltert wurde, nach seiner Freilassung hier behandelt hat. Weil die verantwortlichen Politiker keinen Fehler eingestehen wollten, weil sie sich bei Kurnaz nicht entschuldigen wollten, haben sie ihn mit Dreck beworfen. Das hat mich empört. Deshalb habe ich mich in diese Geschichte reingehängt. Die Reaktion meiner Leser ist allerdings sehr enttäuschend, wenn man es vom Gesichtspunkt der Aufklärung betrachtet. Die Leute, das zeigen mir die Reaktionen immer wieder, wollen nicht aufgeklärt, sondern bestätigt werden. Die Leser finden solche Geschichten gut, die ihre eigene Weltsicht bestätigen. Im Falle Kurnaz fanden zum Beispiel viele Leser, dass der deutsche Staat doch gar keinen Grund hatte, sich für einen Türken einzusetzen. Schreibst du das Gegenteil, schreibst du Sachen, die von dir nicht erwartet werden, wirst du beschimpft.«

Mathias Greffrath sieht die Möglichkeiten des Journalismus nicht so pessimistisch. Allerdings ist er der Auffassung, dass die Aufgaben der Journalisten sich wandeln und das Ziel nicht mehr so sehr die Aufdeckung eines Skandals sein kann, sondern Aufklärung vor allem darin bestehen müsse, neue gesellschaftliche Ziele erkennbar zu machen und handelnden Menschen Möglichkeiten aufzuzeigen, dorthin zu kommen.

»Die Aufgabe, die ich für den Journalismus sehe, ist nicht mehr so sehr die Personalisierung des Schurken, wie Wallraff das ja sehr erfolgreich gemacht hat, sondern es geht um die Personalisierung des Guten. Wir kommen nur weiter, wenn wir den Adressaten unserer Arbeit das Gefühl geben, dass wir in einer dramatischen, welthistorisch einmaligen Situation leben. Unsere Probleme sind größer, als sie bislang gemeinhin beschrieben werden. Die Klimaveränderung – wenn wir denn noch etwas retten wollen – muss das Ende des Wachstums für die Erste Welt bedeuten. Weiter auf Wachstum zu setzten, würde zunächst heißen, Kriege um Rohstoffe zu führen, gefolgt vom ökologischen Kollaps unserer Welt. Man muss den Leuten zunächst diese Dramatik klarmachen und dann zeigen, dass es lebbare Alternativen gibt. Das bittere Erbe der Postmoderne ist, dass es immer hieß, Visionen, Utopien, das sei alles Unsinn. Vor 30 Jahren gab es noch die Debatten um ein alternatives Leben, das muss dringend wiederbelebt werden. Eine Welt ohne Wachstum heißt zunächst, jedenfalls für die reichen Länder, ein Weniger an materiellen Gütern. Aber das muss man ausmalen. Es kann sehr befriedigend sein, etwas weniger zu verdienen und dafür in einem entschleunigten Alltag sinnvoller zu leben. Journalismus muss viel mehr darauf schauen, wo alternative Ansätze da sind, positive Beispiele vorstellen. Krisenumstellung kann nur auf lokaler Ebene passieren. Man sollte noch einmal zurückblicken, wie die Welt aus dem feudalen Mittelalter in die Moderne getreten ist. Da wurde ja auch nicht zentral ein Schalter umgelegt, sondern es entwickelte sich an vielen unterschiedlichen Orten und in unterschiedlichen Bereichen etwas Neues. Das muss Journalismus bekanntmachen und fördern. Es gibt ja sehr viele gute Ansätze. Lokale Produktion alternativer Energien, gute Schulen, Banken, die Mikrokredite vergeben. Solche Ansätze stärker zu unterstützen, ist die Aufgabe des fortschrittlichen, aufklärerischen Journalismus. Nicht nur drei Tage Alarmismus, wenn die UNO ihren neuesten Klimabericht vorstellt, sondern Kampagnen für Alternativen. Das Thema des 21. Jahrhunderts in den post-industriellen Gesellschaften ist die Entschleunigung.«

Die Zukunft des investigativen Journalismus liegt im Netz

Wie aber sieht das Medium aus, in dem dieser Journalismus stattfinden kann? Ist nicht das globale Internet die ideale Antwort auf den globalen Kapitalismus?

»Im Prinzip ja«, meint Greffrath, »es besteht aber die Gefahr, dass sich im Internet die Klugen und Machtlosen treffen und über die traditionellen Medien, vor allem das Fernsehen, die Reichen und Machthabenden weiterhin die gesellschaftliche Kommunikation kontrollieren. Die Internetöffentlichkeit muss in die reale Welt der Herrschenden einbrechen. Sie muss zu konkreten Aktionen im wahren Leben führen und darf nicht virtuell bleiben. Sonst sind die Debatten im Internet wie Fußball vor leeren Stadien spielen.«

»Wenn wir mal ein wenig optimistisch sind«, meint dagegen Mathias Bröckers, »und hoffen, dass der mündige Bürger irgendwann wieder aktiv wird und sich wehrt, wenn er die dazu notwendigen Informationen hat, dann ist das Internet genau das Medium, das ihn mit diesen Informationen versorgen wird. Das Netz birgt deshalb riesige Chancen für einen neuen, investigativen Journalismus. Einem Journalismus, der keine Türhüter mehr hat. Zensur funktioniert ja nicht mehr wie zu Zeiten des Nationalsozialismus. Jede News kann erscheinen, bloß hat sie ja keine Wirkung, solange sie nicht in die Wiederholungsmaschinerie eingespeist wird. Diejenigen, die entscheiden was den Leuten über Wochen eingehämmert wird, bestimmen, was Wirkung erzielt. Das war ja im Vorfeld des Irakkrieges beispielhaft zu sehen. Die Mär von den Massenvernichtungswaffen wurde den Leuten weltweit über Wochen eingehämmert. Damals hatte das Internet noch nicht den Wirkungsgrad, den es heute hat. Es hat damals ja schon Wirkung gezeigt, aber die offiziellen Medien hatten doch noch weitgehend das Monopol, darüber zu entscheiden, was zu einer Wahrheit gemacht wird. Gerade die Lügen im Vorfeld des Irakkrieges haben jedoch mit dazu beigetragen, die Glaubwürdigkeit der Großmedien zu erschüttern.

Als Gegenöffentlichkeit ist das Netz ein gigantisches, ein hervorragendes Werkzeug. Ein gutes Beispiel ist »Bildblog.de«. Die Macher müssen nicht mehr wie früher Günter Wallraff mühsam Projekte wie die Anti-›Bild‹ ›Killt‹ auf die Beine stellen, sie können die Falschmeldungen von ›Bild‹ noch am selben Tag im Internet bloßstellen und sich über Pleiten Pech und Pannen bei ›Bild‹ lustig machen. Sie werden von mehr und mehr Leuten gelesen, sie bekommen von den unterschiedlichsten Leuten über das Netz ganz einfach Informationen über die Schweinereien bei ›Bild‹, sie sind ein fantastisches Beispiel dafür, wie man mit den modernen Mitteln des Netzes heute eine Arbeit machen kann, die früher aus technischen Gründen viel schwieriger war. »Bildblog.de« zeigt, welche enormen Möglichkeiten das Netz bietet, um eine wirksame Gegenöffentlichkeit mit relativ geringen Mitteln herzustellen. Es ist eine riesige Chance, denjenigen eine Stimme zu geben, die sonst nichts zu melden haben. Das Netz ist für eine demokratische

Öffentlichkeit eine bessere Plattform, als jede Zeitung. Ich habe mit den Kommunikationsexperten der Gewerkschaft Verdi darüber gesprochen. Mit ein wenig technischer Unterstützung der Gewerkschaft könnte über das Netz der alte Traum der Literatur der Arbeitswelt, den ja auch Wallraff geräumt hat, viel leichter realisiert werden als in den 70er Jahren. Verdi könnte das doch ganz leicht machen. Sie könnten für ihre Mitglieder ein Forum im Netz schaffen, das wäre doch eine riesige Chance, endlich den kleinen Leuten eine Plattform zu verschaffen. Verdi hat zwei Millionen Mitglieder. Die sitzen in den Betrieben und Behörden – sollen sie im Netz aktiv werden! Das sind alles potenzielle Betriebsreporter. Die Kassiererin von Aldi kann im Netz leicht ein Betriebstagebuch führen. Das ist doch die Chance! Verdi könnte heute seine eigenen Verdi-Nachrichten machen und wäre nicht mehr darauf angewiesen, dass irgendeine Zeitung die sowieso meistens langweiligen Presseerklärungen der Funktionäre abdruckt. Noch ist das Netz nur eine Ergänzung zu den gedruckten oder gesendeten Medien. In absehbarer Zeit wird sich das umkehren. Beispiel Klimawandel, das größte Menschheitsproblem der Zukunft. Schon heute veröffentlichen die unabhängigen, nicht von der Industrie gesponserten Wissenschaftler ihre Erkenntnisse im Netz. Von dort schwappen ihre Sachen in die offiziellen Medien. Bald wird es so sein, dass nur die wirklich wahrgenommen werden, die im Netz präsent sind. Bis jetzt hat das Internet ja sein Potenzial noch gar nicht voll entfaltet. Also, vielleicht gibt es im Netz bald viele neue Wallraffs. Ich hoffe das jedenfalls.«

Dank

Mein Dank geht vor allem an Günter Wallraff, der mir einen großen Vertrauensvorschuss gegeben und sich viel Zeit genommen hat, um in intensiven Gesprächen Auskunft über sein Leben zu erteilen, und mir sein Archiv für Recherchen zugängig machte. Darüber hinaus gilt mein Dank allen anderen, die, teils namentlich erwähnt, teils anonym in Hintergrundgesprächen, mir Auskunft über ihre Erfahrungen mit Günter Wallraff gegeben haben.

Zu besonderem Dank verpflichtet bin ich den MitarbeiterInnen des »taz-Archivs«, die mir vielfältig behilflich waren, das kaum zu überblickende gedruckte Material über Günter Wallraff zusammenzustellen, zu ordnen und verschollen geglaubte Dokumente doch noch zu beschaffen.

Für Anregungen und die Durchsicht des Manuskripts danke ich Michael Sontheimer und ganz besonders meiner Lebensgefährtin Dilek Zaptcioglu, ohne deren Ermunterung und Geduld das Buch kaum entstanden wäre.

Anhang

Literatur

Baumann, Bommi: Wie alles anfing. Mit einem Vorwort von Heinrich Böll. Rotbuch, Berlin 1998

Bergmann, Dutschke, Lefevre, Rabehl: Rebellion der Studenten oder die neue Opposition. rororo aktuell, Reinbek 1968

Berliner Autorenkollektiv: Wie links können Journalisten sein? Mit einem Vorwort von Heinrich Böll. rororo aktuell, Reinbek 1972

Bessermann, Hans: Der Fall Günter Wallraff. Hase & Koehler, Mainz 1979

Biermann, Wolf, u. a.: Die Ausbürgerung. Ullstein, München 2001

Bierwirth, Waltraut: AufRuhr, Rheinhausen 1987/97. D&V, Leipzig 1997

Böll, Heinrich: Freies Geleit für Ulrike Meinhof. Ein Artikel und seine Folgen. Kiepenheuer & Witsch, Köln 1972

Böll, Heinrich: Berichte zur Gesinnungslage der Nation. Kiepenheuer & Witsch, Köln 1975

Braun, Ina: Günter Wallraff interkulturell gelesen. Traugott Bautz, Nordhausen 2006

Braun, Ina: Günter Wallraff. Leben – Werk – Wirken – Methode. Königshausen und Neumann, Würzburg 2007

Dithmar, Reinhard: Industrieliteratur. DTV, München 1973

Engelmann, Bernt: Das neue Schwarzbuch Franz Josef Strauß. Kiepenheuer & Witsch, Köln 1980

Essinger, Helmut; Kula, Onur: Aziz Nesin im Gespräch. Gülenc Verlag, Frankfurt am Main 1993

Gamber, Hans: Günter Wallraff. Ganz unter uns. Die Parodie. Schneekluth, München 1986

Gremliza, Hermann L.: Dichter und Prawda. Verlag 20. November 1990, o. O. 1990

Grün, Max von der: Irrlicht und Feuer. Luchterhand Literaturverlag, Frankfurt am Main 1990

Jürgs, Michael: Bürger Grass. Bertelsmann, München 2002

Jürgs, Michael: Der Verleger. List, München 1995

Kriese, Wilfried: Auf den Spuren von Günter Wallraff. Mauer Verlag, Rottenburg 2007

Larner, Jesse: Die Akte Michael Moore. Schwarzkopf & Schwarzkopf, Berlin 2006

Linder, Christian: In Sachen Wallraff. Kiepenheuer & Witsch, Köln 1986

Magenau, Jörg: Martin Walser. Rowohlt, Reinbek 2005

Meinhof, Ulrike: Bambule. Wagenbach, Berlin 1971

Mika, Bascha: Alice Schwarzer. Rowohlt, Reinbek 1998

Mertes, Heinz Klaus: Ali. Phänomene um einen Bestseller. Herbig, München 1986

Röhl, Bettina: So macht Kommunismus Spaß! Europäische Verlagsanstalt, Hamburg 2006

Röhl, Klaus Rainer: Fünf Finger sind keine Faust. Kiepenheuer & Witsch, Köln 1974

Scharang, Michael: Einer muss immer parieren, Sammlung Luchterhand, Darmstadt 1973

Schöfer, Erasmus: Unsichtbar lächelt die Befreiung. Dittrich, Berlin 2006

Toker, Yalcin: En Üsttekiler Türkler (Die Türken Ganz oben). Tez Kitaplar, Istanbul 1986

Töteberg, Michael; Hahn, Ulla: Günter Wallraff. C. H. Beck, München 1979

Wagner, Wolf: Kulturschock Deutschland. Rotbuch, Hamburg 1999

Werkkreis Arbeiterliteratur: Ihr aber tragt das Risiko. Rowohlt, Reinbek 1971

Zaptcioglu, Dilek: Türken und Deutsche. Brandes & Apsel, Frankfurt am Main 2005

Bibliographie

Wir brauchen dich. Als Arbeiter in deutschen Industriebetrieben.
Rütten & Loening, München 1966
Taschenbuch: Industriereportagen. Als Arbeiter in deutschen Großbetrieben.
Rowohlt, Reinbek 1970

Vorläufiger Lebenslauf nach Akten und Selbstaussagen des Stefan B.
Peter-Paul Zahl, Berlin 1968
Neuauflage: Giftzwerge-Press, Heergugowaard/NL 1978

Meskalin – Ein Selbstversuch. Mit Original-Offsetlithographien von Jens Jensen. Peter-Paul Zahl, Berlin 1968

Nachspiele, Szenische Dokumentation. Edition Voltaire, Frankfurt/M. 1968
Neuauflage: Pendragon-Verlag, Bielefeld 1982

13 unerwünschte Reportagen. Kiepenheuer & Witsch, Köln 1969
Taschenbuch: Rowohlt, Reinbek 1975. Neuauflage: Kiwi 725,
Kiepenheuer & Witsch, Köln 2002

Hängt den D. auf! Ein nicht gesendetes Fernsehspiel. In: Blätter für deutsche und internationale Politik, Heft 10, S. 1110–1120, 1969

Von einem, der auszog und das Fürchten lernte. Bericht, Umfrage, Aktion.
Aus der unterschlagenen Wirklichkeit. Weismann, München 1970
Neuauflage: Zweitausendeins, Frankfurt 1979

Neue Reportagen, Untersuchungen und Lehrbeispiele. Kiepenheuer &
Witsch, Köln 1972
Taschenbuch: Rowohlt, Reinbek 1974

Was wollt ihr denn, ihr lebt ja noch. Chronik einer Industrieansiedlung.
Zusammen mit Jens Hagen. Rowohlt, Reinbek 1974

Ihr da oben – wir da unten. Zusammen mit Bernt Engelmann
Kiepenheuer & Witsch, Köln 1973
Erweiterte Sonderausgabe 1975
Taschenbuch: Rowohlt, Reinbek 1976

Wie hätten wir's denn gerne? Unternehmensstrategen proben den Klassenkampf. Zusammen mit Bernd Kuhlmann. Peter Hammer, Wuppertal 1975
Neuauflage: Pendragon-Verlag, Bielefeld 1983

Unser Faschismus nebenan. Griechenland gestern – ein Lehrstück für
morgen. Zusammen mit Eckart Spoo. Kiepenheuer & Witsch, Köln 1975.
Taschenbuch: Rowohlt, Reinbek 1982 (ergänzt, erweitert u. aktualisiert)
Neuauflage: Rowohlt, Reinbek 1986
Neuausgabe: Unser Faschismus nebenan. Erfahrungen bei NATO-Partnern.
(Dem Band liegen zugrunde:»Unser Faschismus nebenan. Griechenland
gestern ...«, »Aufdeckung einer Verschwörung« und das Kapitel»Eine Zeit
auf der Kooperative«) Kiepenheuer & Witsch, Köln 1987

Die Reportagen. Kiepenheuer & Witsch, Köln 1976

Aufdeckung einer Verschwörung. Die Spínola-Aktion. Zusammen mit Hella
Schlumberger. Kiepenheuer & Witsch, Köln 1976
Taschenbuch: Rowohlt, Reinbek 1982. In: Unser Faschismus nebenan

Berichte zur Gesinnungslage der Nation/Berichte zur Gesinnungslage des
Staatsschutzes. Zusammen mit Heinrich Böll. Rowohlt, Reinbek 1977

Der Aufmacher. Der Mann, der bei »Bild« Hans Esser war.
Kiepenheuer & Witsch, Köln 1977
Veränderte und erweiterte Neuausgabe 1977 u. 1982

Zeugen der Anklage. Die »Bild«-beschreibung wird fortgesetzt
Kiepenheuer & Witsch, Köln 1979

Das »Bild«-Handbuch. Das Bild-Handbuch bis zum Bildausfall
Konkret Literatur Verlag, Hamburg 1981
Neuausgabe: Bild-Störung. Ein Handbuch. Kiepenheuer & Witsch,
Köln 1985

Die unheimliche Republik. Politische Verfolgung in der Bundesrepublik.
Zusammen mit Heinrich Hannover. VSA-Verlag, Hamburg 1982
Taschenbuch: Rowohlt, Reinbek 1984

Nicaragua von innen. (Mit Beiträgen weiterer Autoren.) Konkret Literatur
Verlag, Hamburg 1983

Mein Lesebuch. Fischer Taschenbuch Verlag, Frankfurt/M. 1984

Berichte vom Mittelpunkt der Welt. Die Reportagen (Band enthält:
»13 unerwünschte Reportagen« und unveröffentlichte Arbeiten aus den
Jahren 1967–77). Kiepenheuer & Witsch, Köln 1984

Befehlsverweigerung. Die Bundeswehr- und Betriebsreportagen (Band
enthält: »Von einem, der auszog und das Fürchten lernte« und »Neue
Reportagen, Untersuchungen und Lehrbeispiele«). Kiepenheuer & Witsch,
Köln 1984

Enthüllungen. Recherchen, Reportagen und Reden vor Gericht. Mit einem
Nachwort von Oskar Negt. Zweitausendeins, Frankfurt/M. 1985

Ganz unten. Kiepenheuer & Witsch, Köln 1985 (als Taschenbuch: siehe auch
Köln 1988)

Günter Wallraffs BILDerbuch. Nachwort von Heinrich Böll. Steidl,
Göttingen 1985

Predigt von unten. Steidl, Göttingen 1986

Reportagen 1963–1974. Mit Materialien und einem Nachwort des Autors.
Kiepenheuer & Witsch, Köln 1987

Vom Ende der Eiszeit und wie man Feuer macht. Aufsätze, Kritiken, Reden.
Mit einem Vorwort von Prof. Dr. Hans Mayer. Kiepenheuer & Witsch,
Köln 1987

Akteneinsicht. Steidl, Göttingen 1987

Und macht euch die Erde untertan. Eine Widerrede. Steidl,
Göttingen 1987

Ganz unten. Mit einer Dokumentation der Folgen. Kiepenheuer & Witsch, Köln 1988

Wallraff war da. Ein Lesebuch von Günter Wallraff. Steidl, Göttingen 1989

Vorwort zu: Sara Gül Turan: Freiwild. Meine Zeit in einem deutschen Gefängnis. Zebulon-Verlag, Düsseldorf 1992

Vorwort zu: Alfred Lessing: Mein Leben im Versteck. Wie ein deutscher Sinti den Holocaust überlebte. Zebulon-Verlag, Düsseldorf 1993

Herausgeber und Vorwort: Selim Cürükkaya: PKK. Die Diktatur des Abdullah Öcalan. Fischer Taschenbuch, Frankfurt/M. 1997

Herausgeber und Vorwort: Devrim Kaya: Meine einzige Schuld ist, als Kurdin geboren zu sein. Campus, Frankfurt, New York 1998

Vorwort: Ted Conover: Vorhof der Hölle. Rowohlt, Hamburg 2001

Ich – der andere. Reportagen aus vier Jahrzehnten. Kiepenheuer & Witsch, Köln 2002

Filmographie

Straßenmusikanten. Film von Günter Wallraff. WDR 1965

Flucht vor den Heimen. Film von Günter Wallraff. ZDF 1971

Ermittlungen gegen Unbekannt. Von Jürgen Alberts und Günter Wallraff. ZDF 1974

Steckbrief eines Unerwünschten. Nach Reportagen von Günter Wallraff. DEFA Studio Babelsberg 1975

Günter Wallraff – Der Mann, der bei Bild Hans Esser war. Informationen aus dem Hinterland. Von Jörg Gfrörer und Günter Wallraff. WDR 1977

Ganz unten. Ein Film von Jörg Gfrörer und Günter Wallraff. In Co-Produktion mit Radio Bremen 1986

Und macht euch die Erde untertan ... Eine Widerrede und »heidnische Predigt« von Günter Wallraff, DRS mit Radio Bremen 1987

The Man Inside. Nach dem Buch »Der Aufmacher« von Günter Wallraff. Ein Film von Bobby Roth. Mit Jürgen Prochnow. Diaz Produktion USA/F 1990

Preise und Auszeichnung

1968 Förderpreis des Landes NRW für Industriereportagen

1979 Gerrit-Engelke-Literaturpreis der Stadt Hannover

1983 Monismanien-Preis/Göteborgs Nation und Universität Uppsala

1984 Carl-von-Ossietzky-Medaille

1985 Literaturpreis der Menschenrechte (Frankreich)

1987 British Academy Award of Film and Television Art (für »Ganz unten«)

1987 Französischer Medienpreis Prix Jean d'Arcy (»für Ganz unten«)

Hinweis des Verlages

Abdruck des Briefs auf S. 85 ff. mit freundlicher Genehmigung der Erbengemeinschaft Heinrich Böll.

Fotos/Illustrationen

PAN-Foto/Günter Zint: S. 17, 23, 41, 43, 46, 49, 63, 66, 69, 95, 98, 127, 143, 149, 150, 152, 156, 158, 163, 166, 190, 218, 219, 220, 221, 224, 227, 265

Barbara Wallraff: S. 233, 266

Klaus Steack: S. 132

Theo Anton: S. 89, 116

Leider ist es uns nicht gelungen, die Inhaber aller Bildrechte ausfindig zu machen. Ansprüche bleiben bestehen, Inhaber melden sich bitte bei: Verlag Kiepenheuer & Witsch, Rondorfer Straße 5, 50968 Köln